U0564486

普法传播：
中国法治电视节目的实践进程

PUFA CHUANBO:
ZHONGGUO FAZHI DIANSHI JIEMU DE SHIJIAN JINCHENG

吴圆圆◎著

中国政法大学出版社

2024·北京

图书在版编目（ＣＩＰ）数据

普法传播：中国法治电视节目的实践进程 / 吴圆圆著. -- 北京 ： 中国政法大学出版社，2024. 7. -- ISBN 978-7-5764-1687-9

Ⅰ. G229.2

中国国家版本馆 CIP 数据核字第 2024GB3801 号

出 版 者　　中国政法大学出版社

地　　址　　北京市海淀区西土城路 25 号

邮寄地址　　北京 100088 信箱 8034 分箱　　邮编 100088

网　　址　　http://www.cuplpress.com（网络实名：中国政法大学出版社)

电　　话　　010-58908285(总编室) 58908433（编辑部）58908334(邮购部)

承　　印　　固安华明印业有限公司

开　　本　　720mm×960mm　　1/16

印　　张　　13

字　　数　　210 千字

版　　次　　2024 年 7 月第 1 版

印　　次　　2024 年 7 月第 1 次印刷

定　　价　　59.00 元

上海政法学院学术著作编审委员会

总　序

四秩芳华，似锦繁花。幸蒙改革开放的春风，上海政法学院与时代同进步，与法治同发展。如今，这所佘山北麓的高等政法学府正以稳健铿锵的步伐在新时代新征程上砥砺奋进。建校 40 年来，学校始终坚持"立足政法、服务上海、面向全国、放眼世界"的办学理念，秉承"刻苦求实、开拓创新"的校训精神，走"以需育特、以特促强"的创新发展之路，努力培养德法兼修、全面发展，具有宽厚基础、实践能力、创新思维和全球视野的高素质复合型应用型人才。四十载初心如磐，奋楫笃行，上海政法学院在中国特色社会主义法治建设的征程中书写了浓墨重彩的一笔。

上政之四十载，是蓬勃发展之四十载。全体上政人同心同德，上下协力，实现了办学规模、办学层次和办学水平的飞跃。步入新时代，实现新突破，上政始终以敢于争先的勇气奋力向前，学校不仅是全国为数不多获批教育部、司法部法律硕士（涉外律师）培养项目和法律硕士（国际仲裁）培养项目的高校之一；法学学科亦在"2022 软科中国最好学科排名"中跻身全国前列（前 9%）；监狱学、社区矫正专业更是在"2023 软科中国大学专业排名"中获评 A+，位居全国第一。

上政之四十载，是立德树人之四十载。四十年春风化雨、桃李芬芳。莘莘学子在上政校园勤学苦读，修身博识，尽显青春风采。走出上政校门，他们用出色的表现展示上政形象，和千千万万普通劳动者一起，绘就了社会主义现代化国家建设新征程上的绚丽风景。须臾之间，日积月累，学校的办学成效赢得了上政学子的认同。根据 2023 软科中国大学生满意度调查结果，在本科生关注前 20 的项目上，上政 9 次上榜，位居全国同类高校首位。

上政之四十载，是胸怀家国之四十载。学校始终坚持以服务国家和社会需要为己任，锐意进取，勇担使命。我们不会忘记，2013 年 9 月 13 日，习近平主席在上海合作组织比什凯克峰会上宣布，"中方将在上海政法学院设立中国-上海合作组织国际司法交流合作培训基地，愿意利用这一平台为其他成员国培训司法人才。"十余年间，学校依托中国-上合基地，推动上合组织国家司法、执法和人文交流，为服务国家安全和外交战略、维护地区和平稳定作出上政贡献，为推进国家治理体系和治理能力现代化提供上政智慧。

历经四十载开拓奋进，学校学科门类从单一性向多元化发展，形成了以法学为主干，多学科协调发展之学科体系，学科布局日益完善，学科交叉日趋合理。历史坚定信仰，岁月见证初心。建校四十周年系列丛书的出版，不仅是上政教师展现其学术风采、阐述其学术思想的集体亮相，更是彰显上政四十年发展历程的学术标识。

著名教育家梅贻琦先生曾言，"所谓大学者，有大师之谓也，非谓有大楼之谓也。"在过去的四十年里，一代代上政人勤学不辍、笃行不息，传递教书育人、著书立说的接力棒。讲台上，他们是传道授业解惑的师者；书桌前，他们是理论研究创新的学者。《礼记·大学》曰："古之欲明明德于天下者，先治其国"。本系列丛书充分体现了上政学人想国家之所想的高度责任心与使命感，体现了上政学人把自己植根于国家、把事业做到人民心中、把论文写在祖国大地上的学术品格。激扬文字间，不同的观点和理论如繁星、似皓月，各自独立，又相互辉映，形成了一幅波澜壮阔的学术画卷。

吾辈之源，无悠长之水；校园之草，亦仅绿数十载。然四十载青葱岁月光阴荏苒。其间，上政人品尝过成功的甘甜，也品味过挫折的苦涩。展望未来，如何把握历史机遇，实现新的跨越，将上海政法学院建成具有鲜明政法特色的一流应用型大学，为国家的法治建设和繁荣富强作出新的贡献，是所有上政人努力的目标和方向。

四十年，上政人竖起了一方里程碑。未来的事业，依然任重道远。今天，借建校四十周年之际，将著书立说作为上政一个阶段之学术结晶，是为了激励上政学人在学术追求上续写新的篇章，亦是为了激励全体上政人为学校的发展事业共创新的辉煌。

党委书记　葛卫华教授

校　　长　刘晓红教授

2024 年 1 月 16 日

序 言 / PREFACE

　　一个苹果掉在地上，牛顿想到了万有引力。作为归纳推理的经验观察得出的一般物理规律，万有引力与苹果掉在地上已经没有关系了，但是苹果掉在地上这样一个特殊的事实，却成为牛顿产生科学直觉的一个触发点。我对电视普法的研究直觉，或者说本书的写作缘起，要从12年前我在电视行业的学习经历说起。

　　当时我是中国传媒大学电视系的研究生，以实习记者的身份在北京台《锐观察》进行为期半年的毕业实习。这是一档日播新闻节目，有调查、有观点是它很吸引我的地方。每天早上制片人赵蕾会跟当班记者一起开选题策划会，定下今晚节目要讨论的主题，然后各路记者争分夺秒地走到街头巷尾采访、调研、拍摄。选题的走势往往跟国家的新法新政、社会的舆论热点紧密结合，许多选题做的就是普法传播，反映出在法治中国建设进程中主流媒体的一种普法自觉。在我参与制作并至今印象深刻的节目中，有"闯红灯"调查与道路交通安全普法，有网络实名安全调查与科普国家安全法，有"黄牛"倒票乱象与治安管理处罚法……不管当日的选题难度如何，节目最终都会在晚上准时与观众相见。而每晚直播结束后，我会坐上八通线地铁，在返回学校的路上又开始搜集新一轮的选题资料，为第二天早上的选题申报做准备。《锐观察》对公共话题的参与，对社会舆情的关注，对法理情理的思考，无形中成了促使我关注媒介普法的第一个苹果。

　　硕士毕业后，我先入职央视，成为一位记者。后来读博，辗转上海，开始系统研究广播电视与视听传播。2019年毕业后，进入上海政法学院工作，学校鲜明的政法特色让我在教学和科研中自然思考如何将政法特色与新闻传播有机结合。因为有新闻经历，两者的结合以教学实践先行的方式，体现在普法短视频的课程创作中。我们持续创作了一系列政法特色鲜明的普法作品，对外传播形成了一定社会反响。比如，由专硕学生自拍自演自导的原创系列普法短视频《反诈之名》《拒毒》《电信诈骗"杀猪盘"》《毒白》《爱情陷阱》等，被中共上海市政法委员会、共青团上海、上海市公安局、央视《今日说法》等平台采用。

"治国理政，定国安邦"是党和国家对新闻舆论工作的定位，也是新闻传播人才培养的目标遵循，在教学实践中逐步打造的、富有我校特色的"青年普法"新媒体品牌，将新闻传播教育与中国式现代化相结合，亦是服务于全面依法治国的系统工程。讲授研究生课程《法治电视节目研究》，则让我在教学相长之际不断穿梭于创作实践与理性思考。一边教学，一边创作，一边思考，日复一日，五年下来，点滴积累，不想竟汇聚成这样一部书稿。

本书所讨论的法治电视节目，是在中国的社会土壤上生长，在中国法治社会建设中发挥作用的一个个具体可观的作品。新中国七十五年来，党领导人民坚定不移地走社会主义法治道路，从加强社会主义法制到确立依法治国基本方略、再到全面推进依法治国，主流媒体的普法传播实践是法治中国最好的记录者与见证者。由于国情文化、法律体系的差异，我国法治电视节目具有自己独特的发展脉络和鲜明特点，形成了区别于西方社会的媒介景观，也成为中国特色传媒实践的创举。

中国特色社会主义法治道路，本质上是中国道路在法治领域的体现。纵观法治中国的实践历程，新中国成立后法治建设与普法传播进程同步。经历社会主义革命和建设时期（1949年-1978年）、改革开放新时期（1978年-2012年）、中国特色社会主义新时代（2012年至今），传播科技经历模拟技术、数字技术、融合传播新发展，法治电视节目从最初的普法宣教到情节铺陈叙事推敲，再到深入法理人伦的深刻讨论，体现出在建设法治社会这一神圣使命的感召下，电视法治节目与时俱进的时代特征。

对法治电视节目的研究，是把法治中国放在历史长河中，将过去、今日与未来之中国相互连接。站在中国社会发展的不同阶段，借助视觉叙事范式，可以通过法治电视节目的传播实践，把握法治中国建设的历史变迁和发展轨迹。

电视普法的意义，是借助生动的视觉影像将法治的观念变成人们的一种直觉能力。正如马克思强调的：全部历史是为了使"人"成为感性意识的对象和使"人作为人"的需要成为"自然的、感性的"需要而作准备的历史。普法影像需要考虑的是如何用影像表现法的观念和道德的原则，激发作为感性的人的直觉意识，从而将法的观念与人的心中源自道德直觉的正义感、公正感相连。电视普法作为具象表达的一种方式，不只是有普法主题的节目，更是要通过电视媒介对人的历史和现状的关注，不断推进人的感性认识与理性认识，从而实现普法的意义。

十余万字初稿一开始是以课程讲义的形式完成，想法断断续续，写作缝缝补补。今年，乘着上海政法学院四十周年校庆的东风，这本书得以面世，甚感幸运。

本书在写作设计上，秉承"以中国为中心，以中国为方法"的理念，将法治中国建设作为研究方向，将中国电视媒介作为研究对象，通过中国法治电视的媒介实践角度，来看法治建设、电视媒介与人的交往互动。以上三个元素无一不在变动之中，自然也是一种动态的关系过程。在这样一种动态过程中，主流媒体在中国法治建设的历史进程中始终发挥着主导作用。因此，媒介在普法传播中是如何起作用的，以及起到何种作用，是我的研究着力思考的地方。我期望通过对中国电视普法实践的摆事实，理解和分析事实背后更深层更丰富的社会政治内涵，借助电视媒介生长和运作的过程，去探究媒介如何解决中国法治传播中的实际问题。

当然，在实际落笔的过程中，限于本人有限学识和单一化的学科背景，更多的是从操作层面看待电视媒介，较多关注媒介法治传播中所出现的新现象及其意味，对于历史和现实中人的法治意识的深刻变化，我的认识与把握还有待深入。正因如此，虽然尽力而为，但难免各种不足。权当抛砖引玉，以期后人补足。

感谢我的学生范柯莹、叶江珊、李婉莹、李丹、肖少英，在书稿交付前半个月，她们协助我完成最后的修改校对。最后，感谢学校对本书出版的支持。谨以此书，祝上海政法学院四十岁生日快乐！

目 录 /CONTENTS

我国法治电视节目的发轫

法治是中国社会文明发展的基石，它深刻体现了国家治理体系和治理能力现代化的基本要求。新中国成立75年来，社会主义法治建设经历了从加强社会主义法制，到确立依法治国的基本方略，再到全面推进依法治国的过程，中国法治电视始终与我国社会主义民主法治建设同频共振。

法治是依法进行的统治和社会治理，法制是法律和制度的总称。中国法治电视节目的萌生与中国社会主义制度的建设紧密相连，"法治节目"概念本身彰显价值内涵。从新中国成立后至20世纪90年代，法治电视节目在践行社会主义法治理念的初期传播探索实践中，逐步形成了独具中国特色的法治电视节目文类。

第一节　新中国普法传播的影像萌芽

翻开中华上下五千多年文明的厚重历史，我们不难发现中华民族具有悠久且鲜明的法律传统。新中国成立后，在社会主义革命和建设时期，我们党领导人民制定"五四宪法"以及国家机构组织法等一系列重要法律法规，这些法律文件共同建立起社会主义法治的框架体系，确立了社会主义司法制度，开创了新型的法治文明样态。这一时期的影像资料成功见证了中国法治现代化的道路选择。

一、新中国社会主义法治体系的开创

中国是法制文明古国。春秋时期，郑国宰相子产将法律文书铸在鼎上，开创了公布成文法的先例，标志着我国古代法治思想的萌芽。在过去几千年

的封建社会里，法律以朝代更迭作为演进脉络：从秦朝的《秦律》到曹魏的《魏律》，从隋文帝在位时期颁行的《开皇律》到唐朝的《武德律》和《永徽律》，还有宋朝《宋刑统》、元朝《元典章》、明朝《大明律》，再到清朝《大清律例》。在漫长的法制演进中，古老中国的封建社会始终秉承"天下之事，一断于法"的法治理念，治国理想始终被寄托在"圣人"、"明君"身上。封建法制文明本质上是为了维护和加强封建统治的意识形态，与现代国家的法治精神相去甚远。

区别于封建法制，对于应该建设一种怎样的社会主义法治体系的问题，中国共产党人早已对此进行了深入思考。自成立之初，中国共产党就高度重视法治建设，在新民主主义革命时期制定了《中华苏维埃共和国宪法大纲》以及大量法律法令，并创造了"马锡五审判方式"，为构建新型法律制度积累了宝贵的实践经验。

新中国成立之际，中国共产党明确选择了一条与中国历史上的各种法制形式彻底决裂的道路，这是一条现代化国家的法治之路，全新地构建了中国社会主义法治体系。1949 年 9 月，中国人民政治协商会议第一届全体会议通过了具有临时宪法性质的《中国人民政治协商会议共同纲领》，确立了新中国的各项制度，规划了我国民主政治的发展方向，充分体现了全国人民的意志和利益。它为中华人民共和国第一部宪法的制定提供了蓝本，同时标志着我国开始了依靠法律来治理国家的治国执政思路。中国共产党"成为一个领导人民掌握着全国政权并长期执政的党"[1]，中国人民成为新国家和新社会的主人，为党着力在全国范围内探索法治建设创造了有利条件。

新中国成立后，中国社会经济制度发生根本性转变。在法治建设上，为了消除国民党法律的影响，并打破西方中心主义的法治神话，全国法学界于1952 年积极开展了司法改革运动，这一运动要求"应该经常以蔑视和批判国民党《六法全书》[2]及其他一切反动法律法令的精神，以蔑视和批判欧美日本

---

〔1〕 江泽民：《论党的建设》，中央文献出版社 2001 年版，第 508 页。

〔2〕《六法全书》指国民党统治时期的六个门类的法律法规汇编。1949 年 2 月，中共中央发布了《关于废除国民党六法全书与确定解放区的司法原则的指示》；同年 4 月，华北人民政府发布了《为废除国民党的六法全书及一切反动法律的训令》。这既指明了人民民主法治建设的方向，也进一步巩固了"无产阶级领导的、以工农联盟为主体的、人民民主专政的政权"。《毛泽东文集》第 5 卷，人民出版社 1996 年版，第 135 页。

资本主义国家的一切反人民法律法令的精神……，来教育和改造司法干部"〔1〕。在人民民主专政思想的指导下，新中国的法治建设取得了一系列成就，掀起了新中国第一次立法高潮。国家先后制定并颁布《中国人民政治协商会议共同纲领》（1949 年）、《中华人民共和国婚姻法》（1950 年）、《中华人民共和国工会法》（1950 年）、《中华人民共和国土地改革法》（1950 年）、《中华人民共和国惩治反革命条例》（1951 年）、《中华人民共和国惩治贪污条例》（1952 年）等一系列重要法律和条例，从而初步构建起新中国的法律体系。

随着我国的政治经济形势发生重大变化，以毛泽东同志为核心的党的第一代中央领导集体在领导人民投身社会主义改造和建设事业的同时，开始积极探索法治建设。他们致力于通过宪法和法律的形式，将国家体制和政治、经济等各项制度确立下来，从而推进我国法治建设的进程。

1954 年 9 月，第一届全国人民代表大会第一次会议制定并通过了新中国第一部宪法《中华人民共和国宪法》，即"五四宪法"。该宪法明确规定："中华人民共和国是工人阶级领导的、以工农联盟为基础的人民民主国家"，"中华人民共和国的一切权力属于人民"。它确立了人民代表大会制度是一种人民权力至上的制度，一切国家机关由它产生并向它负责。此外，它还确立了中国特色的检察监督体制和法院独立审判原则，保障了公民在法律面前一律平等的权利，并规定了公民的基本权利和义务。"五四宪法"的制定开启了我国社会主义民主法治建设的新纪元。随后，我国还制定了《中华人民共和国全国人民代表大会组织法》《中华人民共和国国务院组织法》《中华人民共和国地方各级人民代表大会和地方各级人民委员会组织法》《中华人民共和国人民法院组织法》《中华人民共和国人民检察院组织法》《中华人民共和国兵役法》《中国人民解放军军官服役条例》等，这些法律共同搭建了我国社会主义法律体系的基本框架，为进一步推进社会主义法治建设奠定了重要基础。由于我国当时正处于由新民主主义社会向社会主义社会过渡的特定历史时期，"五四宪法"的指导思想也体现了党在过渡时期的总路线。因此，"这个宪法，是社会主义类型的宪法，但还不是完全社会主义的宪法，它是一个过渡时期的宪法"〔2〕。

---

〔1〕 中共中央文献研究室、中央档案馆编：《建党以来重要文献选编（一九二一——一九四十）》（第二十六册），中央文献出版社 2011 年版，第 155 页。

〔2〕 《毛泽东文集》（第 6 卷），人民出版社 1999 年版，第 329 页。

1956 年，中国共产党第八次全国代表大会（简称"八大"）召开。董必武在会议上指出："现在无论就国家法制建设的需要来说，或者是就客观的可能性来说，法制都应该逐渐完备起来。"〔1〕党的八大将健全人民民主法制写进了政治报告，这一举措体现了党对法治建设重要性认识的进一步深化，在中国社会主义法治建设历史上具有里程碑的意义。然而，1957 年后，全国范围内掀起的整风运动、反右派斗争、"大跃进"和人民公社化运动，一定程度上扰乱了党的八大提出的"健全法制"的任务，也打断了法治建设发展的正常历程。尤其是 1966 年开始的"文革"，将新中国成立后建立的社会主义法律体系破坏殆尽。

尽管如此，在这一动荡时期，中国依然开启了早期的影像普法实践，电影普法的先行探索为电视普法奠定了基础。新中国成立后至 1978 年改革开放之前，社会主义革命和建设时期的社会主义制度建设和社会主义改造，成为中国法治电视节目得以萌生的基石。

二、电影普法传播的先导作用

新中国成立后，在 1949 年至 1978 年的社会主义革命和建设时期，中国社会对法治观念的认识和理解相对较少，公民的法律意识和法治观念不够成熟，对法治传播的需求相对较低。加之广播电视技术水平和资源局限，以及中国电视业正在起步阶段，现代法治节目制作的条件受到限制。

在宣传画报等传统基层传播形式的基础上，电影下乡运动的开展使得电影成为一种重要的普法教育工具。国家通过组织和支持电影放映队伍到农村地区进行电影放映，借助电影向农村群众宣传党的政策、社会主义理念以及法律法规等内容，为普法传播提供了一个广泛覆盖农村地区的平台。

1958 年 5 月 1 日，以中国第一座电视台、中央电视台的前身——北京电视台的试验播出作为标志，中国电视事业诞生了。在北京电视台成立之前，电影肩负着国家普法宣教的责任，体现在法治题材的影视作品中。这一时期的电影通过以法治题材为内容标准，将反特片、侦探片、警匪片等类型电影纳入其中，并引入评剧、昆曲等传统艺术表现形式，制作了《刘巧儿》《十五贯》《羊城暗哨》《51 号兵站》等经典影片。

---

〔1〕 董必武：《论社会主义民主和法制》，人民出版社 1979 年版，第 132 页。

　　以电影《刘巧儿》的创作实践为例。1950年4月13日，中央人民政府委员会第七次会议讨论通过了《中华人民共和国婚姻法》，废除封建婚姻制度，实行新民主主义婚姻制度，这是新中国制定的第一部法律，被誉为"普遍性仅次于宪法的根本大法"。

　　伴随着《中华人民共和国婚姻法》的颁布，1956年播出评剧电影《刘巧儿》，在全国范围内放映并引发巨大的社会反响。电影《刘巧儿》讲述的是一位年轻姑娘刘巧儿勇敢反抗包办婚姻的故事。农家少女刘巧儿自幼被父母包办婚姻，许配给邻村赵家庄的赵柱儿，但是巧儿在劳模会上喜欢上了勤劳憨厚的小伙子赵振华，于是在心中暗下决定要敦促父亲退掉婚约，追求自主婚姻。影片中，刘巧儿反对封建包办婚姻、争取婚姻自由的故事，感染和影响了一代人。这部法治题材电影用影视艺术的表现形式告诉所有广大女性她们有权决定自己婚姻的对象，很好地向观众普及了《中华人民共和国婚姻法》，承载着深刻的社会意义。

图1　新凤霞饰演刘巧儿　　　　图2　《刘巧儿》推动新中国第一部
　　　　　　　　　　　　　　　　　　　　　婚姻法的宣传普及

　　这部电影之所以有强大的影响力，是因为它并非虚构，而是依据新中国成立前陕甘宁陇东地区发生的一起真实案件改编。"刘巧儿"的生活原型为封捧儿（后改名封芝琴）。"刘巧儿案"源自1943年陕甘宁边区陇东分区专员、边区高等法院陇东分庭庭长马锡五主审的"封捧儿婚姻案"[1]，是推广和弘

---

　　〔1〕　"封捧儿案"是1943年在陕甘宁边区发生的一起因抢亲买卖婚而产生的诉讼案件，电影《刘巧儿》依据此案改编。

扬马锡五审判方式〔1〕的生动教材。1944年，习仲勋同志在陕甘宁边区绥德分区司法会议上指出："我们司法工作人员，必须有走出'衙门'，深入乡村的决心。"从"封捧儿案"到"刘巧儿案"的转换和提升，充分彰显了马锡五审判方式深得民心。"刘巧儿案"承载的马锡五审判方式，通过这一类型的电影普法形式将法律所体现的公平正义理念输送到基层，契合了人民群众的司法需求和国家当时的普法需求。

电影《刘巧儿》将原本以普法为主题的传统戏剧，改编成以婚恋为主题的戏剧电影，推动了新中国第一部婚姻法的宣传普及。影片中塑造的人物"刘巧儿"逐渐成为争取婚姻自主、妇女解放的象征。通过现代法律制度的催生和建构，电影倡导和彰显了妇女自由意志与男女平等理念，加速了民主、平等的法律文化在乡村社会的扎根和传承。

三、传播科技对电视普法的有效推进

广播电视的诞生是人类文明发展和科学技术进步的辉煌结晶，它们的出现极大地拓宽了人类信息传播的广度和深度。在广播电视的发展历程中，政治、经济、文化、技术等因素都与之紧密相连，共同影响着它们的起伏和进步。作为一种现代化的大众传播媒介，广播电视的发展与技术的推动密不可分，两者相互促进。

19世纪末，一些先驱者开始了对图像传送技术的研究和设计。1926年，英国科学家贝尔德采用电视扫描盘，完成电视画面的组合和播送并向外界公开表演，这是世界上首次电视无线传播图像，贝尔德被后人称作"电视之父"。1936年11月2日，世界上首个正式开播的电视频道——英国广播公司电视台1台（BBC One）正式开播，这一天也被视为世界电视事业的开端，随后电视事业开始在世界范围内蓬勃发展。

1. 广播科技开创我国广播普法先河

作为最先出现的电子大众传媒，广播较早就在政治、经济、文化等方面发挥重要的作用。从模拟技术的角度来看，广播通过音频信号来呈现声音的

---

〔1〕 在封捧儿婚姻案中，马锡五亲自到当地调查走访群众，掌握当事人婚姻自由的真实意愿和被迫抢婚的详细过程，最后作出公正判决，这种具有中国特色的"走群众路线"的法律实践常被称为马锡五审判方式。

强弱变化，而电视则是通过电视信号来展示图像的明暗和色彩变化，从而形成画面，采制与传播设备只是这些信号搭载的介质。在电视诞生之前，广播已经在欧洲一些国家出现。

1898 年，意大利科学家马可尼第一次发射了无线电，随后人们开始利用这一技术进行通信和新闻传播。1906 年 12 月 25 日，范斯顿的马萨诸塞实验电台进行了首次广播，根据广播工程技术标准，这一天通常被认为是广播真正诞生的日子。

广播自诞生起，便展现出在信息传播方面巨大的优越性。随着无线电的广泛使用以及人们对大功率发射机和高灵敏度电子管接收机技能的熟练掌握，广播事业逐渐形成。1920 年 10 月 27 日，美国匹兹堡 KDKA 电台成立，标志着世界上第一家具有合法经营权的私营商业广播电台的诞生，同时也标志着广播事业的正式开始。到 1925 年，广播事业在全球迅速发展，有超过 20 个国家开办广播，包括英国、德国、苏联等。广播的诞生不仅丰富了人们的娱乐生活，更使得信息的传递变得迅速和便捷。在 20 世纪 30 年代，技术上，调频广播的发展助推了二战各国的宣传攻势，各国进一步加强了对广播事业的重视。随着技术的不断进步，70 年代后调频广播电台兴起，80 年代后卫星传播技术逐渐普及，到了 90 年代，数字音频广播崭露头角，这些都标志着广播技术的不断革新与发展。

上海是我国广播事业的发源地。1923 年 1 月 23 日，美国人奥斯邦在上海创办了我国第一家广播电台——中国无线电公司广播电台，呼号为 XRO，这标志着上海广播事业的正式开启。目前能找到的最早的一篇广播史的专文[1]是曹仲渊写的《三年来上海无线电话之情形》[2]。

由中国共产党主办的我国自建广播的产生可以追溯到 1940 年春天。当时，周恩来将一台广播发射机从苏联带回延安，共产国际的援助解决了自建广播的设备问题。同年 12 月 30 日，在延安西北的王皮湾，第一座由中国共产党领导的人民广播电台——延安新华广播电台[3]开始播音，这一天后来被定为中国人民广播事业创建纪念日。次年 12 月 3 日，延安新华广播电台开办

---

[1]　参见赵玉明主编：《中国广播电视通史》，中国广播影视出版社 2014 年版，第 3 页。

[2]　参见曹仲渊：《三年来上海无线电话之情形》，载《东方杂志》1924 年第 18 期。

[3]　1949 年 3 月 25 日，陕北新华广播电台迁至北平，新中国成立后改名为中央人民广播电台，成为全国性的中央电台。

日语广播，这一天标志着中国对外广播事业的诞生。

在物质匮乏、设备简陋的特殊历史时期，广播凭借其传播迅速、对象广泛、感染力强的特点，成为中国共产党重要的信息传播、新闻发布和宣传工具，在我国历史上留下浓墨重彩的一笔。至中华人民共和国成立前夕，全国各地已有近40座人民广播电台。新中国成立后，中央和地方的人民广播电台相继建立。

我国的广播事业是在党和人民政府的领导下，以全心全意"为人民服务、为社会主义服务"为宗旨，是党和政府以及人民的喉舌。由于其独特的政治属性，我国广播事业相较于其他国家的广播事业，展现出鲜明的公益性和宣传性。鉴于农村人口众多，广播的表达方式和内容设置自然考虑了广大农村受众的接受特点。当时，尽管没有明确的法治广播节目，但考虑到农村人口占全国人口绝大多数的新中国背景，服务性节目中法治的内容已经萌生。

随着广播节目的形式和内容更加丰富多元，其报道题材和形式都有所突破。1983年11月5日，中央人民广播电台播出的《法制园地》节目，对广大农民听众而言，是一个方便、免费的法律常识学习途径，该节目也成为中国广播法治节目的早期雏形。

2. 模拟电视技术的早期发展

在自然界中，模拟和数字通常被视为两个不同的基础分析方向。在电视事业发展进程中，模拟技术和数字技术是电视最基本的两种技术手段。其中，模拟电子技术通过处理仿真信号，形成在时间上或数值上连续变化的信号，这种信号被模拟电视用于传输电视画面。在数字技术出现之前，模拟技术作为传统电视媒体时代主要应用的技术，见证了我国广播电视事业的崛起。

1958年5月1日，北京电视台试播，开启了我国电视事业发展的序幕。此后，在上海、哈尔滨、沈阳、广州陆续成立省级电视台，成为全国最早开播的五家电视台。在1978年确立改革开放政策之前，只有政府机关、国企等部门才有购买电视机的可能，加之彼时电视机的价格昂贵，普通百姓家庭很难拥有。虽然在严格意义上，当时的电视机还不能实现其大众传播的功能，但是电视技术已经开始记录法治中国建设的时代进程。

习近平总书记指出："一个现代化国家必然是法治国家。"建设法治中国，无疑是中国式现代化的必然选择。作为一种现代化的大众传播媒介，中国法治电视的发展与国家法治建设同向同行，技术的推动与广播电视的发展紧密相连。新中国成立后，中国电视经历了从无到有的历程。在数字技术出现之前，模拟技术时代见证了我国广播电视事业的发轫和崛起，其也成为中国电视普法传播实践的开端。

3. 作为新兴媒介的电视普法

20 世纪 50 年代初，我国开始将发展电视事业纳入重要议程。1957 年 8 月 17 日，中央广播局决定成立"北京电视实验台筹备处"，即今中央电视台的前身，电视发射和播出系统设备的试制任务主要由北京广播器材厂承担。1958 年春，中国第一套黑白电视广播设备试验成功。除部分关键器件外，包括摄像机、发射机等在内的所有电视发送、接收设备均由我国技术人员在克服重重困难后自主生产，尤其是 1 千瓦黑白电视图像发射机的成功研制，极大地鼓舞了中国第一批电视人，也在我国广播电视技术史上留下光辉的一笔。

1958 年 5 月 1 日 19 时整，北京上空出现了中国电视节目信号。北京仅有的 50 台电视接收机的屏幕上，出现了一幅以广播大楼模型为背景图案、写着"北京电视台"字样的电视画面。新华社为此发出电讯："中华人民共和国第一座电视台——北京电视台（中央电视台前身）已于 5 月 1 日开始实验广播。"[1]北京电视台（1978 年 5 月 1 日更名为中央电视台）正式成立并开始试播节目，这是新中国成立后建立的第一座电视台，标志着我国电视事业进入世界电视发展的行列。从此，中国有了自己的电视事业。

图 3　北京电视台电视画面以广播
大楼模型为背景图案

图 4　第一天节目以直播
方式试验播出

---

〔1〕《中央电视台建台 60 年 历数那些难忘的"第一次"》，载 http://m.news.cctv.com/2018/09/26/ARTIYQ9ASFZrhJwa5bUj6gLm180926.shtml，最后访问日期：2018 年 9 月 28 日。

在电视发展初期，电视台自办节目的能力相对较弱，且缺乏相对固定的栏目，法治相关内容主要包含在部分新闻题材的节目中，尤其是"文革"中关于"批判"和"斗争"纪实内容的报道。1964年3月，广播事业局制定《宣传业务整改提纲（草案）》，提出要把提高广播电视台宣传质量放在首要位置，指出广播电视需要主动解决如何更好地为广大人民服务的问题。然而，"文革"接踵而至，导致中国电视发展局部性中断。

"文革"结束后，文化的禁锢得以解除，一批深受观众喜欢的节目重新回到了大众视野。随着国家重心向经济建设的转移，广播和电视节目的重点也相应地转向为社会主义经济建设助力的角度。随着节目体系的逐渐常态化，节目中的普法形式也变得更加丰富多样。

在这一时期的法治广播电视发展进程中，两次重要的会议起到了关键的推动作用。首先，1978年12月召开的十一届三中全会重新确立了马克思主义实事求是的思想路线，决定把全党工作的重点转移到社会主义现代化建设上来。这次会议不仅揭开了社会主义改革开放的序幕，同时也开启了广播电视事业的改革之路。其次，于1983年3月31日至4月10日在北京举行的第十一次全国广播电视工作会议，对广播电视事业的改革和发展具有深远影响。会议研究和明确了我国广播电视事业发展的奋斗目标："到本世纪末……要在我国建成一个具有社会主义中国特色的广播电视现代化宣传网。"[1]会议最重要的一项决定就是实行"四级办广播、四级办电视、四级混合覆盖"的事业方针。这一方针要求除特别偏远地区外的所有的县、乡、队都要通广播，大部分县都能看到电视。除中央和省（自治区、直辖市）办广播电台和电视台外，凡是具备条件的省辖市（地、州、蒙）和县（旗）都可以开办广播电台和电视台。市、县广播电台和电视台除了转播中央和省台的节目外，还可以播出自制节目。而在此前，我国实行的是"四级办广播、两级办电视、分级覆盖"制度，即中央、省、市三级办无线广播，县办有线广播，仅有中央和省两级允许办电视。

该政策极大地激发了社会和地方资源办广播电视的热情，不仅加速了我国广播电视事业的发展，也满足了实行家庭联产承包责任制后，随着农村经

---

〔1〕 葛娴：《以宣传为中心改革广播电视——记第十一次全国广播电视工作会议》，载《新闻战线》1983年第5期。

济的蓬勃发展，广大农民对广播电视更加迫切的需求。从 1983 年到 1987 年这五年，广播电视得到了快速发展。据国家统计局关于 1987 年国民经济和社会发展的统计公报显示，到 1987 年，全国广播电台和电视台分别增加至 385座和 365 座。

为了适应党的十一届三中全会作出的把全党的工作重心转移到经济建设上来的战略决策，一批以经济宣传、经济新闻为主要内容的节目出现。在法治内容方面，这些节目主要介绍农村经济改革、乡镇企业快速发展、转换企业经营机制、分配制度改革、物价改革以及特区建设等方面的情况。农民通过广播了解党和政府的法制政策，获得发展生产、脱贫致富的信息和技术，广播也成为县委、县政府在农民分散经营后进行宣传教育工作的有力现代化宣传工具。

从 1983 年第一档专业法治广播节目《法制园地》开播，奠定中国法治广播电视节目的早期样态，到两年后上海电视台《法律与道德》首开法治电视节目先河。法治电视节目的出现，与传播科技的发展关系紧密，它是中国社会主义制度的产物，是社会主义法治理念在广大人民群众中不断生成的具体体现。

第二节 法治电视节目的生长土壤

中国法治电视节目是在中国土壤上生长的、特殊的一种文类，它作为一种具体可观的视听艺术作品，在中国法治社会建设中发挥了重要作用。由于国情文化、法律体系的独特性，我国法治电视节目具有自身独特的发展脉络和鲜明特点。

一、社会主义法律体系的初步形成

中国法治电视节目的产生，既与以宪法为基础的社会主义法律体系初步形成紧密相连，也深受电视技术演进的影响。1978 年 12 月，党的十一届三中全会着重提出了"健全社会主义民主和加强社会主义法制"的任务，确立了"有法可依、有法必依、执法必严、违法必究"的"十六字方针"，强调为了保障人民民主，必须加强社会主义法制，使民主制度化、法律化。中国现代法治建设开启了历史性的新篇章。

此时，电视机伴随着改革开放走入寻常百姓家，电视逐步成为中国影响力最大的大众传播媒介。随着广播电视技术的飞速发展，人民群众生活水平的不断提高，越来越多的中国人通过电视的小窗口看到外面的世界，也看到了电视媒体对法治中国建设进程的记录。

改革开放以后的电视普法传播，与新中国成立以来中国国家治理正反两个方面的经验和教训联系密切。一方面，自十一届三中全会后，国家法律机构相继恢复和正常化，国家开始大规模法治建设。1978 年 3 月，宪法恢复设置人民检察院；同年 5 月，最高人民检察院正式成立；1979 年 9 月，决定设立司法部。在这期间，相继通过包括刑法、刑事诉讼法、民事诉讼法（试行）、新婚姻法在内的一批基本法律，尤其是在 1979 年 7 月 1 日，第五届全国各级人民代表大会第二次会议一天之内通过了《中华人民共和国全国人民代表大会和地方各级人民代表大会选举法》《中华人民共和国地方各级人民代表大会和地方各级人民政府组织法》《中华人民共和国刑法》《中华人民共和国刑事诉讼法》《中华人民共和国人民法院组织法》《中华人民共和国人民检察院组织法》《中华人民共和国中外合资经营企业法》7 部法律引起世界瞩目。

与此同时，政府部门开始通过立法推动传媒法治宣传的进程。1979 年 9 月 9 日，中央在《中共中央关于坚决保证刑法、刑事诉讼法切实实施的指示》中明确提出："要运用各种宣传工具，采用生动活泼的方式，广泛、深入地对广大党员、干部和群众宣传法律，加强法制教育。各大、中、小学都要根据不同情况，对学生进行法律教育。各级党校和各类干部学校，都要把学习法律列入教学计划。"

另一方面，因为在"文革"时期制定的第三部宪法中存在诸多不适宜的内容，加之为了满足改革开放的国家转型需要，第五届全国人民代表大会第五次会议再次进行宪法修订，史称"八二宪法"，成为中国这一时期法律体系建设的根本遵循。这部宪法明确规定："一切国家机关和武装力量、各政党和各社会团体、各企业事业组织都必须遵守宪法和法律。一切违反宪法和法律的行为，必须予以追究。任何组织或者个人都不得有超越宪法和法律的特权。""八二宪法"深刻总结了我国社会主义建设正反两方面经验，适应了我国改革开放和社会主义现代化建设、加强社会主义民主法治建设的新要求，确立了党的十一届三中全会之后的路线、方针、政策，把集中力量进行社会主义现代化建设确立为国家的根本任务。同时，它对社会主义民主法治建设作出一系列规定，为改革开放和社会主义现代化建设提供了有力的法治保障。

"八二宪法"的颁布，使得法律的地位和权威以根本大法的形式得到确认与保障，并在"十六字方针"的指导下，我国现行基本法律相继出台，涵盖刑事、行政、民商等各个领域，标志着 1987 年 10 月党的十三大报告所宣告的"以宪法为基础的社会主义法律体系初步形成，人民政治生活日趋活跃"。[1]

二、电视节目生产流程的技术支持

电视技术与电视艺术是相伴相随的。"电视是使用电视技术传输图像和声音的现代化传播媒介。"[2]对法治电视节目而言，电视技术作为电视节目演进的重要推力之一，不仅关系到电视节目的生产运作，包括制作、播出、传送、接收等各个环节，还引领着电视节目形式和内容的不断创新。可以说，法治节目的诞生，既对应国情和国家法治建设进程，又离不开技术的进步，从而呈现出相应的特征。

改革开放后，得益于磁带录像机和方便剪辑的电子编辑技术的出现，我国电视节目形态得到显著发展。由于节目可以被录制和重播，一定程度上保证了电视节目源的稳定。在技术的保障下，电视新闻、电视专题、电视晚会、电视剧等节目形态开始逐步形成并固定下来。这些节目形态的创作和积累，为后来专业法治节目的出现及法治节目内容、形式和电视语言表达提供了宝贵的经验。虽然节目采编设备和制作技术持续发展，但电视节目能否实现普法传播服务的目标，还取决于电视节目传输技术能否让广大人民群众收看到。在独立的电视法治节目产生之前，电视传播已经经历了一段相当长的历程。

电视节目传输系统对广播电视能否实现最终的宣传效果尤为重要。传统广播电视的传输系统分为无线传输和有线传输两种，无线传输方式的传输媒介包括卫星转发、微波中继、无线发射等地面无线电波，有线传输的传输媒介则是电缆、光缆等有线通道。

20 世纪 70 年代，微波干线的建设发展有力提升了地方到中央传送新闻的

---

〔1〕《沿着有中国特色的社会主义道路前进——在中国共产党第十三次全国代表大会上的报告》。
〔2〕赵玉明、王福顺主编：《广播电视辞典》，北京广播学院出版社 1999 年版，第 39 页。

时效性，省里上午发生的重大事件，下午就可以传送到北京，晚上《新闻联播》节目即可播出。[1]进入 80 年代，随着对广播电视事业投资的增加，各地纷纷兴建了不少广播电视发射台和转播台。一些省、自治区开始投资建设传送节目的广播电视专用微波线路，微波传输提升了电视节目质量，但微波传输是点对点的方式，其覆盖范围仍受到限制。

在 20 世纪 80 年代初，国家财政困难的局面下，中央决定发射广播卫星。卫星传输可以到达原来依靠微波传输难以覆盖的地方，如山区、边远地区、海岛，极大地促进了电视的普及。原来采用差转方式导致电视收看质量不佳的地区，现在能够接收到稳定的电视图像，收看质量得到了改善。1986 年，新疆维吾尔自治区的电视节目通过卫星向全自治区传播，有效解决了边缘省份电视节目传送困难的问题。到了 1987 年，全国卫星地面收转站已经增加至 4600 多座，许多建设微波路线存在困难的山区和边远地区都能收看到首都北京的电视节目。至此，一个以卫星传送为主，微波、地面收转和差转相结合的广播电视节目传输覆盖系统网络逐渐形成。

我国电视事业由于起步晚、底子薄，加上"文革"的影响、落后的技术与装备等一系列的因素，共同制约了法治电视节目形态的生产。在 20 世纪 80 年代之前，广播一直是最主要的信息传播渠道。电视节目形态经过长期孕育，在传输技术带来的电视覆盖格局逐步形成的环境下，1980 年 7 月 12 日，央视创办的第一个新闻评论节目《观察与思考》开播。该节目不仅是最早涉及法治题材的电视节目，同时也是央视的第一个评论性专栏。

《观察与思考》节目的宗旨在于调查、介绍、研究、剖析人们当时关心的问题和现象，内容涉及政治经济、文化教育、法治道德等社会生活的方方面面。虽然当时节目的表现手法、呈现形态还不稳定，但是它标志着区别于广播和报纸的电视评论新样式的出现。其中，涉及法治的部分题材和内容，为中国电视法治节目的雏形奠定了基础。比如，节目曾播出一期名为《冯大兴的下场》的节目，讲述一位大学生杀人犯罪的案件，在社会上引起极大的讨论，成为电视工作者介入社会与法律传播的一种积极尝试。

依托电视技术的发展，1980 年 11 月 20 日，中央电视台采取前所未有的

---

〔1〕 参见刘洪才、邸世杰主编：《广播电影电视专业技术发展简史》（上册），中国广播电视出版社 2007 年版，第 3 页。

直播方式，直播了最高人民法院特别法庭开庭公审"林彪、江青反革命集团案"，以媒体视角记录重大社会法治事件，成为当时最具影响力的普法传播事件，对中国法治节目的发展具有重大意义。这次直播庭审不仅为后来中国法治电视节目中庭审节目形态的发展奠定了基础，也是电视法治公共领域建构的初步尝试。

1985 年 5 月 22 日，上海电视台的《法律与道德》首开法治电视节目先河，自此，中国第一个专业法治电视节目诞生了。随着节目的发展，法治电视节目逐步演化成我国独特且重要的一种电视节目类型。

三、电视产业化发展的推动力量

中国早期电视事业的发展与传播科技是相辅相成的。传播科技的引进和发展推动了电视行业的起步，而电视行业的发展又促进了传播科技的应用和创新，加之国家法治建设需求和电视产业政策扶持，共同推动了中国法治电视事业的萌芽。

在 1983 年第十一次全国广播电视工作会议上，不仅确立了"四级办电视"的电视发展策略，还出台一项经济政策，即"提高经济效益，广为开辟财源，以补充国家拨款不足"。为推动广播电视经济效益的提升，国家出台了一系列扶持政策，为广播电视进一步开展相关经营活动，并探索"自我发展"道路提供了政策依据。1987 年 5 月，上海广播电视局在广播电视系统中引入社会化、专业化的生产方式，提出"只有发展产业，才能建设事业"的理念。

法治电视节目的产生不仅满足了国家普法需求，还与经济发展紧密相连。上海法治电视节目的探索与上海广播电视产业的发展关系密切。在产业发展的背景下，1985 年在上海电视台成功开办了中国第一个专业电视法治节目《法律与道德》，标志着法治电视节目正式进入专业化的生产阶段。同年 12 月，央视最早的法治电视节目《规矩与方圆》[1]开播，后来影响颇广的《社会经纬》便是脱胎于该节目。

中国有着上千年的封建统治历史，加之"文革"对国家法治的巨大影响，

---

〔1〕《规矩与方圆》是中央电视台在 1985 年 12 月 31 日推出的一档专业法制节目，内容多是与公安、司法有关的零星报道，属于临时性质，后于 1986 年停播。在该节目的基础上，央视后来推出重头法制节目《社会经纬》。

中国法治建设并不具备丰厚的社会土壤。"法的实现缺乏必需的观念支持和社会环境"，即便是国家已经初步建成了法律体系，但是要将其内化为全体社会公民普遍遵循的准则，仍然面临着巨大的难度。

自 1978 年十一届三中全会后，国家开始大规模法制建设，中共中央发出《中共中央关于坚决保证刑法、刑事诉讼法切实实施的指示》，就我国政治体制中存在的"权大于法"等问题作出指示，坚决改变以往以党代政、以言代法的做法。文件明确提出："要运用各种宣传工具，采用生动活泼的方式，广泛、深入地对广大党员、干部和群众宣传法律，加强法治教育。对老百姓进行法律宣传和常识普及，是法治节目的当务之急。

在这样的社会土壤上，中国电视法治公共领域应运而生，并以虽不成熟但极为独特的方式在这一时期的中国发挥了重要的作用，形成了区别于西方社会的媒介景观和现象。

第三节　作为一种独特文类的中国法治电视节目

法治电视节目并非单纯是从电视节目形式上划分的一种类型，而是依托于其他原生类型的节目，从题材内容上被界定的一种特定节目样态。在中国社会及其电视发展的特殊历史进程中，法治电视节目无论是从节目内容还是从表现手段，都已经发展成我国独特的一种电视文类。

一、中国法治电视节目的概念生成

中国法治电视的概念源自对中国法治建设需求的认识以及中国电视媒体在法治传播实践中的积极探索。游洁等学者认为，电视法制节目是以电视为载体，借助电视的创作、传播和表现手段，以宣传法律和为受众进行相关服务为主题，以法制与社会生活方方面面的密切联系为切入点的各种形态的节目〔1〕。该界定对法治节目概念的理解更加依赖于电视媒介自身的平台属性，强调作为最具影响力的媒介之一，电视在法治宣传教育中发挥着独特且重要的作用。无论是电视实践还是学术研究，"法治"与"法制"常常混为一谈，甚至较多情况下，"法制"一词成为节目研究的一种习以为常。然而，一字之

---

〔1〕　参见游洁、郑蔚：《电视法制节目新论》，中国广播电视出版社 2007 年版，第 1 页。

别背后的内涵差异甚大。在笔者看来，对中国法治电视节目概念的理解首先要回归到"法治"与"法制"之辨。

1. "法治"与"法制"的辨析

一方面，我们需要明确对"法治"一词的理解。所谓"法治"，是依据法律制度进行社会治理，强调法律作为一种社会治理工具在社会生活中至高无上的地位，且关切民主、人权、自由等价值目标。法治分为实质意义和制度意义两个层面：制度意义上的法治强调"依法治国""依法办事"的治国思想、方式、制度及其运行机制；而实质意义的法治强调"法律至上""法律主治""法前平等""保障权利"的价值、原则和精神。"法治"一词是两者的融合统一。

另一方面，法制是法律和制度的总称。狭义的法制即法律制度；广义的法制指一切社会关系的参与者严格地、平等地执行和遵守法律，依法办事的原则和制度。法制是一个多层次的概念，不仅包括法律制度，还包括法律实施和法律监督等一系列活动过程。

法治与法制既有联系也有区别。它们的联系在于，实行法治需要建立在完备的法律制度之上，两者都强调了静态的法律制度以及将这种制度运用到社会生活中的过程。

两者的区别在于，法制相对于政治制度、经济制度，而法治则相对于人治；法制的内涵是指法律及相关制度，法治的内涵则相对于人治的治国理论、原则和方法。两者最显著的不同在于，法制的概念并不包含价值因素，而法治既包含价值内涵，又强调人民主权。

如果仅从法律的目的而言，法治旨在为人们提供一个追求公正的平台和框架，而法制则是指统治者按照法律治理国家，但这些法律不一定是由公民组成的立法部门制订的。在法治体系下，行政部门的职责只是执行这些法律，且同样受到这些法律的拘束。因此，法制和法治最大的区别并不在于法律法规文件的全面性和对公民关系的规范度，而是在于包括行政、立法、司法在内的政府权力是否也和公民一样，受到这些法律的约束。

法治电视节目使用的是"法治"，而不是"法制"的概念。它将宣传社会主义法制视为自己的神圣使命和义不容辞的职责，在概念层面上，法治电视节目体现出媒体普法与社会主义民主法治建设的同频共振。

2. 中国法治电视节目的概念内涵

中国法治电视节目是以中国法治理念为主题，通过电视媒介形式向观众传播法律知识、弘扬法治精神以及普及法治理念的独特节目样态。这一概念是依据节目的主题和内容所围绕的法治理念和法律知识来界定的，它的独特内涵体现在它与法治中国建设的紧密联系上。

法治建立是现代化国家发展的重要基础之一。在国家建设的法治概念中，狭义的法治指法律和制度，广义的法治指动态意义上的法治，包括立法、执法、守法和对法律实施的监督，也包括法律宣传教育。《管子·法禁》有云"法制不议，则民不相私；刑杀毋赦，则民不偷于为善；爵禄毋假，则下不乱其上。三者藏于官则为法，施于国则成俗，其余不强而治矣。"就是说法制不容私议，人们就不敢相互营私；刑杀不容宽赦，人们就不敢忽视为善；授爵赐禄的大权不假送于人，臣下就不会作乱于人君。在古代，这三件事情掌握在官府手中，就是"法"；推行到所有民众中就成了俗，以此可以安定国家。随着改革开放的不断深化和社会主义法治建设的逐步推进，中国法治建设需要广大人民的支持和积极参与，而人民的法治意识和法律素养的提升离不开法治宣传教育。

法治电视作为法治教育和宣传的一种手段，被涵盖在广义的法治概念中。因此，对它的理解不能只是单纯的电视媒介维度，而是应该要看到它作为中国法治密不可分的组成，在推进公众了解法律和认知法治的过程中扮演的重要角色。法治电视节目作为一种具有我国特色的独特文类，它的发展有助于促进全社会对法治的认同和支持，在推动法治中国建设中展现出重要价值。

二、中国法治电视节目的类型特征

节目类型是指具有相似元素、结构的电视节目所形成的统一风格。在我国传统的电视节目分类研究中，通常对电视节目的分类采用以内容为主要标准的"内分法"和以形式为主要标准的"外分法"。前者是按照节目的内容性质和社会功能划分的新闻性、文艺性、教育性、服务性节目；后者是按照节目内容构成和组合形式划分的综合节目、专题节目、杂志型节目。[1]从节目类型划分上，法治电视节目是围绕法治内容、具有相似结构、形成统一风

---

〔1〕 参见吴圆圆：《新视频节目创作教程》，清华大学出版社 2023 年版，第 4 页。

格的独特类型，它难以在学界的分类方法中找到固定的位置，但又符合节目类型的划分标准，是我国电视传媒实践中孕育出的一种独特类型。

1. 中国法治电视节目的鲜明使命感

1985 年 5 月 22 日，上海电视台制作了全国第一个法治电视栏目《法律与道德》，陈宝雷担任主持人兼编导。在节目的开头，曾有一支这样的歌曲："法在生活中，生活中有法，学法，懂法，护法，做一个守法的公民。"节目呈现出对老百姓法律意识的呼唤，以及对学法护法的劝导。

图 5、图 6　全国第一个电视法治栏目《法律与道德》及主持人画面

法治电视节目从报道目的到选材到制作到效果，都具有鲜明的法律特征。[1] 经历了上千年封建统治和"文革"严重影响后的中国，不仅社会秩序正迎来巨大的解构与重构，公民的法治意识也极为淡薄。1986 年，《法律与道德》曾有一期节目报道了这样一则案例：一个刚满十八岁的青年，在本单位盗窃公款并杀人越货，但他并未意识到自己犯了死罪，犯案后回家仍若无其事地倒头大睡。更令人不解的是，其父母作为知识分子，对此事的态度同样也显得暧昧，"毫无法律意识"之感。[2]

作为植根于中国土壤上的一种特殊电视文类，中国法治电视节目先天带有鲜明的使命感。潘永明（上海电视台，1986）谈到"电视法制宣传专栏节目，是一档以广大观众为对象，宣传法律常识的知识性节目。但是我们认为，

〔1〕　参见朱颖、周博：《试论电视法制节目的合法性原则》，载《当代电视》2007 年第 3 期。

〔2〕　参见潘永明：《生动形象的法制宣传——介绍上海电视台的〈法律与道德〉专栏》，载《新闻记者》1986 年第 1 期。

在选题时必须求真、求实，受新闻特性的制约，选择的典型案例必须是新近审理的，内容、情节必须真实、准确，力求每选一题必能取得良好的社会效果。"〔1〕在使命感的驱动之下，中国法治电视节目在实践中形成以普法为核心要义，依托于其他原生节目类型，在题材内容上具有类似性的独特节目样态。

2. 中国法治电视节目文类的独特性

上海电视台《法律与道德》节目的诞生，标志着这一独特节目类型的正式出现。在与中国法治建设同向同行的进程中，中国法治电视节目的形态丰富多样，其类型划分主要是根据内容、形式和传播方式来分类。常见的类型包括但不限于法治新闻节目、法治专题节目、法治庭审节目、法治服务节目、法治纪实节目、法治真人秀以及普法剧等。这些节目在形式和内容上虽各有特色，但都以法治理念为核心，旨在通过电视媒介向公众普及法律知识和法治观念。

曾任中央电视台社教中心副主任的尹力认为："中国电视法制节目不只是一种题材概念，在中国社会和中国电视发展的特殊历史过程中，电视法制节目已经发展成为一种独特的电视文类。无论是从外部特征还是从内在属性来看，无论是从内容还是从表现手段来看，它都具有了作为一种电视文类的足够的独特性和自主性。"〔2〕

法治电视节目作为一种特殊的文类，其独特性首先表现为强调中国法治理念的独特主题。与其他类型的电视节目相比，中国法治电视节目的核心主题是法治，旨在普及法律知识、宣传法治理念、增强公众的法治意识。其次，它强调社会效应，具有鲜明的教育和警示作用，通过丰富多元的节目形式和表现手法，向广泛的社会公众传播法律知识和法治理念，服务于国家法治建设和社会发展，以促进社会的和谐和稳定。

3. 中国法治电视节目的普遍性特点

中国法治电视节目具有多种特点，其中法理性、服务性与故事性三大特质尤为突出。

第一，中国法治电视节目具有鲜明的法理性特点。这就要求节目内容和

---

〔1〕 潘永明：《生动形象的法治宣传——介绍上海电视台的〈法律与道德〉专栏》，载《新闻记者》1986 年第 1 期。

〔2〕 尹力、张小琴：《论中国电视法制节目的文类概念与文类特征》，载《现代传播》2003 年第 5 期。

形式均要符合法律规定和法治精神，确保法律的科学性、合法性和公正性得以体现。例如，在法律案例的分析和解读上，节目通过向观众展示真实的法律案例，使观众能够了解法律在实际生活中的应用和作用，加深对法律的理解和认识。同时，在法治沟通服务上，节目关注社会热点和公众关注的法律问题，传递公众维护法律权利的渠道和方式，为公众提供法律援助和保障，维护公民的合法权益。在节目生产的各环节，都要增强法律意识和法治观念，注重依法办事、法律逻辑清晰、法律条文准确，从而为公众传递正确的法治理念，促进法治建设和社会稳定。

第二，中国法治电视节目的普法服务属性显著。这要求节目内容和形式具有普及法律知识、普及法治理念和提供法律服务的特点。在普法的内容上，节目既要有宪法、法律法规、司法解释等内容普及，帮助公众了解法律的基本原理和基本规定，又要关注日常生活中常见的法律问题和相关法律常识，如合同签订、婚姻家庭、消费维权等，帮助公众在日常生活中更好地维护自己的合法权益。节目通过专家访谈、在线问答等形式，解答观众的法律疑问。不少节目还提供法律咨询、法律援助等方面的服务，以帮助群众解决实际生活中的法律问题。

第三，中国法治电视节目普遍重视故事性叙事表现。法治电视节目采用纪实报道、真实案例演绎、模拟法庭等多种形式，节目内容往往以故事为载体，通过具体的案例、人物或事件来呈现法律知识和法治理念。故事性叙事能够吸引观众的注意力，提高节目的关注度和观看率。节目的故事性叙事常常通过悬念设置、情节建构和人物塑造等方式，让抽象的法律概念和知识变得具体化、形象化，使其更容易被观众理解和记忆，从而提高观众对法治信息的接受度和理解度，增强他们对法治的情感认同和支持，使普法内容更有说服力和影响力。

三、从日常化播出到栏目化崛起的初期探索

1978 年至 2012 年，被称为改革开放新时期。它是中国改革开放的全面展开和经济社会发展取得显著成就的阶段，也是中国法治建设的探索与实践阶段。这一时期，我国法治节目从无到有，完成从零星播出的普法节目到每周固定推出的栏目化初步发展。

1. 法治电视节目的日常化播出

随着农村经济领域引入家庭联产承包责任制等改革措施，市场经济逐步发展，法治建设与中国经济体制改革相遇。国家加大法治建设力度，修正了《中华人民共和国宪法》，颁布了《中华人民共和国行政诉讼法》及一系列新的法律法规，明确了加强法治宣传教育的重要性，共同推动法治理念逐渐深入人心。在改革开放新时期，广播电视媒体在普及法律知识、提升公民法治观念中发挥着显著作用，与此同时，国家政策的引导为法治节目的日常化播出提供了制度保障。

此外，国家放开了部分媒体的经营管理权限，鼓励广播电视媒体积极探索创新，广播电视节目形式和内容开始多样化，涉及新闻、体育、娱乐、教育、法治等各个领域，国家还鼓励电视媒体开展法治节目播出，这些因素共同促进了专业化的法治电视节目出现。

1985 年 6 月，中宣部、司法部制定《关于向全体公民基本普及法律常识的五年规划》，即"一五普法"。1985 年 11 月 22 日，第六届全国人大常委会第十三次会议通过了《关于在公民中基本普及法律常识的决议》，规定从 1986 年起，用五年左右时间，有计划、有步骤地在一切有接受教育能力的公民中，普遍进行一次普及法律常识的教育。全民普法是人类历史上规模空前和影响深远的法治启蒙运动，是一场先进的思想观念和文明的生活方式的宣传教育运动。

"一五普法"要求"报刊、广播电台、电视台都要有专人负责，办好法制宣传栏目"，从而正式拉开了传媒法治宣传的序幕。同年 11 月，全国人大常委会通过《关于在公民中基本普及法律常识的决议》，要求"报刊、通讯社和广播、电视、出版、文学艺术等部门，都应当把加强法制宣传教育、普及法律常识作为经常的重要任务"。此后，中宣部、司法部持续制定了一系列相关法规，要求包括电视在内的相关部门加强法治宣传。在此背景下，法治题材的相关节目越来越受到重视，并被放到重要的时段播出。例如，以《法律与道德》为代表的电视法治节目积极探索电视表现手法，开始探索案例报道、小品模拟、人物专访等更为生动活泼的报道形式。1989 年，司法部与原广电部联合主办了首届全国法治电视节目"金剑奖"评选活动，此后每两年举办一次，进一步促进了日常电视法治节目的发展。

2. 法治电视传播的基础设施建设

早期的电视法治节目表现形式和手法较为单一，多数节目是对案例的单纯描述，或是邀请法律专家到演播室讲座，这种形式往往缺乏吸引力和互动性，容易使观众感到单调和刻板。从 20 世纪 80 年代中期开始，国家"一五""二五""三五"普法教育成为中央高度重视的重要工程。1999 年 3 月 15 日，第九届全国人大第二次会议通过宪法修正案，将"依法治国，建设社会主义法治国家"纳入宪法，建设社会主义法治国家成为国家建设和发展的重要目标之一。国家普法需求的日益增强，推进了法治电视节目的日常化播出，并逐步形成栏目化发展。

1992 年初，改革开放总设计师邓小平前往南方多地视察并发表了重要谈话，这一系列重要讲话即著名的"南方谈话"，将我国的改革开放和经济建设推向新的历史阶段。以此为契机，中国改革开放掀起第二次浪潮。以邓小平谈话和党的十四大为标志，中国广播电视事业也随着中国社会主义改革开放和现代化建设进入全面深化改革发展的新阶段。

在基层广电的基础设施上，国家加快广播电视覆盖网和电视传输网的建设，尤其要解决广大农村和"老少边穷"地区的覆盖问题。1994 年年底，全国还有 22.6% 的人口听不到广播，16.7% 的人口看不到电视。[1] 1998 年初，广电总局党组在全国厅局长会议上正式提出，在 20 世纪末基本实现通电行政村"村村通广播电视"的目标和要求，并先在贵州、云南等省进行试点。后来，国务院把"村村通广播电视"工作列入国家计划项目，将它作为我国当前一项重要的农村基础设施建设，并将扶植工程的专项资金列入计划。为了解决村村通电视工程中信号传送的需要，中央卫星直播平台得以建设，使中央电视台的八套电视节目、中央人民广播电台的七套广播节目和 31 个省（区、市）的卫星电视节目集中在一个平台，这也为日后发射直播卫星创造了条件，并带动了整个广播电视事业的建设和发展。到 2000 年底，我国基本实现已通电行政村"村村通广播电视"的任务。针对西部地区广播覆盖较为薄弱的情况，广电总局提出"西新工程"的实施计划，旨在推动西藏、新疆等边远地区的广播电视覆盖工作。"村村通广播电视"解决了法治电视节目传播

---

〔1〕 参见徐光春主编：《中华人民共和国广播电视简史 1949–2000 》，中国广播电视出版社 2003 年版，第 487 页。

"最后一公里"的问题，为此后广播电视技术发展和进一步实现有效传输提供了有效途径。

3. 法治电视节目的栏目化崛起

自20世纪90年代起，法治广播节目的内容形式和节目样态不断发展。应该认识到，广播普法除了作为国家法治宣传引导的有力工具，在不同时期发挥着重要的社会效应，它同样作为一种精神文化产品，起到思想教育和精神塑造的作用。尤其是在我国特殊历史时期，在农村物质生活相对匮乏的背景下，它提供了精神的食粮，丰富了农民的精神文化生活。但不可否认的是，随着电视媒体的兴起和媒体发展的多元化，曾经在广播发展历程中发挥着举足轻重作用的农村广播，逐渐处于弱势的地位。

在中国普法教育进程发展下，大量省市台法治节目出现，如南京电视台《法制园地》（1985）、山东电视台《道德与法制》（1986）、广东电视台《公民与法制》（1987）等。其他众多省、市电视台也相继推出了每周固定播出的法治电视栏目。

从电视节目到电视栏目，两者首先在概念内涵上有所区别。电视节目是电视台各种播出内容的最终组织形式和播出形式，是电视台内容播出的基本单元，我们收看到的所有视听制品均为节目，它是包含整体栏目和单个节目在内的、更为丰富且有层次的概念。电视栏目是指具有固定的栏目名称、片头、固定或相对固定的主持人、相对稳定的栏目宗旨，是电视节目经营的基本单位，是电视节目的一种编辑形式和保障形式，它是将若干个内容相似或相近的反映同一宗旨的节目重新包装编辑而成一系列的节目。

在国家普法进程不断推进的背景下，随着广电基建和传播科技的发展，法治节目出现了第一次集中性的栏目化崛起。从90年代开始，法治电视节目制作实践开始重视纪实成分，并加强与相关职能部门合作，如杭州电视台1991年开办的《社会与法律》等。随着电视技术和电视事业发展以及国家法治建设全面推进，从中央到各省市电视台制作了许多耳熟能详的法治栏目，如央视的《社会经纬》、北京电视台科教频道的《法治进行时》、上海电视台的《案件聚焦》和山东电视台的《金剑之光》等，这些节目都取得了令人惊喜的社会传播成效。到1999年，央视的《今日说法》诞生，法治节目从表现形式上已经十分固定且达到了鼎盛，节目的纪实性、法理性、可视性、新闻性都显著增强，形式涵盖谈话、庭审、资讯等多种类型。

新阶段我国法治电视节目的发展

1993 年，中国共产党十四届三中全会的召开成为中国经济改革开放又一个里程碑。十四届三中全会确定了中国经济体制改革的总目标和基本思路，提出加快国有企业改革、发展非公有制经济、推进市场经济体制改革等一系列改革举措。深入和全面的改革开放不仅涉及城市经济、金融、企业改革等方面，更对中国法治建设提出新的要求。

此后二十年，伴随着国家法治建设的加速推进，法治电视事业进入了集中发展的新阶段。

第一节　从栏目化发展到法治电视频道化管理

改革开放带来中国社会的巨大变革，为中国电视事业的快速发展提供机遇和动力。1978 年召开的中共十一届三中全会明确"实行改革开放的方针，坚持四项基本原则"，标志着中国改革开放的正式启动。初期的改革开放主要集中在农村经济和农村改革方面。随着中国对外开放程度的加深，扩大对外贸易、吸引外资等方式有效加强了中国与国际社会的经济联系。

到了 1991 年，苏联解体导致自第二次世界大战结束后持续近半个世纪的冷战和两极格局结束，一系列因苏联解体而发生的国际政治变化都随之发生转向。国际政治环境发生重大变化，世界经济全球化进程加快，中国需要更为积极主动的改革开放，以此来应对新问题并满足推动经济持续发展的迫切需求。全面深入的进一步改革，直接推动中国电视法治节目蓬勃发展。

一、全面改革背景下专业化法治电视频道的出现

在改革开放初期，中国电视事业处于起步阶段，传输技术和电视设备有限，电视产业商业化程度较低。这一时期虽然有一些节目涉及法治题材，但专业化的法治节目尚未出现。伴随改革开放的浪潮，1983 年中央人民广播电台开办《法制园地》节目开启广播普法节目的先河，1985 年上海东方电视台推出第一档专业法治节目《法律与道德》，1986 年山东电视台开办《道德与法制》节目……中国法治电视节目开始了从无到有，从日常化播出走向栏目化的实践探索，节目数量不断增加，涌现出新闻报道、新闻评论、法制讲堂、以案说法、直播庭审等多种法治电视节目形态，节目的影响力也越来越大。

1. 栏目化崛起使得建立单独的法治频道成为可能

20 世纪 90 年代后，全面改革开放推动中国经济继续保持较快增长，中国法治建设加速推进，法治理念逐渐深入人心。无论是经济、政治、社会等领域的大规模立法活动对现代法律体系的完善，还是加强中国司法体系建设的诸多改革举措，这些都是为了确保改革开放能够在法治框架下有序进行。这一时期，随着广播电视业务进一步多元化，各电视媒体采取栏目化发展策略将法治内容进行分类、细化，打造出多种类型的法治电视栏目，进一步满足观众的接受习惯和信息需求。如 1994 年 4 月 1 日，南京电视台的《法庭传真》栏目问世，中国电视法治节目的一种新类型——庭审节目正式产生，创新了中国电视法治节目的纪实风格。栏目化发展使得法治电视节目内容更丰富、形式更多元、普法更专业，观众参与度和黏性增强。

在全面深化改革的浪潮中，法治电视从栏目化崛起走向频道化发展。从 1999 年长沙电视台创办政法频道到 2004 年中央电视台开办社会与法频道，2004 年底时，我国就有八家电视台开办了法治专业频道，全国共有六七十个法治栏目，法治类电视节目的收视率非常高，几乎占整个专题类节目的 19%，播出量占专题类节目的 10%。[1]此时的电视媒介已经成长为推进法治建设、满足社会不断增强的法治需求的媒介工具。

不同于改革开放初期的节目数量和表现形态的发展，1992 年后的二十年

---

[1] 《我们需要什么样的法制节目（之三）电视法制栏目的发展及现状》，http://www.cctv.com/tvguide/tvcomment/wtjj/xzlz/100662.shtml，最后访问日期：2019 年 6 月 18 日。

间中国法治电视事业的跨越式发展，更多地体现在电视频道专业化、栏目经营改革以及法治电视频道规范化方面。全面改革开放和国家政策对电视频道发展的推动，不仅是让更多专业化的频道出现，更是意味着我国电视频道从单一的综合频道向专业化频道转变。

伴随着全面改革开放的步伐，中国的法治电视宣传事业迈上全新的台阶。国家对电视传播的重视直接推动频道专业化发展。以中央台为例，1993 年初，中央电视台在分析国内外电视事业发展总趋势的基础上，制定新的发展战略，提出将中央电视台建设成同中国大国地位相称的、具有世界先进水平的电视台的奋斗目标。为实现这一目标，中央台开始实施改革创新，其中重要举动之一就是及时增设新的播出频道并开启频道专业化道路，以满足不同层次观众收看电视的需求。从 1992 年到 2000 年，中央电视台由原来的三套节目增加到九套节目，各套节目经过多次调整，已逐步由只办综合频道向既办综合频道又办专业频道转变，由只办对内频道向既办对内频道又办对外频道转变，在可能的条件下，努力通过频道建设打造内容矩阵，服务于广大观众。

对于法治频道而言，从地方到中央的电视频道先后专门设立法治频道，开设多档法治节目，甚至全天候播出法治节目。频道化管理方式有利于集中资源、提高效率，形成了一种更规范、更持续稳定的法治宣传平台。法治电视频道的兴起和规范化发展，不仅提升了普法宣传的针对性和有效性，也为推动社会法治进程、增强群众法治意识发挥了进一步作用。这一系列变革不仅体现了中国电视行业的快速发展，也彰显了国家对于法治建设和文化传播的高度重视和持续努力。

2. 央视"社会与法"的频道格局

在央视社会与法频道成立之前，为了配合中央开发大西北的战略，央视曾于 2002 年 5 月开播西部频道，包括《今日说法》在内的、为数不多的几档法治节目就在该频道播出。2004 年 12 月 28 日，CCTV-12 频道呼号由"中央电视台西部频道"改为"中央电视台社会与法频道"。时任央视副台长张长明在媒体采访中，解释了社会与法频道置换西部频道的原因。一方面是资源有限，当时中央电视台已经有了 16 个频道。另一方面，西部频道在西部地区没有好的覆盖率，收视效果不好，同时央视一套、二套节目都有对西部大开发的报道，所以决定把西部频道的部分节目换到其他频道。[1]

2004 年，央视社会与法频道成立，作为国家级法治类专业频道，社会与法频道以打造权威法治平台、援助公益平台、践行媒体普法责任为己任。国家级法治专业频道成立后，央视的法治类节目播出比例自然增加。频道定位的明确，进一步提升了频道的收视率和竞争优势。当时主要节目有《大家看法》《法律讲堂》《方圆剧场》《道德观察》《心理访谈》《今日说法》《法治在线》《经济与法》《第一线》《天网》《天地剧场》《中国法治报道》《庭审现场》《忏悔录》《法治视界》，其中《天网》《道德观察》《法律讲堂》等节目以其独特节目定位，逐步吸引了一大批固定受众。

3. 国家级法治专业频道建设的示范性意义

对于央视社会与法频道价值的考量，需要看到在频道命名中"社会"与"法"两个关键词，这两个词的出现顺序是先有"社会"，再有"法律"。这意味着从频道顶层设计的层面，既涉及对社会与法治关系的思考，更体现出国家级主流媒体的媒介自觉。

央视社会与法频道的成立，实质上为以电视媒介推进和谐社会和法治中国定下了一个基调。基于对中国电视普法传播布局的理解，在媒介技术发展的基础上，还有一个更深层次的核心命题，即社会与法律的关系。对这一关系的理解，才能把握中国电视普法传播背后的哲理，才能在节目传播事实的基础上，有更多思辨性启发。

对于"社会与法律"关系，西方传统法律理论多将法律与社会的关系描述为"镜子"，认为法律的功能在于维持社会秩序，它就像一面镜子一样反映着社会。卢曼、帕森斯等社会学中的功能主义学派对于法律的理解亦与之有一定重合，即认可法律对于维持社会秩序的重要作用。然而，美国布莱恩·塔玛纳哈教授对传统西方法学理论提出挑战，在其著作《一般法理学》中指出这一认识既不能解释非西方社会的情况，也不能解释当代西方的情形。

不可否认，社会与法律的关系是复杂的。社会是如何决定法律的？法律又是怎样回应社会的？这需要着重从社会的构成要素去探究社会与法律的内在关系。对此，各法学流派对法律所反映的对象有着不同的解释。我们无法

---

〔1〕 参见《社会与法取代西部频道〈新闻夜话〉绝迹江湖》，载 http://ent. sina. com. cn/2004-12-05/0550589269. html，最后访问日期：2024 年 8 月 20 日。

以某一程式化去做论断，但是借助对法律与社会关系的思考，以电视媒介作为研究框架，可以探究作为媒介的电视业在其中所处的位置，以此思考电视媒介普法的现实作用。

面对社会与法治间存在的复杂且紧密的关系，社会与法频道在命名中，颇为用心地将社会放在法治前面。对这一问题，马克思深刻指出："社会不是以法律为基础的，那是法学家们的幻想。相反地，法律应该以社会为基础。法律应该是社会共同的、由一定的物质生产方式所产生的利益和需要的表现，而不是单个的个人恣意横行。"[1]也就是说，社会不是以法律为基础，而是法律以社会为基础。

透过社会与法频道的命名这一细微视角可见，电视媒介在一定程度上就是让老百姓理解社会与法治的关系，并且通过推动对人民权利的保护实现国家的法治建设。国家级媒体的这一实践举动，具有对全国电视媒体普法建设的示范效应，它体现出中国电视普法人自身的法治意识，表现出他们在情感上强烈的责任感和使命感。

二、经营管理改革推进广播电视产业体系建设

广播电视产业是我国文化产业的一个重要组成部分。从 1949 年到 1978 年，我国广播电视业在这三十年里有一定规模的发展。但是在计划经济时代，发展广播电视的经费全部由政府财政拨款，发展速度较为缓慢，广播电视存在覆盖率低、节目制作设备老化等诸多问题。广播电视的喉舌属性导致所有资源只为党宣传服务，产业属性不曾暴露出来，更谈不上作为产业来经营。

1. 广播电视列入需要加快发展的第三产业

20 世纪 70 年代末期，随着电视事业规模的迅速扩大，单纯依靠国家财政拨款已经不能满足其发展的需要。为了解决广播电视部门经费紧张的难题，广播电视从经营广告到经营节目、技术、影视基地、网络等多领域，以此来提高经济效益。

1979 年起，一些广播电视台、报刊等媒介陆续恢复开办广告业务，其中，电视广告率先起步于经济较为发达的上海、广东等地方电视台。1979 年 1 月 28 日下午，上海电视台屏幕上显示出了"上海电视台即日起受理广告业务"

---

[1]《马克思恩格斯全集》（第 6 卷），人民出版社 1961 年版，第 291~292 页。

的灯片，随即，新中国第一条电视商业广告——"参桂养荣酒"广告片播出，片长 1 分 30 秒。电视商业广告在地方电视台开始播出后，带来良好的经济效益。1979 年 11 月，中共中央宣传部发出《关于报刊、广播、电视台刊登和播放外国商品广告的通知》，批准新闻单位承办业务广告[1]。改革开放后，经济迅速增长，国家更为开放的经济政策进一步加快了各地媒体广告经营体制的改革，有效促进了多样化电视广告体系的不断发展，使得我国电视广告逐步发展成位居大众传播广告主流地位的媒介形式。

1983 年第十一次全国广播电视工作会议上，在确立"四级办电视"的电视发展策略的同时，还出台了一条经济政策，即"提高经济效益，广为开辟财源，以补充国家拨款不足"。为推动广播电视经济效益的提升，国家出台一系列扶植政策，为广播电视进一步进行有关经营活动，探求"自我发展"提供了政策依据。1987 年 5 月，上海广播电视局在广播电视系统中引入社会化、专业化的生产方式，提出"只有发展产业，才能建设事业"。

随着改革开放的步伐，中国电视产业持续发展。1988 年 1 月，广东广电提出将企业化管理模式应用于广播电视体系。此后，节目经营、技术经营、有线电视经营等新兴产业在各地尤其是东南沿海萌发。1992 年 6 月，中共中央、国务院作出《关于加快发展第三产业的决定》，明确地把广播电视业列为第三产业，强调要使福利型、公益型和事业型的第三产业逐步向经营型转变，实行企业化管理。

2. 经营体制改革带来电视广告的飞速发展

1992 年中共中央、国务院下发的《关于加快发展第三产业的决定》，明确指出广播电视具有事业和产业的双重属性，为广播电视事业走向产业化经营提供了政策上的保证。中央的这一决定对电视工作者进一步转变观念、解放思想以及电视事业建设和经营创收都具有非常重要的意义。电视台实行自主经营后，电视广告收入成为各级电视台诸多创收项目中补充政府拨款不足的主要来源。

1994 年 8 月，时任广播电影电视部部长孙家正在第二次全国省级电台台长会议所作的报告中指出，广播电视作为与高新科技相结合的现代化传播手

---

[1]　参见北京广播学院电视系学术委员会、中国应用电视学编辑委员会编著：《中国应用电视学》，北京师范大学出版社 1993 年版，第 31 页。

段，其综合服务功能尚有相当大的潜力，有待开发和利用。他指出广告是广播电视发展的重要资金来源，不要把广告和节目对立起来。1995 年 2 月 1 日，《中华人民共和国广告法》开始实行，广告工作开始走上法治轨道。

在国家级媒体的改革实践中，1996 年 6 月，中央电视台决定实行"栏目带广告，广告养栏目"的运作机制。栏目拿出 10% 的时间播放广告，广告收入的 50% 用于栏目经费。该政策实行后，极大激发了央视一线电视从业人员的积极性。节目质量好，广告收入就高，形成节目质量和经营创收共同提高的良性循环。到 1997 年，中央电视台的广告编辑制作和播出全部实现计算机化。节目和广告经营体制的改革创新带来直接的经济效益，中央电视台的广告收入从 1992 年的 5.6 亿元，到 1999 年的 44.15 亿元，再到 2000 年已经突破 50 亿元。[1]

广播电视行业的经营改革和广告经营体制的创新，不仅为媒体自身带来了可观的经济效益，也为法治建设和文化传播注入了新的活力。

3. 从"中心制"到"频道制"的管理体制改革

从 1999 年开始，中央电视台大力推进以"频道专业化、栏目个性化、节目精品化"为核心内容的宣传改革。在频道管理方面，分批试点进行频道制改革。而在此前相当长的一段时间内，以中央电视台为代表的主流电视台是以"节目中心制"为主的管理架构，下设新闻中心、文艺中心、广告经济信息中心、体育中心、社教中心、海外中心、青少中心等节目中心。以社会与法频道所属的社教中心为例，它要负责十套、十二套以及其他各频道的法制、教育类节目。

在意识到节目中心制弊端后，顺应市场趋势，央视先在经济、体育频道进行频道制试点，后从 2010 年 8 月 1 日起，正式全面推行频道制改革，将实行多年的"中心制"转变为"频道制"，建立以频道制为主的管理架构。频道不再由中心管理，而是由频道总监全权负责。频道制下的频道既是节目播出平台，也是节目制作主体。经过频道制改革，社会与法频道定位清晰，开始走品牌发展之路后，频道竞争力快速提升。

---

〔1〕 参见徐光春主编：《中华人民共和国广播电视简史 1949-2000》，中国广播电视出版社 2003 年版，第 518 页。

三、国家普法需求促进法治电视频道的壮大

在法治建设进程中，国家持续加大对电视普法的重视力度，鼓励广播电视媒体加强对法治节目制作的资金支持和技术支持，推动法治电视节目业务以及专业法治频道的发展。

1. 国家持续加大对电视普法的重视力度

改革开放形成推进我国社会主义法治建设的强大动力，也产生对媒介普法的新需求。1978 年，邓小平同志在中央工作会议上的讲话明确提出："发展社会主义民主，健全社会主义法治，要做到'有法可依，有法必依，执法必严，违法必究'"。这十六字方针为全民守法用法指明了方向。1985 年，司法部在六届全国人大常委会第十三次会议上提交了"一五"普法规划草案，经中共中央、国务院转发了《关于向全体公民普及法律常识的五年规划》的通知后，全国人大常委会会议审议通过了《关于在公民中基本普及法律常识的决议》。自此之后，宏大的全民普法工程正式拉开帷幕。

1986 年至 1990 年是全国第一个五年普法教育阶段，该时期普法教育的主要特点是启蒙教育、普及法律常识，重点内容是普及十法一条例，即宪法、民族区域自治法、兵役法、刑法、刑事诉讼法、民法通则、民事诉讼法（试行）、婚姻法、继承法、经济合同法以及社会治安管理处罚条例等基本法律。

1991 年至 1995 年"二五"普法重点内容是继续抓好宪法等基本法律知识的普及教育，强调部门专业法律知识的宣传教育，突出社会主义市场经济法律法规为主的 200 多部法律知识的宣传教育。

1996 年至 2000 年"三五"普法明确了重点普法对象，即：领导干部、司法人员、行政执法人员、企业经营管理人员、青少年，要求以各种形式展开专项普法活动，直接推动成立专业的法治频道，开展形式多样、丰富多彩的法治宣传教育。其中，尤其要关注的是 1997 年党的十五大把依法治国目标由"建设社会主义法制国家"改为"建设社会主义法治国家"。从"法制"到"法治"，仅有一字之别，标志着依法治国作为党领导人民治理国家的基本方略的正式确立。1999 年 3 月 15 日，第九届全国人民代表大会第二次会议通过对《中华人民共和国宪法》修订，"中华人民共和国实行依法治国，建设社会主义法治国家"载入宪法。

伴随着我国社会主义民主法制建设步入一个新阶段，1999 年 5 月 17 日，全国首家政法类专业频道——长沙电视台政法频道开播。以长沙电视台政法频道为伊始，河南法治频道、山西科教频道、黑龙江法治频道、北京科教频道、陕西公共政法频道等都陆续推出，其中中央电视台社会与法频道、北京科教频道、长沙政法频道成为中国法治电视传播进程中最有代表性的频道。

法治电视节目、法治电视栏目和法治电视频道共同构成法治电视节目系统，也就是说，法治频道的建设标志着中国法治电视宣传系统的基本架构形成。

2011 年 3 月，在十一届全国人大四次会议上，全国人大常委会工作报告宣布中国特色社会主义法律体系已经形成。中国特色社会主义法律体系是一个立足中国国情和实际、适应改革开放和社会主义现代化建设需要、集中体现党和人民意志，由法律、行政法规、地方性法规等多个层次的法律规范构成的法律体系。此时，随着中国特色社会主义法律体系的建设，中国法治专业频道进入规模化普法发展时期。

2. 广播影视法规建设保障电视节目普法的规范性

1994 年，我国关于法治节目的第一个专业组织——电视法治节目委员会成立。这一时期，伴随着频道化发展产生了一系列影响深远的法治节目，如1997 年北京电视台开播的法治新闻资讯节目《警法目录》，1999 年央视的法治专题节目《今日说法》等。到了 1999 年 12 月，北京电视台第一个法治日播栏目《法治进行时》开播，首先提出了"政法新闻社会化、社会新闻政法化"的崭新节目理念。正是在这一崭新节目创作理念的支持下，《法治进行时》栏目中的四个节目《现场交锋》《现场提示》《法网追踪》《治安播报》均为全国独创，强调"现场"、"热线"、"追踪"和"播报"，有很强的新闻性和纪实性。《法治进行时》的开播不仅为中国电视法治节目增添了新的"物种"，更重要的是为群众参与社会治安工作提供了有效途径。1999 年以后，法治电视节目第一次迎来大繁荣时期。

2001 年，中国国家广播电影电视总局（简称广电总局）[1] 成立，作为

---

〔1〕 2013 年 3 月，国家广播电影电视总局被撤销，与原新闻出版总署合并成立国家新闻出版广播电影电视总局。2018 年 3 月，国务院机构改革，在国家新闻出版广电总局广播电视管理职责的基础上组建国家广播电视总局，不再保留国家新闻出版广电总局。

广播电视行业的主管部门，广电总局加强了对广播电视事业的管理和监督。2004 年，广电总局发布《广播电视节目制作经营管理规定》，明确了广播电视节目制作经营的管理要求和标准。作为国务院直属机构，广电总局负责监督管理广播电视工作，加强对广播电视节目内容的审查和管理，维护了广播电视媒体的良好秩序。

中国法治建设给电视媒体普法带来两重成效，一方面，在广播影视各个管理领域，颁布实施了一系列法规规定，通过立法的方式基本形成了以《广播电视管理条例》《电影管理条例》为龙头的广播影视法规体系。另一方面，通过普法增强了媒体人自身的法律意识。广电系统组织从业者对宪法、行政诉讼法、行政处罚法、行政复议法、著作权法等法律法规进行深入学习，提高从业者的法治观念，提升法治电视人依法决策、依法办事的理念和意识。

第二节　数字技术赋能法治电视节目的传播扩散

在传播科技发展上，其实早在有线电视时期，数字技术就已经开始应用于广播电视领域。有线电视在光纤技术支持下与电话的双向通信技术、计算机的多媒体技术相结合，组成综合信息网，使图像、声音、文字数据三者融为一体，给用户提供全方位、多途径、多功能的服务。有线电视中已经应用了数字技术，只是在最开始应用有线电视传输节目时，有线电视节目的生成方式还是以模拟电视为主，直到 1999 年之后，信息化带动电视领域数字技术应用的迅速发展，电视节目制作开始实现数字化操作，这一时期才真正进入广播电视的数字技术时代。

自 2004 年央视社会与法频道成立，到 2011 年频道经历一次改版，之所以能形成普法传播的大格局，这其中就涉及一个不可忽略的数字电视技术因素。在千禧年初，当时全国大多省市地区尚未开始数字电视整体转换，故在转型初期覆盖率亦是极其低迷，直接影响了法治电视节目的抵达率，自然也难以达到广泛的大众普法传播效果。到 2007 年左右，全国大多省市数字电视整转，CCTV-12 纳入政策必传的公共基本频道。

一、从模拟到数字的电视技术应用变迁

自 20 世纪 90 年代后，数字技术开始进入电视实操领域。与连续的模拟

信号不一样，数字电子技术所处理的信号在时间上和数值上是离散的，这也是数字电视画面形成的原理。

不同于模拟技术对声音和画面进行模拟再转换的电视信号生产技术，数字技术是一种将声音和画面转换成数字，用二进制数编码成多位数码后进行发射、传输和接收的系统工程。在技术原理上，"数字技术是将连续的模拟信号编码成一个个离散的二进制数字信号，每个数字信号只有 0 和 1 两种结果，分别用一个个脉冲来代表，然后进行各种功能的处理、传输、存储和记录，也可以用计算机进行处理、检测和控制。"[1]

在电视领域，数字信号技术不仅用于传输图像和声音，还贯穿电视节目采编、制作、传输、接收的全过程。接收设备能可靠接收处理"0、1"数据，数字电视的信号很容易实现"无损传输"，信号稳定，抗干扰性强，非常适合远距离的数字传输。电视信号经数字编码可以大幅度节省频率资源，电视频道数量扩展 6 倍以上，相比模拟电视每传输一套标清电视节目将消耗 8MHz 频宽（高清节目将消耗 36MHz），数字电视 8MHz 频宽至少可传输 6 套标清节目或 1 套高清节目。同时，数字信号很容易实现加密、加扰，可提供安全的专用服务和个性化服务。此外，数字信号很容易与计算机、网络技术融合，从而实现观众期盼已久的交互式服务，如 VOD 点播。数字电视出现后，图像质量更高，可以在同一无线电频率上广播更多频道，还可以提供增值服务。

电视业从模拟技术到数字技术的应用和发展，经历了一段时间的研究和实践。20 世纪 70 年代，随着磁带录像机、ENG[2]、SNG[3]等电子设备在我国电视节目中的使用，我国电视技术逐步摆脱了胶片和录影带时代，迎来电子模拟技术时代。电子模拟技术的出现带来了全新的媒介环境和制播方式，极大加快了信息传播速度和范围。随后彩色电视的品质不断改进，屏幕越来越大，图像越来越清晰，摄像机越来越敏感，广播能力越来越强，可以播放更高质量的图像。随着信息化进程不断加速，电视观众开始追求更高清晰度、更多个性化选择、更强的主动收视体验。模拟电视技术无法满足受众的新需求，唯有采用数字技术。

---

[1]　朱强：《广播电视新技术》，浙江大学出版社 2004 年版，第 22 页。
[2]　ENG，英文 Electronic News-Gathering 的缩写，即电子新闻采集。
[3]　SNG，英文 Satellite News-Gathering 的缩写，即卫星新闻采集。

经过短短一二十年的发展，我国数字电视技术已经趋于成熟，电视节目从采集制作到传输都以数字方式处理信号，数字技术在长距离传输、信号质量等方面均展现出显著优势，在技术方式上开创了新的媒体传播时代。

从模拟到数字，是电视技术从黑白到彩色之后的第二次关键升级，它见证了人类历史上技术进步最迅速的时光，也见证了中国改革开放的大历史。2020 年 7 月 15 日，国家广播电视总局下发《关于按规划关停地面模拟电视有关工作安排的通知》，要求从全国到地方节目的地面模拟电视信号要完成关停。如今，各地模拟电视信号均已在规定时间内停止，陪伴广大观众几十年的模拟电视技术时代真正宣告结束。

二、数字技术对电视节目采编效率的提升

电视节目采编的数字化包括节目前期采编和后期制作的各个技术环节和设备环境。以中央电视台为例，在启动全面数字化建设的 1999 年之前，央视通过引进动画系统、改造数字化的摄录编设备等方式，进行数字化制作的初级尝试，电视节目仍旧是以模拟技术制作为主。

1999 年开始，央视全面推进频道专业化改革，这项改革加速推进了央视的数字化和网络化发展，全面实现音视频设备的数字化取代模拟设备。

1. 数字电视技术对节目前期采编的作用

在数字化升级过程中，央视使用计算机编辑节目的新闻资源共享系统来取代大量的编辑录像设备，使用硬盘播出系统来取代使用录像机的机械手播出系统，使用网络化高清节目后期系统来取代昂贵的高清晰度录像机，同时还建成世界一流的数字化音像资料馆，构建了全台媒体资产管理体系。在央视频道改革推进数字化的同一时期，许多大型电视设备制造公司相继推出自己的非线性编辑网，应用于各级电视台。

在 2002 年第九届全国人大五次会议上，"加快信息化建设，以信息化带动工业化"作为一项基本国策被列入国家发展规划。国家广电总局"十五"科技发展规划也把数字化、网络化作为贯穿整个规划的主线。截至 2004 年年底，中央电视台基本完成了从模拟到数字系统的过渡，实现了节目采集、制作、播出和传输的全面数字化。2005 年，出现了将数字电视信号转换成模拟信号的转换设备机顶盒，成为电视数字技术应用最重要的推动渠道。随着云

技术的发展，广电行业存储设备的"云化"，实现了云海量存储、内容无限扩充。

数字化、网络化系统的运行和升级，全面提升了中央电视台综合技术水准和节目技术质量，实现了资源共享和节目制播之间的互联互通，改变了传统的生产方式和流程，提供了从单一传统业务模式向多种终端提供不同业务模式转变的技术支撑，且规模不断扩大。[1]

2. 数字电视技术对节目后期制作的影响

数字化给电视节目前期制作带来全新的改变，也给后期制作设备和采编技术带来巨大变化，数字化的非线性编辑大大提高了电视节目的编排速度和采编质量。

传统电视节目制作采用的是线性编辑系统。这是一种以磁带为记录介质进行线性存取记录的编辑系统，一般由编辑器、磁带录像机、视频切换台、特效设备、字幕机和音频切换器等组成。在节目的编辑过程中，素材磁带和机器都会产生磨损。

随着数字电视技术的发展，以计算机为平台的非线性设备进入电视行业。非线性编辑技术是一种依托计算机技术，植根于计算机操作的软件和硬件互相配合的系统。它的出现克服了线性编辑在投入、操作、编辑过程中的缺点，使得节目制作更高效，编辑操作更简便。数字技术还创造了一种虚拟的真实——虚拟演播室，将计算机、多媒体技术与数字电视技术相结合。至2009年，中央电视台的节目生产基本实现制播一体的全网络化流程，包括媒资电视剧下载、广告分发和串编、收录素材迁移、演播室节目录制和网络送播流程以及制作网在线编辑制作、网络配音、网络审片、转码合成、人工技审、自动技审、后台迁移、数据校验等环节。[2]中央电视台逐步形成覆盖全台各类节目的网络化制播系统和媒体资产全面数字化管理的局面。随后，我国大部分的省市地区电视台、电视节目制作公司都实现了电视节目制作、播出的整体网络化。

---

〔1〕　参见赵化勇主编：《中央电视台发展史（1998-2008）》，中国广播电视出版社2008年版，第239页。

〔2〕　参见施冬：《云平台：电视技术的发展方向——江苏卫视节目制作技术体系发展的走向和思考》，载《新闻战线》2014年第7期。

三、数字技术对电视服务应用空间的拓展

数字电视的产业格局主要分为传统的数字电视系统和其他利用互联网提供数字电视服务的网络电视。前者包含有线数字电视、卫星数字电视和地面数字电视，后者伴随互联网推广应用的全球化兴起，以 OTT 电视和 IPTV 电视为代表。按照信号接收方式的划分，卫星数字电视和有线数字电视、地面数字电视构成了数字电视的三种服务业态。

1. 数字电视的传统服务业态

常规数字电视系统包含有线数字电视、地面数字电视、卫星数字电视三种，在世界上不同的地区有着不同的标准。

有线数字电视技术是起步最早、发展时间最长，亦是相对成熟的一项技术，也是目前我国占主导地位的电视信号接收方式。有线数字电视一般在城镇地区较多，广电部门通过同轴电缆发射电视信号后，用户在家使用同轴电缆接机顶盒，然后再观看电视。机顶盒作为将数字电视信号转换成模拟信号的变换设备，它解码并还原被数字化压缩的图像和声音信号，再将生成的视频和声音信号传输到电视机或其它视听设备。在有线电视网络化发展的过程中，数字机顶盒的推广性运用成为数字化技术应用的主要渠道之一。

图 1　上海东方有线电视机顶盒　　　　图 2　东方明珠电视塔

地面数字电视，即通过接收电视塔发出的地面数字电视信号收看电视节目。在电视信号传输介质上，相较于有线数字电视的同轴电缆传输，地面数字电视则通过电视塔无线发射，用户无需接进有线网络，只需安装无线数字

机顶盒或者加装解码芯片的电视机进行接收，即可收看电视，而且不用缴纳收视费用。

数字技术的应用使得地面数字电视不仅克服了模拟无线电视易受干扰、图像质量差、有重影、延时等缺点，还可以在一个电视频道内传送多达8套电视节目，大大提高无线频谱的利用率。虽然它存在着传输覆盖上的先天局限，但是同有线数字电视相比，地面数字电视覆盖技术不需要大量线路，传输覆盖成本更低，观众不需要缴纳收视费用。它还带来一个重大的变化，就是可以在移动状态下稳定接收到高质量电视节目信号，使得移动终端如车载数字电视、便携手持电视成为可能。

与地面、有线数字电视相比，卫星数字电视的优势在于它覆盖面积大，能实现传播到户，从而有效解决偏远农村无法收看卫星电视节目的问题。

数字卫星电视利用地球同步卫星，将数字编码压缩的电视信号传输到用户端，这个用户端既可以是直接到用户家中，也可以先传输到有线电视前端，再通过有线电视台转换后传送给用户。居民通过卫星天线、高频头以及接收机收看直播卫星传输的节目。2008年6月9日，我国发射的"中星9号"广播电视直播卫星采取不加密方式传输节目，居民只要安装卫星地面接收设施就可收看节目，"中星9号"的成功发射意味着中国正式进入直播卫星时代。

在法治电视节目传播服务上，从2008年8月开始，通过中星9号直播卫星传输46套电视节目信号，用于为有线、无线均不通达的农村地区实施村村通广播电视工程，偏远地区的农村用户能够方便快捷地收看到包括法治电视节目在内的节目影像。

从2009年底开始，直播卫星取消不加密形式，采用加密信号进行播出，国家发改委和广电总局从2010年开始采取整村连片的方式，利用直播卫星推进广电"村村通"。2014年1月1日，借助卫星电视系统，社会与法频道的高清版通过中星6A上星播出，开始了高清、标清同步播出。通过卫星转播方式传递的法治电视节目不再局限于一省一地，覆盖范围更加广阔、更加深入。

2. 基于互联网产生的其他数字电视形态

21世纪后，随着互联网的飞速发展，信息技术对经济的拉动效应越来越大，"宽带"成为全球关注的热词。尤其在金融危机后，不少发达国家出台由国家主导的宽带战略，以推动宽带技术的规模化应用，从而带动本国经济发展。在这种环境下，利用宽带网络传输数字电视节目的IPTV、OTT TV等数字电视形态应运而生。与有线数字电视使用电缆传输不同的是，IPTV、OTT TV 都是通过 IP 网络传输数字电视节目。

IPTV 即交互式网络电视，是一种利用宽带网的基础设施。它以计算机（PC）或"普通电视机+网络机顶盒"为主要终端设备，向用户提供视频点播、上网、电子邮件、游戏等多种交互式数字媒体个性需求服务的技术。[1] 2004 年，黑龙江联通（原网通）和上海文广百视通合作，率先在哈尔滨推出 IPTV 业务试点，该服务随后扩展到中国其他省市。

2012 年 7 月 9 日，国务院以国发〔2012〕28 号印发《"十二五"国家战略性新兴产业发展规划》，规划中首次明确提出实施"宽带中国"工程，并将其列入二十大工程，要求到"十二五"末城市和农村家庭分别实现 20 兆和 4 兆以上的宽带接入能力。2013 年 8 月 17 日，国务院发布《"宽带中国"战略及实施方案》，全面部署未来 8 年我国宽带发展的目标和实现路径，意味着宽带战略上升为国家战略，宽带首次成为国家战略性公共基础设施。

从 2013 年起，按照国务院三网融合方案规划，三网融合将步入"总结推广试点经验，全面实现三网融合发展，普及应用融合业务，基本形成适度竞争的网络产业格局"的阶段，具体工作包含加快电信和广电业务的双向进入，推动中国广播电视网络公司加快组建，推进电信网和广播电视网基础设施共建共享，鼓励发展 IPTV、手机电视、有线电视网宽带服务等融合性业务。在三网融合的鼓励之下，各省市 IPTV 发展迅速。

OTT 是"Over The Top"的缩写，通常称为互联网电视。OTT TV 是指通过互联网向用户提供各种应用服务，这种应用不同于 IPTV 等由运营商提供的通信业务，它是互联网公司越过运营商开发的基于开放互联网的各种视频和数据服务业务，它的终端可以是电视机、电脑、机顶盒、平板电脑、智能手机等。

OTT TV 仅是利用运营商的网络，由运营商之外的第三方提供面向电视机传输的、由国有广播电视机构提供视频内容的可控可管的服务。其使用方式类似手机和电脑，用户可以根据自身喜好，通过下载、安装各类电视软件拓展电视的内容和功能。由此可见，互联网电视的内容不仅包括国有广播电视机构提供的视频内容，还包括通过互联网获得的海量网上视频资源，这是其

---

〔1〕 参见麦向阳：《基于 IP 网络 IPTV 技术的应用研究》，载《电子世界》2016 年第 12 期。

吸引消费者的最大优势和卖点。

2007年12月20日，广电总局公布《互联网视听节目服务管理规定》并从2008年1月31日起实施，该规定要求从事互联网视听节目服务必须取得广播电影电视主管部门颁发的《信息网络传播视听节目许可证》。2009年8月11日，广电总局正式下发《关于加强以电视机为接收终端的互联网视听节目服务管理有关问题的通知》，通知要求厂商如果是通过互联网连接电视机或机顶盒等电子产品，向电视机终端用户提供视听节目服务，应当按照《互联网视听节目服务管理规定》和《专网及定向传播视听节目服务管理办法》的有关规定，取得"以电视机为接收终端的视听节目集成运营服务"的《信息网络传播视听节目许可证》。以"牌照"为中心，国内OTT TV进入了可管可控的发展阶段。

在数字电视产业的互联网转化上，传统数字电视、IPTV、OTT TV三类大屏及手机、平板等移动终端都成为用户收看视频内容的渠道。IPTV和互联网电视用户的增加，吸引和转移了传统数字有线电视的用户，用户选择多，传统电视用户的流失在所难免。技术发展与现实困境促使包含传统电视在内的视频服务提供商转变角色，也迫使我国数字电视产业向互联网化发展。

2013年，国家相关政策的陆续出台，从国家层面引领着中国数字电视产业的互联网化发展。2013年1月4日，国家广电总局发出《广电总局关于促进主流媒体发展网络广播电视台的意见》，指出："网络广播电视台是以宽带互联网、移动通信网等新兴信息网络为节目传播载体的电台电视台，是新形态的广播电视播出机构，是网上视听节目服务的重要平台，是网上舆论引导的重要阵地"，要坚持"台台并重"的原则，"经过三至五年努力，形成一批导向正确、内容丰富、业态新颖、技术先进、影响广泛、综合实力强的网络广播电视台，确立网络广播电视台在新媒体传播中的主流地位。"

2013年8月，国务院出台《关于促进信息消费扩大内需的若干意见》，强调要全面推进三网融合，从政策指引上将有线网络电视业带入"互联网+"的轨道。2015年3月5日，时任国务院总理李克强在第十二届全国人大三次会议的政府工作报告中第一次提出"互联网+"行动计划，"互联网+"概念下的应用创新成为当下及今后一个时期我国数字电视产业发展的重要趋势。

纵观我国电视技术的迭代发展，电视机经历了从黑白到彩色，从电子管、晶体管电视机到集成电路电视，再到智能化、数字化、多功能化，现在正朝着更高标准的高清晰化演进，朝着提供更综合、更个性化、更多元化的服务演进。电视技术带来传播终端的不断升级，对法治电视而言，极大地促进了节目形态和传播格局的改变。

第三节　依法治国推动电视法治公共领域的集中扩张

随着国家法治建设和中国电视事业的发展，在电视媒介中应运而生的普法影像成为传递法律知识、提升公众法律素养的重要渠道。1999 年以后，法治节目迎来大繁荣时期。以 1999 年 5 月全国首家政法类专业频道长沙电视台政法频道开播为伊始，河南法治频道、山西科教频道、黑龙江法治频道、北京科教频道、陕西公共政法频道等陆续推出，法治专业频道逐渐形成规模。

另一方面，计算机应用和网络技术向广播影视加速渗透，传统的电视技术与新兴的计算机应用技术、网络技术和数字存储、编码压缩存储技术相遇，产生新的化学反应。在依法治国方略的指引下，伴随着传播科技的发展，法治电视公共领域极速扩张。

一、全面落实依法治国基本方略的发展指引

20 世纪 90 年代以来，伴随社会主义市场经济体制的逐步确立，社会主义法制建设在深化改革开放的客观需求之下，进入了快车道。在党的十五大之前，虽然已经有多个党和政府的重要文件提出了依法治国的概念，但是党的十五大报告以更权威的方式系统全面地阐释了依法治国、建设社会主义法治国家的基本方略，标志着我国的法治建设进入了一个新的发展时期。

党的十五大报告强调依法治国是党领导人民治理国家的基本方略，反映出我们党对依法治国理论和实践的认识达到新的高度。它指出：依法治国，就是广大人民群众在党的领导下，依照宪法和法律规定，通过各种途径和形式管理国家事务，管理经济文化事业，管理社会事务，保证国家各项工作都依法进行，逐步实现社会主义民主的制度化、法律化。1999 年 3 月，在第九届全国人大二次会议上，将"实行依法治国，建设社会主义法治国家"写入了宪法，依法治国以根本大法的形式固定了下来。在党的依法治国理论指引下，我国在迈向法治中国建设的进程中，取得了与经济建设一样的惊人成就。

中国法治电视在全面落实依法治国基本方略的发展指引下，迎来了集中性扩展发展的新阶段。

其一，国家在政策层面上加大对法治电视节目的重视，确立了全国法制宣传日。2001 年 4 月 26 日，《中央宣传部、司法部关于在公民中开展法制宣传教育的第四个五年规划》确定："将我国现行宪法实施日即 12 月 4 日，作为每年一次的全国法制宣传日。"自 2001 年起，每年 12 月 4 日成为全国法制宣传日，政府启动全国法制宣传教育周活动，通过电视媒体开展普法宣传教育，增强公民的法律意识和法治观念。全国法制宣传日的确立让电视媒体的普法传播从日常节目维度走向了持续性的社会传播维度。同时，中央在确定全国继续开展第四个五年规划的法制宣传教育时，也进一步强调，要充分发挥大众传媒的作用，尤其是要办好电台、电视台各种类型的法治节目，法治电视的重要性得到进一步提升。

其二，依法治国与依法执政的结合，对法治电视节目发挥在国家治理中的积极作用有所启发。自 1997 年，党的十五大明确把依法治国确定为党领导人民治理国家的基本方略以来，"依法治国、建设社会主义法治国家"成为我国政治体制改革的一项重要内容。接下来，依法治国的基本方略同依法执政的基本方式有机统一起来。2002 年 10 月，党的十六大报告提出 "依法执政"的概念。2004 年 3 月 22 日，国务院印发《全面推进依法行政实施纲要》，第一次明确提出法治政府建设目标：政企分开、政事分开，政府与市场、政府与社会的关系基本理顺，政府的经济调节、市场监管、社会管理和公共服务职能基本到位。2004 年 9 月 19 日，党的十六届四中全会通过了《中共中央关于加强党的执政能力建设的决定》，把加强依法执政的能力作为加强党执政能力建设的总体目标之一，并就依法执政的内涵作出科学规定。这标志着我们党开启了依法治国与依法执政有机结合的治国理政新境界。对于法治电视从业者而言，这意味着自身要强化依法治国、依法执政观念，提高运用法治思维和法治方式，再以更高的标准、更严的要求推进电视系统在依法行政中的积极能动性。

二、法治电视节目品类的专业化细分

在法治电视节目飞速发展的二十年里，新技术和新观念应用于电视领域，原有的电视节目形态创新不断，新兴的节目类型持续涌现。

从新闻节目形态的发展上看，随着电视技术的发展，新闻节目形态不断延伸，形成新闻直播、新闻访谈、新闻评论、消息类新闻、系列报道、连续报道等多种类型。这些形态的发展也同步反映在法治节目在新闻领域的专业细分中。

以法治新闻现场直播报道为例，我国电视诞生初期因为没有录像暂存设备和非线性编辑系统，迫不得已采取直播形式播出节目，相当长一段时间内都没有形成固定的节目形态。90年代后，随着电子新闻采集设备和数字卫星转播车等设备的广泛使用，直播成为一种常规的节目形态，直播手段越来越多样化。同时，现场直播的元素也被应用到其他类型的节目当中，丰富了节目的表现形式，带来节目创意空间的不断拓展。以北京电视台《法治进行时》为例，徐滔是该节目早期的主持人，该节目以记者在第一时间进行案件现场报道的形式，赢得大批观众的喜欢。2001年5月13日凌晨，一名手持尖刀和炸弹的歹徒郑某，在北京西客站突然劫持了一名女售货员。案发后，徐滔是最早赶到现场的记者，历经惊心动魄的九个多小时，徐滔帮助警方安全解救了人质。2004年2月3日，影视演员吴若甫遭绑架，徐滔带领同事记录了警方22小时的整个破案过程。两个案件是徐滔现场主持的经典案例，除此之外，两大案件的全程报道得以实现都依托于直播技术的发展。

在节目细分领域上，伴随着中国电视法治公共领域的迅猛发展，法治电视节目出现专业领域的细分。2003年2月，一档名为《经济与法》的法治栏目正式出现在了央视财经频道的荧屏上。这档栏目紧紧抓住了中国尚未有一档经济法治栏目的空白，主动肩负起"推动市场规范性发展"的社会重任，从而在中国电视法治公共领域专业细分的扩张趋势下开辟了一个全新空间。该栏目虽然在节目选材上占据了一定的有利空间，但是其后来的发展却并非一帆风顺，多次改版后才找到了发展的方向。在选材上，栏目由最初主要以经济领域的民商案件为主，逐渐转向了从法治视角关注包括热点经济案件、日常经济纠纷等在内的，与企业或百姓生活相关的经济问题。随着这一节目思路的调整，《追讨千万工程款》《"万里大造林"骗局》《危险的短板》《瘦肉精案件始末》《揭露网络黑市》《特大地沟油案件》《逃不掉的老赖》《"僵尸肉"到底咋回事》等一大批既为经济专业人士关注又为普通社会公众聚焦的经济法治节目得以成功推出，从而真正确立了该栏目在电视经济法治公共领域中的话语地位。以《经济与法》为代表的法治节目在专业细分趋势下拓展了独特的法治公共领域，进一步凸显了法治电视节目的社会价值。

法治电视节目成长势头日趋强劲，专业化细分不断发展，受到了广大群众的广泛关注和好评。收视率作为最直观的数据指标，直接显示出法治电视频道与法治电视节目受观众欢迎的程度。央视索福瑞《中国电视栏目成长报告》显示：2003 年我国电视剧的收视份额达到了 36.6%，观众最喜爱的电视栏目分别是新闻、综艺和法治类节目。电视法治类节目一跃成为观众最喜爱的节目类型之一。

三、法治电视节目播出体系的初步形成

从 1980 年至 1998 年的近 20 年时间里，央视只有《社会经纬》这一档相对成熟的法治电视栏目。可以说，国家级法治电视节目层面的发展在较长一段时间内并不具备引领性。在此后五年里，国家级平台的法治电视节目建设极速扩张。

1. 从强档栏目到专业频道的国家级法治播出体系

1999 年地方级政法频道长沙电视台政法频道率先开播，成为中国第一个法制类的专业频道。彼时，作为国家级平台的央视推出了一档中国老百姓家喻户晓的普法节目《今日说法》，通过一件件法治个案，点滴记录中国法治进程。

2004 年，第十六届四中全会进一步强调构建社会主义和谐社会。同年 12 月 28 日，CCTV-12"社会与法"频道取代原西部频道，正式面向全国播出，成为中国唯一的国家级法治专业频道和上星播出的法治专业频道。它将"关注法治中国，共享和谐社会"作为频道主题，既契合了国家依法治国战略的传播需求，也彰显了电视普法宣传工作的重要地位。频道围绕"公民、公正、公益"这一核心理念，从广阔的社会视角关注中国法治变化，建构中国电视法治公共领域。频道一开播即推出了《中国法治报道》《大家看法》《道德观察》《第一线》《忏悔录》《法治视界》《庭审现场》《法律讲堂》《天网》等十余档法治电视栏目。

在 1999 年到 2004 年的短短五年时间里，央视不仅新增了《今日说法》等多档各具特色、传播影响力显著的法治电视栏目，还成功推出了社会与法频道，带动了 10 余个新的法治电视栏目出现。在较短的时间内，实现了普法

节目的集中性增长和普法空间的极大扩张，并初步形成国家级层面的法治电视节目传播格局。

社会与法频道成立后，借助不同的节目类型，央视通过推出的一系列形态多样的法治节目，传达出蕴含在节目方式之中的法治思想理念。其中，《中国法治报道》作为纯新闻资讯类的电视法治栏目，突破了央视此前在法治报道数量规模方面的局限性，将关注的焦点投向了更加广阔的立法、执法、司法及社会法治事件等领域的动态变化中，通过第一时间予以全面报道，进一步夯实了中国电视法治公共领域的议题呈现功能；《庭审现场》《天网》等作为纪录态的法治电视节目类型，通过故事化或纪录片式的电视法治话语表达方式，在法治公共议题的深度方面不断地挖掘；《大家说法》则进一步突出了中国电视节目的法治公共论坛作用，通过邀请专家和观众、演播室内访谈、短信互动与网络可视电话等手段，就法治公共议题进行充分交流和探讨；《道德观察》《心理访谈》等从社会道德、社会心理等角度将法律与道德、心理等因素紧密结合，实现了中国法治电视话语视角的多元化拓展。可以说，社会与法频道的开播，一方面因节目数量的增多而极大拓展了中国电视法治公共领域的话语空间，另一方面也因节目形态的多样化，极大丰富了中国电视法治公共领域的话语形态。由此，央视已经形成以社会与法频道为主体，综合频道《今日说法》、经济频道《经济与法》、新闻频道《法治现场》等其他法治节目相互支撑的法治电视公共领域传播体系。

2. 四级办法治电视节目的全国格局

自 1983 年第十一次全国广播电视工作会议召开，提出了"四级办广播、四级办电视、四级混合覆盖"的政策，全国具备条件的省辖市、县有了开办电视台的可能。对于法治电视节目而言，这一政策的初衷是为了充分吸收地方财力，调动地方各级政府办广播电视的积极性，从而加快广播电视的发展步伐。但实质上，虽全国迅速兴起四级办电视的热潮，地方也有零星法治节目出现，但法治节目尚未形成规模化的播出体系，自然也就削弱了电视普法传播的影响力。

从 20 世纪 90 年代数字技术进入电视实操领域，电视节目采编播各环节向数字化方向发展，我国的电视事业也迅速发展。截至 1997 年底，我国已建成县以上有线电视系统 2000 多个，专用光缆干线 10 万公里，电缆千线 40 多万公里，入户终端 6000 多万户，到 2000 年有线电视用户已发展到 8000 多万户。以有线广播、调频广播、微波站和卫星地面接收站等为手段组成的广播电视覆盖网和共缆传输、共同入户的有线广播电视网，共同形成广播电视的传输网络。电视覆盖率日益扩大，电视频道资源日渐增多，法治电视节目的形式和内容也相应发展。当时，全国30多个省级卫星频道，几乎都有法治节目。根据2011年的相关统计显示：全国省、地级电视台已开辟法制栏目430多个，县级电视台开辟法制栏目1530多个。

中央电视台社会与法频道与地方电视台法治专业频道的出现，是法治电视发展进程中一个质的飞跃。在国家级法治频道建设上，社会与法频道在2011进行第一次改版，从"社会"与"法治"两大内容模块进行节目布局，形成了新阶段普法传播的电视格局。这一次改革重点开拓"社会建设"内容资源，强调"服务"作为频道的主线，强化节目的社会服务、社会建设职能。比如新增的节目中，《热线12》是以热线为载体，搭建互助信息平台，依托主流电视节目资源，展开法律援助、权益保护、社会救助的一档热线直播互动节目。《夜线》是一档定位为日播直播互动的谈话节目，邀请资深专家结合真实案例，普及情感知识和技能，服务于广大人民在社会生活中的情感建设。央视社会与法频道的改版给全国兄弟法治频道及其节目建设带来了示范效应。

表1　2011年社会与法频道改版情况

保留8档节目	《道德观察》《庭审现场》《法治视界》《法律讲堂》《忏悔录》《天网》《心理访谈》《天地剧场》
增加7档新节目	《法律讲堂（文史版）》《平安365》《热线12》《夜线》《小区大事》《普法栏目剧》《见证》
合并2档节目	《第一线》+《大家看法》=《一线》
取消1档节目	《方圆剧场》

在四级办电视的政策号召下，伴随中国法治发展进程，从中央到地方开始开办专业法治频道，如长沙电视台政法频道、河南法治频道、山西法治道德频道、黑龙江法治频道、北京科教频道等，这些频道不仅生产出一批影响深远的法治节目，同时也通过普法传播这一特色，成为最具活力的特色地面媒体。

纵观改革开放历史新时期，中国法治电视在从模拟技术走向数字技术的转变过程中经历了从无到有，从零星节目到形态多样，从栏目化到频道化，最后形成从国家到地方的、富有层级的法治节目传播格局，匹配依法治国基本方略的指引。自此，从中央到地方的法治频道、法治栏目和各类电视普法节目构成了中国法治电视节目的完整播出体系。

新时代我国法治电视节目的改革深化

　　党的十八大以来，以习近平同志为核心的党中央将法治作为治国理政的基本方式，将全面依法治国提升到"四个全面"战略布局的高度统一谋划和推进，并将建设中国特色社会主义法治体系、建设社会主义法治国家作为全面推进依法治国的总目标，开启了全面依法治国和实现法治现代化的新时代。

　　这一时期，互联网技术飞速发展，方兴未艾的网络视频开始逐年挤压传统电视市场的份额。伴随科技蓬勃发展和新媒体迅速崛起，法治电视节目与传统电视行业一起步入融合发展期。在稳步发展中，法治电视节目在不断的改革深化中形成当下的全媒体新格局，为深入推进全面依法治国、加快建设中国特色社会主义法治体系、建设社会主义法治国家作出积极贡献。

第一节　全面依法治国引领电视普法的内容突破

　　党的十八大是在我国进入全面建成小康社会决定性阶段召开的一次统一思想、继往开来的盛会，它为实现全面建成小康社会宏伟目标、奋力开拓中国特色社会主义更为广阔的发展前景作出了战略部署。党中央明确提出全面依法治国，并将其纳入"四个全面"战略布局予以有力推进。全面依法治国成为中国特色社会主义的本质要求和重要保障，也成为媒体融合时代电视普法的根本指引。

一、全面依法治国推进普法融合发展

2012 年 11 月，党的十八大报告首次提出"法治思维"和"法治方式"，

要求"提高领导干部运用法治思维和法治方式深化改革、推动发展、化解矛盾、维护稳定能力"。[1]2014年10月召开的党的十八届四中全会通过《中共中央关于全面推进依法治国若干重大问题的决定》，第一次以党的文件形式系统阐述中国共产党依法执政的基本理论框架和具体的行动纲领，既是全面推进依法治国的一项重要保障措施，也确立了新时代法治传播的指导思想。

全会提出将每年12月4日定为国家宪法日。同年11月1日，第十二届全国人民代表大会常务委员会表决通过《关于设立国家宪法日的决定》，以立法形式予以确定。国家宪法日的确立及其庆祝都是以宣传宪法、推动宪法实施作为首要任务，这既为电视媒体提供了宣传法治精神的契机，又指引着法治节目在宣传宪法基本内容和精神内涵、弘扬法治理念、推进法治文化建设上，产生可以付诸实施的行动可能。

党中央统筹推进法律规范、法治实施、法治监督、法治保障和党内法规体系建设，全面依法治国总体格局基本形成，让法治传播更加有法可依，加强全民普法成为这一时期的普法建设重点。

2017年10月，党的十九大对过去取得的法治建设历史性成就进行深入总结，对新时代全面推进依法治国提出了新任务，描绘了到2035年基本建成法治国家、法治政府、法治社会的宏伟蓝图，为全面依法治国、建设法治中国、建设社会主义现代化法治强国指明了前进方向、基本任务与实践路径。在党的十九大报告中，习近平总书记指出，要坚持全面依法治国，强调"全面依法治国是中国特色社会主义的本质要求和重要保障。必须把党的领导贯彻落实到依法治国全过程和各方面，……坚持依法治国、依法执政、依法行政共同推进，坚持法治国家、法治政府、法治社会一体建设，坚持依法治国和以德治国相结合，依法治国和依规治党有机统一"。[2]从此时起，全面推进依法治国总目标的路线图清晰呈现在眼前：第一个阶段是从2020年到2035年，法治国家、法治政府、法治社会基本建成，国家治理体系和治理能力现代化基本实现；第二个阶段是从2035年到本世纪中叶，实现国家治理体系和治理能力现代化。这既为全面推进依法治国、实现中国法治现代化提供了指引，

---

〔1〕 胡锦涛：《坚定不移沿着中国特色社会主义道路前进 为全面建成小康社会而奋斗——在中国共产党第十八次全国代表大会上的报告》，载《求是》2012年第22期。

〔2〕 习近平：《决胜全面建成小康社会 夺取新时代中国特色社会主义伟大胜利—在中国共产党第十九次全国代表大会上的报告》，人民出版社2017年版，第22页。

更为主流媒体的普法实践指明了方向。

二、以法治电视节目为主体的跨媒体内容升级

新时代中国法治电视节目在跨媒体内容融合方面取得了显著成就，也呈现出围绕核心普法主题进行跨媒体内容升级的鲜明特点。

新传播科技和媒体融合发展激发了法治节目创新和法治文化产业发展，通过多平台传播、内容多样化和跨界合作，法治电视节目在新媒体环境下焕发出新的生机，展现了强大的社会影响力和文化价值。

1. 跨界合作与多平台传播

跨界合作、共同制作是新时代法治电视内容升级的一大突出特点。与法院、检察院、律师事务所等机构合作，显现出这一时期法治节目在提供权威信息、促进司法公开、普及法律知识、增强互动性、提高司法公信力和丰富节目内容等多方面的优势。这种合作不仅有助于推动法治宣传和公众法律素养的提高，也为社会的法治进程和司法透明度做出重要贡献。

以总台央视的法治节目为例，《从心开始》是全台唯一一档与司法部深度合作的栏目，展现一线优秀司法工作者在全面推进依法治国进程中的努力；《全网追踪》联合公安部刑侦局与百度、微博、快手等互联网公司，关注电信互联网热点、案件、谣言的数据新闻；《警察特训营》是由公安部新闻宣传局和中央广播电视总台社会与法频道联合打造，自 2016 年首播以来，已成功树立为全国警察主题电视宣传的标杆品牌；《律师来了》与律师事务所建立紧密联系，节目通过带着律师送法进万家，或是求助人与律师在现场面对面沟通交流的方式，建立一个由求助人、律师、专家组成的案情会诊和律师服务平台。

法治电视节目的跨界合作可以增强信息来源，提高节目的权威性和可信度。通过与法院合作，节目能够直接获取一手庭审资料和真实案件细节。通过播出真实的庭审过程，观众能够看到法律的实际应用，增强对法律的信任感和尊重感。律师参与可以提供直接的法律服务和帮助，法官和检察官参与讨论和解析案件，可以让观众更好地理解司法判决的依据和法律适用情况，提高公众对司法的信任，也进一步促进司法公开透明。

在跨界合作升级内容之外，法治电视节目尝试与优酷、爱奇艺、哔哩哔

哩等网络视频平台合作，提供节目点播和回看服务，通过线上线下结合的方式增强观众互动。同时，积极利用微博、微信、抖音等社交媒体平台进行推广和互动。如央视《今日说法》通过微博发布案件讨论，多次登上微博热搜，大幅度增强了节目的影响力和互动性。

在节目样态上，部分法治节目开始制作适合移动端传播的短视频内容，同时进行案件直播。如央视《夜线》定位于直播互动节目，以情感话题贯穿直播全过程，充分协调人们对他人情感的窥视欲和对自己情感生活的困惑，理性争论现实中普遍存在的一些情感问题，用直播形式策略性实现对情感知识的传播。

2. 以节目内容升级为突破的频道发展

法治节目的内容升级是以法治电视节目为核心主体，媒体融合成为激发节目创新的一大动力。跨媒体融合推动了节目形式和内容创新，法治电视从业者不断探索新的节目形式和内容表达，以适应融合发展的新媒体环境。

2019年9月26日，在习近平总书记向中央电视台建台暨新中国电视事业诞生60周年致贺信一周年之际，为了深入贯彻落实习近平总书记对总台工作一系列重要指示批示精神，加快推进媒体融合向纵深发展、建设国际一流新型主流媒体的重要举措，中央广播电视总台全面启动改版工作。此次全面改版涉及总台包括社会与法频道在内的19个电视频道，以及中央重点新闻网站、央视新闻客户端等新媒体。

以央视社会与法频道2019年的升级改版为例，改版突出"台网并重、先网后台、移动优先"理念，在节目创作与传播中，充分体现新技术引领，努力实现资源的有效整合和要素的共融互通。社会与法频道的新LOGO（标识）采用了互联网半扁平化设计，以"方"为窗口，通过具有规则含义的窗口去理性看待"圆"的世界。频道包装改版使用红白两色代替原有的蓝黄主色调，红色代表了法治精神的高度严谨，白色代表了社会生活的热情态度。红白相间产生强烈的色彩对比，寓意法律分明的界限标准。

频道升级带来全新的节目编排，带动节目内容的持续发展。首先，增强时效性，加大关注法治领域的重大进程、重要政策、重大事件和典型案件，凸显专业法治特色；其次，加强法治评论，整合权威评论与专家队伍，打造有影响力的评论品牌，凸显权威法治特色；最后，升级已有品牌栏目，凸显品牌特色。同时，大力推进媒体融合，搭建法治宣传新媒体矩阵，增强融媒体特色。

3. 跨媒体内容升级的三大核心变化

在国家级媒体的改革行动中，高质量节目内容和跨媒体融合策略为全国法治节目树立标杆，推动整个行业内容质量的提升。尤其是在直播和短视频等新形势及新媒体技术应用上的探索，带动其他法治节目的技术创新和升级，促使全国各地电视台和制作机构探索法治内容的多样化发展，丰富了法治文化产业的形式和内容。

透过央视社会与法频道改版后的节目矩阵，可以看到新时代普法传播在节目内容层面的进一步升级发展，体现出在节目内容生产上的理念变化。

其一，实用性价值凸显。节目更多地聚焦于当前国家立法与普法工作的实际需求，展现出极强的实用性。秉承服务百姓实际生活需求的原则，更多的节目致力于传播实用法律知识，指导观众在面对实际法律问题时，寻找有效的解决途径，产生从普法节目到现实生活的指导意义。

其二，服务性价值升级。节目关注到现实问题及人们在现实生活中的细微变化。比如深入社会心理的困境，强调情感的共鸣价值，节目以通俗易懂的方式协助拥有相似经历或能产生共鸣的受众在故事中认知自己的情绪、心理及行为模式，并提供具有针对性的方法和建议，从而帮助个体有效应对心理挑战。

其三，时代关联性加深。节目旨在将历史与现实紧密相连，构建历史与现实的关联性。通过法治节目影像深度反映当代中国法治建设进程，揭示现实变迁中的历史纵深感，以真实记录法治的每一步进展，见证时代的变迁，映射社会的持续进步。

据《中国统计年鉴 2018》显示，2017 年，我国公共电视节目套数为 3493 套，总计播出时长 1881.0 万小时，电视节目制作时间为 365.2 万小时。[1] 改版后，央视社会与法频道的跨媒体内容升级体现在多平台融合、内容形式多样化、观众互动增强和专业机构合作等方面，这些升级不仅提升国际级平台法治节目自身的质量和影响力，也为全国法治节目的发展提供了宝贵经验和示范效应。通过这些创新和升级，法治节目在全国范围内实现了更广泛的传播和更深远的社会影响。

---

〔1〕 参见国家统计局：《中国统计年鉴 2018》，载 https://www.stats.gov.cn/sj/ndsj/2018/index-ch.html，最后访问日期：2019 年 2 月 12 日。

三、以县级融媒体为中心的跨层级传播融合

2014 年媒体融合发展战略正式上升至国家层面，自此中国媒体开始融合发展探索，法治电视节目自然也不例外。

媒体融合既是主流媒体积极改革的创新之举，也有不得已而为之的无奈。2014 年开始，《东方早报》《京华时报》等纸媒纷纷停刊，传统广电业面临广告下滑、用户流失、人员跳槽新媒体等诸多危机。在主流地位岌岌可危情况下，当年 8 月中央审议通过《关于推动传统媒体和新兴媒体融合发展的指导意见》，从国家顶层设计并指导媒体融合实践。以人民日报社、新华社、中央广播电视总台为代表的国家级媒体积极探索、主动转型，"中央厨房""媒体大脑"、全媒体平台、大数据应用、新闻客户端等项目取得重大进展。省级层面如浙江日报集团利用资本力量进行融合，湖南广电集团打造以芒果 TV 为主要品牌的媒体产业新格局，成为行业性媒体融合标杆。

1. 县级媒体转型的迫切需求

县级媒体融合发展的实力和语境与国家级、省级媒体融合差距悬殊，发展滞后且难度更大。虽转型需求迫切，但其发展既存在技术转型难度、传媒市场竞争激烈及上级媒体覆盖力度加大和拓展范围增加等多重挤压，又受制于本身的体制、经费、人才等诸多限制。

在国家级、省级媒体大军开始布局新媒体时，不乏县级电视台在布局网站、"两微一端"等平台积极拓展，但在媒体融合发展初期能够实现弯道超车的县级媒体微乎其微。直至 2018 年国家政策出台，把县域媒体重新拉到全国媒体关注的视角，以浙江省湖州市长兴县为代表的县级媒体率先走出一条县级融媒体中心建设的"长兴模式"。

在国家政策系统指导和大力推进之下，全国县级融媒体中心建设或自建平台，或合作建设平台，还有的选择入驻省市或中央媒体上级平台。各县根据自身的经济、人才等方面的条件，选择合适的融合转型方式。在走市场产业化路线的浙江长兴模式外，还涌现出以县级电视台为建设主体的甘肃玉门模式、与上级平台合作的江西分宜模式等多种县级融媒体建设的典型范式。

2. 县级融媒体中心的发展突围

县级融媒体改革是县级新闻发展事业前所未有的改革，建设县级融媒体

中心既是解决县级媒体发展困境的迫切需要，又关乎国家传媒体系的变革。自县级融媒体中心建设上升为国家战略以来，全国各大县级媒体均在近年内大刀阔斧的改革，不少县域在融媒体建设方式、多元经营探索、人才队伍培养等诸多方面积累了初步的经验和成效。

以县级融媒体中心建设的标杆之一浙江长兴传媒为例，公开资料显示，长兴传媒集团以"服务提供商+融媒体传播"的方式，从单一广告合作向项目制、平台化、活动化发展，2018 年总收入超过 2 亿元，整体营收每年以 8% 以上的速度增长。长兴转型成功的一大关键是对科技的重视。长兴传媒旗下的科技公司是由原长兴传媒的有线电视网络系统技术队伍发展而来，承揽长兴县智能化和数字化建设中一系列重大项目，2020 年的收入预计突破 1 亿元，占整个传媒营收的半壁江山。〔1〕可以说，长兴传媒已经转型为一家互联网公司。

从媒体融合发展的经验来看，加大对传播科技的研发和投入力度，快速向互联网公司转型，是符合时代发展需求的。从最初的短信、博客、播客，到新媒体时代的微博、微信，再到现在移动优先背景下的网络直播，在媒体融合的进程中创造轰动性市场价值和应用价值的并非传统媒体，而是计算机公司、互联网公司等非媒体公司。尤其是偏科技的公司，其对传播科技的创新发展，再从新的传播科技催生新的传播服务内容，成为媒体融合的潮流引领者。但在实际操作上，各区县原始资源和自身特质不一，在人力、资金前期积累、县域的区位优势、媒体发展的先期资源上悬殊，盲目跟进典型个案，只会徒增财政压力。

尤其需要注意的是，县级融媒体中心不是商业媒体，是在充分的政府政策指导和财政支持下，具有政府导向功能的基层新型公共主流媒体，其发展逻辑是从媒体逻辑走向基层治理的转换。目前，虽有政府财政"输血"，要实现未来可持续发展仍需平台以市场化运营实现持续自我"造血"。因此，当前县级融媒体虽然在实践上有诸多探索，但真正摸索出可持续盈利渠道的仍是少数。

3. 基层治理视域下县级融媒体的普法思路拓展〔2〕

媒体融合不只有一种媒体逻辑，这是目前学界达成共识的观点。政治与

---

〔1〕 参见中国广电媒体融合发展大会组委会：《王晓伟：生猛的后浪，长兴传媒集团媒体融合的进阶》，载 https：//www.bjmtrh.com/index/list2/id/204173，最后访问日期：2020 年 9 月 9 日。

〔2〕 部分内容源引自：吴圆圆：《基层治理视域下县级媒体融合发展的实践转向—以浙江省磐安县级融媒体中心建设为样本的案例研究》，载《中国传媒报告》2021 年第 3 期。

资本、主体与人民共同形塑县级融媒体中心的价值内核，从功能属性上，作为嵌入基层社会的公共平台，县级融媒体中心以媒介为关联，构建起基层政治、经济、社会和人的互动关系，承担着沟通上下、连通基层社会的枢纽性角色。媒介生态学理论认为，媒介通过自身的生命活力及其与社会大"生命"系统的信号和物质交流保持自己的生存、发展和相对的动态平衡，重建了人与自然、人与媒介、人与社会、媒介与社会之间的亲和关系。[1]

县级融媒体中心构建了新的基层社会生态系统，也重新定义了纵深发展语境下的媒体融合形态。县级融媒体中心建设不是从传统"四级办台"到"四级办平台"的平台转移，而是以媒体体制的实质性改革完成对基层社会治理框架体系的重建。在媒介构建的新型县域生态系统之下，政治、资本、科技与人的关系产生进一步的变化，县级融媒体中心融合实践的功能调整为整合基层治理资源，深度嵌入区域社会治理。不同于追求用户商品化、经济效益最大化的互联网平台下沉逻辑，县级融媒体中心是在资源整合基础上形成与平台资本相抗衡的本土合力，同时，融合人民，将分散多元的基层治理主体组织起来，促成公众对话和公共讨论，释放基层治理的协同力量。[2]

作为基层公共服务平台的县级融媒体面对的是飞速发展的互联网与新型科技发展下的用户变化。根据 2024 年 3 月 CNNIC 发布的第 53 次《中国互联网络发展状况统计报告》显示，截至 2023 年 12 月，我国网民规模达 10.92 亿人，互联网普及率达 77.5%。在网络覆盖方面，贫困地区通信"最后一公里"被打通。农村网民规模达 3.26 亿人，城乡数字鸿沟加速弥合。伴随着我国扎实推进互联网基础资源建设，优化互联网接入环境，县级融媒体借助普法传播的力量，推进基层治理，迈出高质量发展的新步伐。

在传统四级办电视理念的普法传播中，县级电视台往往采取的是零散的法治节目的形式，这是一种从主流基层电视台向基层老百姓的线性传播方式。如今，互联网的普及推动数字经济欣欣向荣，传播科技改变了受众注意力和时间资源在不同媒介工具上的选择和分布，受众对内容需求整体呈现轻薄、便捷、定制、社交的特征，消费模式呈现实时化、便捷化、移动化的特点，

〔1〕 参见邵培仁：《媒介生态学研究的新视野——媒介作为绿色生态的研究》，载《徐州师范大学学报（哲学社会科学版）》2008 年第 1 期。

〔2〕 参见沙垚、许楠：《融合人民：县级媒体融合与基层协同治理》，载《新闻与写作》2021 年第 5 期。

区域性的数字鸿沟逐步缩小。

　　在可观的实践表现上，我们看到，县级融媒体的普法实践正在不断丰富互联网应用场景，以短视频为代表的网络普法视频内容供给不断丰富，不过在很大程度上，虽然多数县级融媒体已完成初期转型，但思维仍停留在从传统广电媒体向新媒体终端的媒介平移转型，在发展过程中存在唯技术论，过度追逐平台升级和技术投入，缺乏对人的主体性的关注，在普法实践领域未能实现从传播逻辑到社会治理逻辑的思维转换。

　　需要注意的是，县级融媒体的融合形态发展是为县域的孵化和推动服务，它是依托县域范围内的数据资源形成的区域范围内的数据中台和服务机构。因此，它的发展不是浅层次上的法治内容生产或者节目形式上的提质增量，融合业态上也不存在直播、短视频等任意一种样式的绝对性局限，而是要始终围绕"连接人、服务人"的核心命题。在基层治理视域下县级融媒体不是简单平台的打造，而是以普法服务连接基层中的每一个个体。这一理念，与《关于加快推进媒体深度融合发展的意见》中提出的"要走好全媒体时代群众路线，坚持以人民为中心的工作导向，坚持贴近群众服务群众，创新实践党的群众路线"不谋而合，也成为县级融媒体中心以普法传播促进基层社会治理的可持续发展方向。

第二节　新媒体科技促进法治节目的全媒体拓展

　　进入 21 世纪的数字网络时代，仅中央电视台就有新闻、综合、经济、国际、体育、电影、军事、农业等诸多专业频道，各频道产出的多类型节目如雨后春笋，加上新兴的网络电视、手机电视以及扑面而来的移动终端，技术平台和传播渠道变迁催生了形形色色的视听节目新形态。

一、现代科技重构法治电视节目形态

　　互联网、计算机技术都是以数字技术为基础，数字时代以计算机技术和网络技术为核心技术。对电视行业来讲，它涉及电视节目的采集、制作、存储、传送、播出、发射、接收等各个环节，给电视节目的前端制作到后端播发至最终用户的收视方式都带来全新的体验。

数字技术使得电视节目制作与传输实践比模拟技术时代更简单，技术的发展升级也带来电视节目传播的飞跃。在数字技术的基础上，网络技术的应用使传统电视媒体从形式、内容到服务方式上都发生了革命性的变化。

1. 3D、VR、AR、AI 等虚拟现实技术融入电视节目生产

3D 技术，亦即虚拟三维技术，是利用计算机技术和人类双眼观察物体时的角度差异（即人眼视差）原理，使人在观看视频信号、收听音频信号时主动辨别物体远近，并产生立体效果的新技术。早在高清电视兴起之前，2009 年上映的电影《阿凡达》炒热了 3D 概念，也把这股风潮迅速带入电视领域。

2010 年 1 月，英国天空体育频道在英格兰足球超级联赛曼联对阿森纳的比赛中首次使用 3D 技术进行电视直播。到 2011 年前后，裸眼 3D 技术的研发带来 3D 电视行业的高潮，大量的厂商推出全高清 3D 概念。2012 年 1 月 1 日，中国首个 3D 电视试验频道央视 3D 频道开播。但由于技术发展限制和内容制造成本太高等原因造成内容资源匮乏，3D 电视在风靡几年后就逐渐消失在公众的视野。

3D 显示技术的尝试之后，VR、AR 等虚拟现实技术带来身临其境的立体空间体验。VR 技术以沉浸式的表达让观众有如身处第一现场，带来从"观看"新闻到"体验"新闻的转变。2015 年"9·3"大阅兵，《人民日报》中央厨房首次引进全景 VR 设备，进行全方位展示阅兵式精彩瞬间的尝试。2016 年，两会报道中，央视、新华社以及新浪等网络媒体纷纷尝试 VR 新闻的报道模式。目前，VR 技术已经应用到法治新闻报道、法治真人秀节目制作、普法电视剧等多个方面。而 AR（增强现实）技术的运用在 2016 年得到实现。中央电视台《数说"十三五"》系列报道将与"十三五"密切相关的数据，用虚拟数据图形与新闻现场拍摄实景有机结合，以物体暗喻的方式传达信息，升级了数据可视化的形态。虚实交织的呈现方式，令人耳目一新，更能加深观众对节目的感知和理解。

在全速推进 5G 网络覆盖的技术环境下，VR、AR 等新技术在电视节目制作中又有新的突破。2019 年 1 月 31 日，中央广播电视总台在新闻频道《我要看春晚》融媒体直播特别节目中首次将 5G 技术和超高清 VR 制作技术结合应用在电视节目直播中，实现了 VR 内容在电视端和移动端的同步播出。2019 年央视

春节联欢晚会首次实现了 4K 超高清直播，同时实现了 5G 内容传输。[1]在法治电视节目实践中，央视《鹰眼》节目聚焦警方已经确认的典型案例以及那些深受民众关注的社会公共治安事件，为了使观众身临其境地感受案件的氛围，节目运用侦测地图、街景技术以及三维动画等现代科技手段还原案发现场，充分利用网络新技术的优势，对案件进行科学报道与分析，为观众提供丰富的信息，积极引导舆论的走向。

十九大报告要求推动互联网、大数据、人工智能和实体经济深度融合，2017 年 7 月，国务院印发《新一代人工智能发展规划》，将人工智能发展上升到国家战略层面。2017 年 12 月 26 日，我国第一个媒体人工智能平台"媒体大脑"在新华社上线，作为专为媒体机构打造的"大数据+人工智能"平台，"媒体大脑"功能囊括从线索、策划、采访、生产、分发、反馈等全新闻链路，让云计算、物联网、大数据、AI 等多项技术赋能媒体，促进媒体的深度融合、跨界融合。AI（人工智能）技术在电视领域的应用除了电视终端的智能化升级，还包括对新闻、综艺节目等领域带来的内容形态、采编效率等多方面的重塑。围绕人工智能技术，一些电视台甚至推出了专门聚焦人工智能的新闻类或者科技类节目，推动节目形式的创新和内容的丰富。2018 年 10 月 7 日，天津广播电视台联合中国新一代人工智能研究院、津云新媒体集团，研发了全国首个无人操控的开放式演播室，打造出国内首档聚焦人工智能领域的《超级智能》节目。

2. 数据新闻、H5 页面等融媒体生产工具进一步增强节目表现力

大数据技术的飞跃式发展，包括数据挖掘技术、数据分析技术、数据可视化技术等，客观上支持并促进了数据新闻的生产、呈现与创新发展。大数据技术关联当下的事实数据，重构繁杂的历史数据，预测未来的信息走向，实现挖掘数据深层次内涵的意义。

相比于数据新闻利用数据挖掘新闻内涵的特点，机器人新闻借助人工智能（AI），通过算法的使用，从数据中自动生产海量新闻内容。2015 年 9 月 10 日，腾讯财经推出了国内第一篇由 Dream Writer 撰写的"机器人新闻"，在国内率先开启了利用机器人进行新闻生产的新模式。2018 年上海进博会期间，

---

〔1〕　参见祖薇：《本届央视春晚全程采用 5.1 环绕声 首次进行 4K 超高清直播 实现 5G 内容传输 葛大爷领衔春晚最强新人》，载《北京青年报》2019 年 2 月 4 日，第 7 版。

新华社联合搜狗发布全球首个合成新闻主播——"AI 合成主播"，通过最新人工智能技术"克隆"出真人主播的机器人分身体。机器人新闻写作、机器人主播、AI 合成主播的应用能极大提升电视节目的生产效率，降低人工和制作成本。对于法治节目而言，尤其是在法治新闻节目的突发事件报道、新媒体平台的传播分发中，新技术能够高效快速地生成、播报新闻视频，在更多新闻场景中都能发挥作用。

大数据新闻的另一个特征就是可视化，最常见的可视化手段就是各种信息图表和动态图形，帮助受众进行更形象化和更深刻性的理解。央视在 2014 年春节期间播出的《新闻联播》中推出《"据说"春运与春节》节目，2015 年国庆假期，央视推出的挖掘超过 1 亿 GB 数据的"一带一路"特别节目《数说命运共同体》，成为早期数据新闻应用于电视节目的典范。通过数据挖掘，节目可以整合图文视频、数据地图、交互信息图等手段，形成更为丰富的可视化形式，无人机航拍、数字动画可视化也融入节目内容生产中，电视法治节目的创作亦从中汲取了全新的灵感。

技术的升级应用带来的交互式体验，进一步促进了传统电视节目思维方式的突破。除了拓展传统电视平台上的影响力，当下法治节目绝大部分都会通过新媒体渠道扩大受众范围，提升节目的互动性和传播效果。H5 交互产品通常嵌入到微信等新媒体平台，通过可视化产品巧妙地将形式与内容结合，在微信圈层里迅速传播，成为法治电视调动观众互动参与的积极性和趣味性的一大武器。

3. 两微一端、直播、短视频等生成电视节目的新呈现形式和传播渠道

移动新媒体的产生推动电视节目在电视屏幕以外的新媒体播出渠道的出现，不少电视台都建立起覆盖桌面电脑、手机、平板电脑、智能电视、户外电视、社交平台等多屏幕、多平台、多终端的"一云多屏"传播体系，"两微一端"（微博、微信、客户端）几乎成为传统电视媒体的标配。

移动终端的普及使得移动直播成为可能，将电视直播与网络直播交互进行，重塑电视报道的内容组织模式。2016 年 4 月 18 日，央视网首次将移动视频直播用于传统新闻报道，全程直播了合武（合肥-武汉）高铁穿越大别山之旅，以直播形式开创了"前期制作 VCR+现场手机移动直播"的内容组织模式。

在经历了大小屏互相推介、接力直播等摸索之后，央视新闻完成"电视+

网络直播"模式的完整操作。从 2017 年初起，电视直播走向电视与新媒体同步直播、观众在线互动的更为成熟的直播方式。通过设立融媒体互动演播区，电视端口在直播的同时，用户可以进行评论、点赞、摇红包等互动，进一步增强电视观众与网络用户的"同场感"。在融合直播的过程中，更多背景、非动态信息和技术叠加在直播场景中，从而实现新闻现场、电视与新媒体同场报道交互及用户后台交互的多场景融合。这种基于移动互联技术创建的传播新模式是对既有直播节目样态的丰富和优化。在一些节目中，电视直播还尝试进行电子商务拓展，用户的互动可以在屏幕上呈现，在互动中也可以实现广告引流，推动电视和新媒体深度融合的产业化拓展。

除了移动新媒体基因带来节目直播的移动化之外，从互联网基因来看，短视频这种具有互联网传播逻辑与传播语态的形式，颠覆了传统电视的理念和套路，成为不少传统媒体融媒转型探索的一种方式。不少主流媒体有意识地运用引爆点策略推出微视频作品，这一点在每年的全国政法优秀新闻作品等普法奖项中得到体现。

除了主流法治电视平台媒体的普法短视频内容创作，公检法相关单位也积极投入到短视频普法的行列中。如 2024 年第十四届北京国际电影节短视频单元获奖作品中，最高检新媒体、检察日报社与福建省福州市检察院、福建省福清市检察院联合出品的短视频作品《普法 Rap·宪法是啥?》获评知识类二等创优作品。该作品系与快手普法虚拟主播"包晴天"共创，将"宪法"内容融入"说唱"歌词，结合预防"养老诈骗"等社会热点，以通俗易懂的形式展现宪法对公民合法权益的保障。作品在最高人民检察院微信公众号、视频号、抖音号等全平台同步上线后，迅速成为爆款视频，微博相关话题#弘扬宪法精神#登上微博热榜，阅读量超 3500 万。充满趣味性的普法短视频以病毒式传播收获可观的流量，接地气的新媒体形式消解了受众对宪法知识的距离感，有利于转变新一代网民对媒体普法形象的刻板印象。

二、新型摄影设备提升节目表达创意

技术升级带来更多令人惊艳不已的新型设备，其中，新型摄影设备的引入大幅度提升了节目制作的创意表达和互动参与，催生许多新的节目类型和内容形式，推动法治电视内容多元化和创意发展。

在电视节目制作中，机器人摄影机的出现取代了部分摄像师的工作。机器人摄影机在精确性、稳定性、机动性、隐蔽性等方面具备一定优势，多在电视转播、新闻演播室和大型综艺节目制作中应用，工作人员只需要在终端控制器上按动几个按钮，就可以实现传统摄像机的推拉摇移，而且还能突破手动操纵摄像机的局限，有效提升了摄像机的拍摄效率。

无人机轻松捕捉传统设备无法拍摄的高空视角和动态场景，以极广阔的视野，创造出独特的视觉画面，形成强烈的视觉冲击。同时，还可以在摄像师难以到达的地点，完成复杂的航拍任务。目前，无人机以国产的大疆、小米等品牌为主流，拍摄画面以大广角和运动镜头为主，多适用于拍摄场面宏大的新闻事件、真人秀或专题节目。如在法治纪实真人秀节目《守护解放西》中，就有航拍长沙城市的画面。

GO PRO 摄像机采用全防水设计，达到 4K 高清摄像的拍摄指标，可以通过无线 WIFI 与智能手机连接，实现画面的实时监控。在一些法治纪录片节目中，将 GO PRO 摄像机放置在水中、器皿中拍摄镜头，以独特视角让观众感知案发场景。在一些法治真人秀节目中，拍摄执法、追踪等运动环节时，将 GO PRO 摄像机安装到头盔上，从人的第一视角录制影像，为观众创造身临其境之感。

图 1　ROSS 机器人摄影机系统　　图 2　大疆 DJI Inspire3 航拍无人机

以机器人摄影机、无人机和 GO PRO 为代表的新型摄影设备不仅在技术层面上有效提升法治电视节目的拍摄效率，更通过新颖的视角、动态的画面创造更加丰富的视觉体验，使得观众在收看节目时更有真实感和代入感，更为深刻地借助视听影像感知普法节目的内涵。

三、传输系统升级突破地方媒体普法的区域性局限

由于传播技术的限制，电视技术模拟时代的地方媒体的法治传播存在地域性局限，节目内容生产和传播效果都受到极大的影响，也无法较好地满足大众对媒体传播信息的需求。随着传输系统不断升级与硬件设备的持续提升，一定程度上缓解了电视观众对信息的渴望。

新媒体时代移动传播设备的逐步普及，使得地方媒体极大地突破了原来传播渠道的地域性限制。依托网络新媒体平台和移动终端，地方媒体的区域性限制被打破，原有传播格局产生了重大的改变。

1. 传输系统升级推动法治节目的传播覆盖

在很长一段时间内，电视节目的采编制作有一个很大的限制因素，就是电视传输系统的局限，如何将制作好的节目让观众看到，是摆在电视从业者眼前的一道难题。

有线电视传输电缆费用昂贵，地面无线传播需要先建设电视塔，且传播范围不够广泛，虽然全国的有线和地面电视传播系统都在陆续建设，但是难以将电视节目送到广大群众面前。对广大的中国尤其是农村地区而言，尽可能为更广泛的观众传送和提供新闻信息、法治宣传教育等，先要解决节目传播覆盖的问题。电视卫星以其信号范围大的优点，成为法治节目扩大传播的主力之一。

卫星电视广播共有三种方式。其一，是利用在地面站之间转播电视信号的普通轨道通信卫星，将模拟电视信号转发到本地电视台、有线电视网或集体接收站，再进入各个家庭。其二是使用模拟制式的大功率电视直播卫星，将电视信号直接传送到千家万户，这种传播方式的电视信号由于没有经过数字压缩，每台转发器只能直播一路电视节目，每颗卫星一般只能直播 3 路电视。其三是通过 KU 频段数字视频压缩电视直播卫星进行直播，这种业务也称卫星数字电视直播，KU 频段卫星在 20 世纪 90 年代初期发展起来，每台转发器可向装有 0.45m 口径卫视接收天线的家庭直播 4-8 路节目，一颗卫星可以直播 100 多路电视信号。[1] 卫星传送技术是科学技术对广播电视传播的又一

---

[1]　参见张骏德主编：《当代广播电视新闻学》，复旦大学出版社 2001 年版。

重大贡献，它不仅从传播手段上更好地保证了广播电视的报道时效，而且信号稳定，传输质量好，是一种投资少、见效快、收益高的现代传播手段。

纵观我国电视卫星技术发展史，我国的卫星电视在 1985 年前后开始发展。当时主要是利用通信卫星作为中继，进行以央视一套为主的电视节目的传送。为了解决地广人稀的边缘省份电视节目传送困难的问题，1986 年，国务院批准新疆维吾尔自治区的电视节目通过卫星向全自治区传送。1988 年 4月，国产"东方红 2 号甲"通信卫星发射成功，意味着我国自主卫星传送节目能力的提升。1989 年，国务院先后批准西藏和四川两家省级电视台的节目上星，通过卫星实现本省范围内的传送。不久后，为了在全国范围内扩大西藏的宣传力度，国务院批准了西藏电视台的申请，西藏电视台新闻综合频道成为首家面向全国传送的省级卫星频道。1991 年 5 月，云南和贵州两省的省台电视节目在"亚洲 1 号"卫星发射成功后，也相继上星，实现对全国的节目传播。

早期的 5 家省级上星电视台均位于我国西部地区，经济相对落后，地理环境也比较复杂，在本省范围内利用无线电波传送节目困难重重，全面发展有线电视难度更大。但越是贫困落后的地区人民，越是需要广播电视媒体传播外界的信息，也需要将当地的信息传播到外部世界。国家建设发展卫星电视的初衷，也是致力于利用卫星覆盖范围广的基本特点，扩大电视节目的覆盖范围，为更广泛的地区，尤其是偏远农村地区的观众提供节目服务。

2. 新媒体传输渠道的拓展突破电视传播的地域限制

互联网的迅速发展、移动网络的便捷和智能手机的普及带来传播平台的变迁，除了传统在电视上看节目，手机、平板等播出屏幕都成为电视视频内容播出渠道。在四级办电视时期，之所以当时主要的法治电视在省级台，就是地方政策和传输渠道的局限，使得法治电视节目的设置和传输无法再进一步扩展。

以河南电视台法治频道为例，如果在传统模拟电视时期，河南电视台法治频道节目的传播只能限于河南境内，全国其他省份无法收看，节目的受众主体也被限制在本省范围。地域性局限不仅制约着频道节目传播范围和影响力的扩大，同样束缚着节目内容的发展空间。现在，新媒体为地方法治电视节目的传输空间和地域突破提供了新的可能，也为节目的效益提升提供了发展机会。

2009 年以来，中央电视台、新华社以及各大卫视纷纷开办网络电视台，将原有电视节目和相关电视台拥有的影像资料整合，并开发多媒体多介质的终端。搭载手机等移动客户端后，随时随地就能实现节目的收看互动。网络传输渠道的建立，使得全国观众可以通过河南电视台法治频道的网站以及其他合作平台收看《法治现场》《晓华探案》《法在中原》《检察视点》等系列节目，并通过新媒体平台直接参与节目的在线互动。依托互联网、手机等移动客户端，普法传播的地域性局限被完全打破，以河南电视台法治频道为代表的地方法治频道成为立足本地、放眼全国的全国性普法媒体。

地市级电视台通过手机、平板电脑等渠道传输节目向全国输出，变成全国电视台，对原来的传播格局进行了突破。地方电视地域传播局限被打破后，通过互联网搭载节目的形式面向全国观众传播，这都是新技术手段为传统电视发展提供的新的可能。

第三节　法治电视节目的融合传播新格局

沿着中国法治电视节目发展的脉络可见，从加强社会主义法制到确立依法治国基本方略、再到全面推进依法治国，主流电视媒体的节目普法传播在数字时代迅猛发展，表现出体现国情文化、法律体系差异、具有鲜明创作特征的中国式普法传播实践样态，形成了一道电视媒介景观。

中国法治电视节目拥有独特的类型和特征，经过十余年的媒体融合发展，法治电视节目由国家、省级、地市级、县级四级层次形成了一个全国的法治宣传网络，又在媒体深度融合的进程中，升级发展成为普法传播的四级融媒体机构。全媒体传播能力已经具备，全媒体内容生产不断提质增效，从融媒体走向全媒体，如今，电视普法又在向智媒体迈进。

一、从四级办电视到四级办融媒

我国在媒体发展布局上有着多年形成的一套传播体系，即报纸、广播电视实行中央、省、市、县四级媒体建制。需要说明的是，为了减轻基层和农民负担，治理报业市场存在的散滥现象，2003 年有关部门开始对县级报业市场进行整顿，在全国 300 余家县级报业中，最终只有 48 家（后又增加 3 家，共 51 家）保留下来，而广播电视始终保持四级办台体制至今。

由于广播电视四级办台体制等因素的影响，在改革开放后的三十余年里，中国法治电视形成了四级电视传播的基本格局，十八大后，伴随全面依法治国的普法需求和媒体的深度融合，从传统电视普法格局发展成为四级融合传播的全媒体普法矩阵。

1. 四级办融媒带来传播层级的突破

在传统媒体时代，中央与省市县级媒体呈现的是境界分明的层级关系，而这一关系在进入移动传播时代后被打破。媒体融合背景下，矩阵合作与差异化关系正在形成，所有媒体都是全国媒体甚至是全球媒体。短视频等媒介形态所特有的传播属性，让各层级的平台媒体都有了与全国乃至全球链接的可能，成为各地方平台媒体占领传播主战场的有利条件。

2020 年 9 月，中共中央办公厅、国务院办公厅印发《关于加快推进媒体深度融合发展的意见》，对媒体融合发展战略再动员、再部署，标志着媒体融合发展进入改革创新的"深水区"和"攻坚期"。媒体深度融合重塑了社会与人的关系，媒介不仅渗透人类生产生活的方方面面，还促成社会中的媒介转变为媒介中的社会。随着媒介社会化进程的加快，媒介所承担的功能不再局限于信息传播，集"新闻+政务服务商务"功能于一体的新型主流媒体正在形成。在中央指示之下，媒体深度融合从构建四级融合新发展格局、助力参与社会治理等方面着力，主流媒体朝着"以内容建设为根本、先进技术为支撑、创新管理为保障"的全媒体传播体系进一步发展。

2021 年是国家实施"十四五"规划的开局之年，正在深度融合转型进程中的媒体，面临着五年之内更为明确的新目标与新任务。平台建设、体制机制改革、新技术运用成为这一阶段各级融媒体机构继续深化改革的重点工作。当年 3 月，十三届全国人大四次会议通过的《中华人民共和国国民经济和社会发展第十四个五年规划和 2035 年远景目标纲要》，明确提出："推进媒体深度融合，做强新型主流媒体。"同时从时间和空间两个维度，对推进媒体融合改革向深度进行提出要求：时间上强调了媒体融合改革的历史性与紧迫性，空间上强调了媒体融合的全局性与广泛程度。

以上两个文件的重要精神，为新时代媒体深度融合提供了明确的发力方向。只有通过深化改革，才能完善中央媒体、省级媒体、市级媒体和县级融媒体中心四级融合的新发展格局，从而建成全媒体传播体系，助推新时代中国特色社会主义建设。包含法治媒体在内的所有主流媒体，都需要继续深化融合改革举措，在信息传播与社会治理等多个层面多元融合，打造覆盖全社会、聚合全功能、惠及全用户的全媒体传播体系。

2. 各层级媒体融合发展的成效

自 2013 年媒体融合上升为国家战略，主流媒体融合取得显著进展。在媒体融合改革的较长一段时间内，居于结构顶端的中央媒体，担负起探索改革经验、搭建行业框架、发挥示范作用的重要责任。

中央媒体的优势在于对信息传播的全局性把握，这也是媒体融合改革能够在中央媒体迅速推进并取得效果的主要原因。中央媒体加快改革步伐，在使用新技术、尝试新方法、促成新机制方面进行了大胆创新，在实际操作中边实践边示范，将实践经验迅速转化为改革经验。

省级融媒体覆盖一省区域，发挥省级行政区划内的社会治理功能。同时，省级媒体还有一个更重要的任务，就是搭建"一省一平台"。省级媒体要建设县级融媒体中心的共用平台，担负起全省的平台建设任务，实现一省范围内的数据连通、整合传播与社会治理。如湖南广电就通过自有平台"芒果 TV"抢占了市场的主动权，将平台建设视为关键。可以看到，平台建设需要版权资源的支撑，通过平台建设又可以获得一手的用户数据，进而支持内容生产与分发等环节。省级媒体可以在垂直领域实现突破，形成具有竞合关系的多元化全媒体中心，突破行政区划传播边界，打造具有市场竞争力的主流全媒体。

相比于中央媒体和省级媒体的融合发展改革引领作用，县级融媒体中心是依托党的执政优势，整合各种执政资源和社会资源机构，它是基于互联网的现代传播体系的有机组成部分。不同区域的县级融媒体面临不同的经济文化发展程度以及人文习俗，作为最基层、最广泛的接入端口，通过提供"以人民为中心"的各项服务，将基层群众聚集在自主可控的新媒体平台上，是县级融媒体持续改革发展的根本。

二、法治电视节目的全媒体传播格局

经过十余年发展，以政府为主要推手的媒体融合改革已经显现出非凡的成效。通过在中央、省级、市级、县级建设主流融媒体机构或融媒体中心，构建了从中央到地方的全媒体传播格局。对电视普法而言，形成了网上网下一体、四级融合传播的全媒体普法传播体系。

1. 聚焦国家普法新动向的国家级法治频道全媒体矩阵

根据资料显示，从 2004 年到 2010 年，中国互联网用户飞速增长，年增长率为 14%，与此形成鲜明对比的是电视开机率的急剧下滑，如北京地区电视开机率从 2008 年的 70% 降至 2012 年的 30%。[1]为遏制互联网对广播电视的冲击，国家广电总局于 2010 年下发《关于开办网络电台、电视台有关问题的通知》对网络电视台的资质等条件进行严格限制，然而却无法阻止视频行业走向互联网这一不可逆的潮流。

2013 年初，国家广电总局发布《广电总局关于促进主流媒体发展网络广播电视台的意见》，通过主流电视媒体建立网络电视台这一思路转换，在网络中占据一席之地，通过让电视媒体主动拥抱互联网，进而反向渗透小屏。从媒体融合到媒体深度融合，传统媒体坚持"移动优先"原则，推动融合纵深发展。

在此背景下，2019 年 9 月 26 日，中央广播电视总台全面启动高质量发展改版。社会与法频道以全面改版为契机，进行了大刀阔斧的改革，通过对各法治节目的创新升级，打造具有强大普法引领力、传播力和影响力的一流新型主流媒体。

纵观 CCTV-12 改版后的节目矩阵，改版后的法治节目聚焦国家普法传播的动向，呈现出类型与样态上的延续和发展。国家级媒体的法治节目全媒体布局，以点带面地推动全国法治电视媒体的融合发展，形成四级联动的主流法治媒体转型旗舰。

表 1　总台央视社会与法频道 2019 年升级改版后的节目矩阵[2]

节目名称	时间	类型	节目内容与制作方式
天网	周一至周五 20：57	法治纪录片节目	《天网》自 2004 年开播以来，连续多年跻身央视品牌栏目前 30 强。节目真实还原现场精心构建的紧张悬疑故事情节，突出了"邪不压正"的严肃主题，以崭新的视角审视历史和现实生活中的法治事件，深化法治意识，进一步推动社会正义与法治精神的广泛传播。

[1]　参见丁日华：《"一号文"为广播电视营造发展蓝海》，载《新闻传播》2013 年第 4 期。
[2]　以下来源于 2019 年央视社会与法频道官方网站，具体以节目播出为准。

续表

节目名称	时间	类型	节目内容与制作方式
法律讲堂（生活版）	周一至周日18：50	法律讲座节目	《法律讲堂》是一档法律知识类栏目，其特色在于通过专家主题讲座与背景简介的巧妙结合，系统阐述相关法律法规的法理内涵和立法背景、中外司法史话，为观众提供丰富的法律知识与历史视角。
法律讲堂（文史版）	周一至周四23：15周日23：25	法律讲座节目	文史版旨在"观复而知新"，回望过去，观照现实，探究历史和文化新的内涵。其内容重在"探秘中外法律文化"，挖掘经典文化的时代脉络和人文气息；"揭秘历史大案要案"，还原案件真相；"解密传奇法治人物"，透视传奇背后的风云变幻。
道德观察	周一至周日12：20	道德观察类节目	中国唯一一档全国平台播出的道德类全日播栏目直击种种道德事件，对可歌可泣的高尚行为进行讴歌，对种种不道德的行为进行揭露和鞭挞，旨在构建"深刻反映中国道德现状、深入进行道德思考、促进中国道德生态建设"的电视互动平台。
夜线	日播22：33	情感类直播互动节目	由《关键词》《真心话》《对对碰》《连连听》四大板块轮动构成整个节目，子栏目名称只是工作区分不在节目上有所体现，每期节目寻找一个有进程感的新闻事件或当下百姓最关心的情感话题贯穿直播的全过程，增加直播走向的未知性和期待感。
律师来了	周六20：57	公益法律服务节目	栏目秉持"法为绳墨，助为初心"的理念，以"以案说法，公益帮扶"为宗旨，邀请律师作为嘉宾来到现场，打造一个求助人、律师、专家专属的案情会商会诊中心。
热话	周日18：20	跨媒体运营节目	一档跨媒体运营的节目，定位为对世间万象的另类解读。
生命线	日播12：00	社会咨询节目	《生命线》栏目（原安全警示类节目《平安365》）致力于为百姓解读生命意义，提高安全素养和责任意识，促进国家的公共安全体系建设。
热线12	周一至周五18：20	全媒体杂志类节目	节目围绕影响国家法治进程的重要事件、广受关注的社会热点、具有影响力的法治人物、具有感染力的法治故事等内容，全景式、多方位对最新的法治动态进行梳理，对最热的法治事件进行专业点评和权威解读。

节目名称	时间	类型	节目内容与制作方式
一线	周一至周五 20：15	法治深度报道专题节目	聚焦一线，直击现场，节目深入报道法治热点事件，听取各方观点、声音，调查事实真相，解读相关法律、法规，致力于打造中国电视法治媒体深度报道的第一品牌。
法治深壹度	周六 18：20	法治评论全媒体节目	周播法治评论全媒体节目，细致报道法治建设过程中的关键案例，深入剖析这些案例背后的法治精神，落实中央全面推进依法治国战略。
从心开始	周日 20：15	法治人物专题节目	节目以"不忘初心，牢记使命"为核心理念，展现一线优秀司法工作者的风采，弘扬法治精神，记录他们在全面推进依法治国进程中所作出的不懈努力和无私奉献。
心理访谈	周日 22：05	心理访谈节目	从心理学的视角解读个案故事与社会事件，聚焦于个案中呈现的心理压力、危机及困境，深入剖析其产生的根源，探讨有效的应对策略，凸显服务性和实用性价值。
小区大事	周六 22：45	法律调解节目（周播）	深度聚焦于城乡社区内部的法律纠纷，展示了各级政府在推进社会管理创新方面所呈现出的崭新风貌，凸显居民在"政府主导、全民参与"的原则下，积极实施自我管理、自我服务以及维护社区稳定的创新措施。
全网追踪	周五 20：07	数据新闻评论调查节目	节目利用大数据手段，从传播层面深入数据，挖掘新闻背后的新闻，打造融合、权威的反诈信息发布、辟谣、交流的融媒体平台。
见证	周五 21：55	法治纪录片节目	秉承"弘扬法治精神，构建社会和谐"的崇高宗旨，坚守"真实即力量"的创作理念，运用"现实纪实—人物口述—影像资料"叙事模式，深入探寻当代中国法治建设的脉络。
警察特训营	季播	警察荣誉职业竞技节目	节目在全国范围内遴选警界精英参加录制，展开激烈竞技，评选警界的"金盾之星"。
鹰眼	季播	法治创新类节目	立足于警案发生的真实现场，充分利用网络技术的优势，借助对现场地理信息的精细分析、见证者和经历者的全面采访，构建一个真实且生动的现场体验。

节目名称	时间	类型	节目内容与制作方式
绝不掉队	周四 18：00	电视扶贫 行动类节目	节目自觉践行习近平扶贫思想，沿着习近平总书记的扶贫足迹，用心选取贫困典型，精心讲述扶贫故事，忠实记录脱贫攻坚这一震古铄今伟业的历史进程。
普法 栏目剧	周一至 周日 19：22	栏目剧	节目广泛搜集各类真实案例和素材，通过真实再现、情景剧、系列剧等形式进行二度创作。生动展现法律精神，有效传递法治理念，弘扬社会正气，在一定程度上对犯罪行为产生震慑作用。

2. 以专业法治内容为基底的地方法治传播布局

随着中国民主与法治进程的加快，各层级法治电视节目在传播手段和表现形式上不断升级，以满足观众对法律知识日益增长的需求。面对移动互联网的猛烈冲击，在国家政策大力支持之下，法治电视节目逐步形成自上而下、从中央到地方"四级办法治节目"的全媒体传播格局。央视的频道化矩阵带来国家级媒体的示范效应，各省级卫视和地面频道则通过重点节目突围，形成辐射全网的传播矩阵。

地方媒体的法治传播主要通过深耕专业内容为基底，继续强化原来法治电视节目板块的品牌优势。围绕核心的专业法治节目内容，地方媒体加强现有内容资源和制作力量向新媒体转移，以短视频、微纪录等方式，打造法治传播的新媒体账号，拓展节目传播的渠道。通过将传统长视频节目与新媒体传播矩阵基础的短内容相结合，形成与电视媒体相得益彰的地方法治全媒体传播架构。

以北京广播电视台科教频道的法治节目布局为例，节目以观众耳熟能详的《法治进行时》《第三调解室》等品牌栏目作为黄金法治时段的排头兵，以首都法治为亮点，重点突出法治资讯、法律服务特色。

表2　北京广播电视台科教频道的法治节目矩阵（具体以播出为准）

节目名称	类型	内容
法治进行时	日播法治民生新闻节目	以"现场报道"为品牌标志，以独特的新闻视角和第一时间的现场报道，真实捕捉并记录法治案例，以快节奏的报道和高密度的信息量，构建法治信息发布的先锋和法治案件解读的权威平台。
律师帮帮忙	法律咨询服务节目	立足本地，紧密围绕社会热点话题，聚焦老百姓日常生活中遇到的实际法律困扰，并为当事人提供法律解答和疑难问题的解决方案，是北京地区首个免费律师咨询融媒平台。
法治中国60分	主题性法治新闻节目	以案件为主体，以法律服务为核心，以主题性法治新闻播报的形式，报道全国每天发生的重大案件，评述热点法律事件，满足百姓的法律需求，解答法律疑虑，提供专业的法律援助。
第三调解室	法律调解服务节目	与北京市司法局、北京市各级人民法院合作，以人民调解工作为宣传核心，让普通百姓和基层调解员、法官走进演播室，展现百姓最真实的矛盾与冲突，并调动各方力量化解矛盾，体现出构建和谐社会的重要意义。
现场说法	情景访谈节目	以栏目短剧形式表现法案题材，配合专业法律人士评述，对有影响的案例进行深度挖掘，运用法律视角剖析案件的内在根源、探究当事人的真实心理，给公众以警示，讲述法律故事，普及法律知识。
庭审纪实	庭审纪实专题节目	以直播或准直播方式记录北京各地法院审理重大案件的庭审过程，深入探访当事人的庭外境况，解释庭审中的法律问题，普及法律知识，通过将"旁听席延伸到你家"的形式普及法律知识。
警法目录	法治新闻资讯节目	坚守现场感和故事性，深入挖掘典型案件的深层社会意义，向观众普及法律知识，展现栏目的社会责任感。

上海是新中国第一档专业法治电视节目《法律与道德》的诞生地，法治文化是推进全面依法治市的重要支撑和强大动力。在法治节目维度上，它的法治全媒体传播建设与北京台科教频道有相似性，都是将品牌电视节目作为推手，以专业法治内容作为核心竞争力。

作为上海荧屏重要的普法宣传阵地，上海广播电视台持续建设《案件聚焦》《东方110》《庭审纪实》等品牌节目。以知名节目《案件聚焦》为例，该节目创办于1994年，致力于将这座国际大都市中备受瞩目的案件以通俗易懂、故事化的形式呈现给广大观众。节目秉持客观、公正的原则，深入剖析案件中人们行为准则的形成、心理变化的根源，以及法律不断完善的过程和在新旧体制转换中观念的碰撞。通过纪实的视角，节目不仅折射出法律人的职业生涯，更以真实的法律实践记录着社会法治化的步伐，打造成为有价值、有深度的法治节目。如与上海第二中级人民法院联合策划制作的《司改进行时》特别节目，凭借独特的视角和深入的剖析，在中国广播电影电视社会组织联合会组织的 2016-2017 年度全国电视法治创优节目评比中，被评定为现场直播和特别节目类三等奖。上海台在发挥品牌法治节目的影响力优势基础上，再进行新媒体渠道拓展和新节目创作创优，充分发挥传统媒体与新媒体的协同融合效应。此外，上海电视台于 2003 年 6 月开播法治天地频道，作为一个以数字电视频道为核心的法治专业聚合平台，进行全方位的专业法治节目布局。

3. 三台合一的广电机构改革深化

经过长期努力，中国特色社会主义进入了新时代，国家持续加大对广播电视转型发展的政策支持力度，建立广播电视播出机构改革机制，激发广电媒体深度融合的积极性、创造力和担当作为。尤其是 2018 年广播电视机构改革，是我国广播电视事业发展进程中的一次深刻变革。

在实现国家治理体系和治理能力现代化的要求之下，党和国家的机构设置和职能配置存在着一些不完全适应的情况。早在 2013 年 11 月，党的十八届三中全会就提出了"完善和发展中国特色社会主义制度，推进国家治理体系和治理能力现代化"的总目标，明确提出要"统筹党政群机构改革，理顺部门职责关系"。十九大报告进一步强调要"统筹考虑各类机构设置，科学配置党政部门及内设机构权力、明确职责"。2018 年 3 月 21 日，中共中央印发《深化党和国家机构改革方案》[1]，这一方案的出台，从国家政策角度极大助推了广播电视播出机构的转型发展。

针对新闻机构，《深化党和国家机构改革方案》特别提出由中央宣传部统一管理新闻出版工作和电影工作，组建国家广播电视总局，整合中央电视台（中国国际电视台）、中央人民广播电台、中国国际广播电台，组建中央广播电视总台，作为国务院直属事业单位，归口中央宣传部领导。2018 年 4 月 19

---

〔1〕《中共中央印发〈深化党和国家机构改革方案〉》，载 https://www.gov.cn/zhengce/2018-03/21/content_ 5276191. html1，最后访问日期：2018 年 3 月 21 日。

日，中央广播电视总台正式成立，明确了它的主要职责是宣传党的理论和路线方针政策，统筹组织重大宣传报道，组织广播电视创作生产，制作和播出广播电视精品。

"三台合一"可以充分发挥广播电视各自的优势，利用不同渠道增强广播电视媒体整体实力和竞争力。改革是为了加强党对重要舆论阵地的集中建设和管理，从而推动广播电视媒体、新兴媒体融合发展。对电视传播而言，改革后的总台央视可以充分发挥电视内容生产优势，集中全部力量完成主流电视媒体传播的核心竞争力再塑。

传统电视与新媒体融合发展过程中，产生了"两微一端"等新媒体产品，节目生产方式和节目运营方式都发生了相应变化。值得注意的是，媒体融合环境给法治电视带来的不仅是压力与挑战，更多的是借助互联网的力量，突破原本发展模式中的局限，从而获得了更大的发挥空间。

此次改革顺应了媒体发展和国际传播诉求，充分体现党中央对宣传思想文化工作的高度重视。它形成"总局+总台"格局，为广电领域媒体融合的深入推进提供了机制保障，更为普法传播在新时代高质量发展提供了政策意义上的指导。在稳步发展中，法治电视形成当下发展新格局，而在不久的将来，这种格局又将在智媒转型中得到新的突破。

三、以新质生产力加快普法智媒体高质量发展

数字时代，整体法治电视传播格局伴随数字化技术的发展，已经形成了现在的四级融合传播局面。对电视节目数字化制作而言，法治电视节目的制作实现了技术设备数字化升级、前期节目摄入采集系统数字化、后期节目制作数字化、节目传送全部实现数字化。同时，地方媒体搭载新媒体平台和新兴技术快车脱离了原有法治传播的地域性局限，四级传播的新格局被置于一个更广阔的空间。

随着大数据、人工智能、云计算等互联网技术以及5G等移动通信技术的高速发展与应用落地，智慧融媒成为媒体融合发展的新阶段。媒体普法需要彻底完成传播理念、资源分配、盈利模式等方面的系统性互联网转型，利用大数据、人工智能等新技术，重建与用户的连接，既实现强大的普法传播力，又形成可持续的盈利与发展模式。

2024 年两会期间，习近平总书记在参加江苏代表团审议时强调："要牢牢把握高质量发展这个首要任务，因地制宜发展新质生产力。"从在地方考察时提出"新质生产力"的重大概念，到中央经济工作会议上作出重要部署，到中央政治局集体学习进行系统阐述，再到全国两会进一步阐释发展新质生产力的方法论，习近平总书记深刻回答了新质生产力的一系列相关问题。围绕关于新质生产力的系列重要论述，启发电视普法传播要深刻认识深度融合转型的自身特点和关键任务，把新质生产力发展转化为电视媒体普法传播的高质量发展。

新质生产力相对的是传统生产力，在人类社会的不同历史阶段，生产力发展所依赖的技术支撑和工具各不相同。新质生产力是以新技术深化应用为驱动，以新产业、新业态和新模式快速涌现为重要特征，进而构建起新型社会生产关系和社会制度体系的生产力。[1]对于主流电视媒体的普法传播而言，新质生产力包括但不限于对人工智能、算法算力、5G 和 6G 移动通信技术和设备以及大数据、虚拟现实等作用于高新视听影像表现和传播的内容，还有超高清摄录、制作、传输等涉及智能采编以及改造和优化传统广电的高素质劳动力的元素。在核心理念上，新质生产力既为法治电视节目的媒介形态、服务功能及其产品的创新和丰富提供了新的思路，更是对现有普法传播信息内容的创作生产、传播、消费、运营模式的进一步颠覆。借助对它的认识，电视媒体可以进一步把握传播新技术和媒介运营的底层逻辑与移动用户的关系变化，从而通过加快普法智媒体转型，推动法治节目在新时代的高质量发展。

---

[1]　参见于凤霞：《加快形成新质生产力：是什么、为什么、做什么?》，载 https://www.ndrc.gov.cn/wsdwhfz/202402/t20240206_ 1363980.html。

我国法治电视节目的纪实风格

中国法治电视节目在不同阶段的发展中，通过日常化播出、栏目化发展和频道化管理，不断提升了法治节目的影响力和覆盖范围，对推进国家法治建设产生积极的效果。

梳理新中国成立七十多年来电视媒介长期实践形成的普法传播规范，电视普法呈现出与众不同的视觉叙事范式，鲜明的纪实性就是一个突出的特点。中国法治电视节目以"纪录"作为主要形式与节目样态，具有区别于其他类型节目的纪实表达风格传统。法治节目的纪实独特性深刻表现出主流媒体与国家法治建设进程同向同步的中国特色。

第一节 法治电视节目庭审纪实风格的传统构建

我国法治电视节目具有鲜明的纪实风格，纪实手法对法治电视节目的长远发展有着重要影响。回溯电视节目发展史，最开始节目出现的形态就是纪录态，"纪实"对于法治电视节目文类而言，是有历史传承性的元素。

一、庭审直播奠定法治电视节目的纪实特色

在电视发展初期，由于没有相对独立的法治节目，与法治相关的内容主要包含在部分新闻节目中。在关于"文革"、"批判"和"斗争"的纪实内容的报道中，最有影响力的是 1980 年 11 月 20 日由央视直播的最高人民法院特别法庭开庭公审的"林彪、江青反革命集团案"，这是直播纪录态成为法治电视公共领域建构的初步尝试。

1994 年 4 月 1 日，南京市中级人民法院开庭审理一起故意杀人案，南京电视台对庭审全过程进行了现场直播，此后南京电视台的《法庭传真》栏目问世，第一档庭审节目正式产生。这一次庭审直播具有开创性的意义，它第一次以直播的方式将以往有些神秘的案件审理过程同步再现于电视荧屏，使法庭的旁听席延伸到千家万户，在一种全新的意义上体现出了法律的公开性，更全面地实现了舆论监督的功能。庭审现场直播的尝试既是法治电视节目发展中的一大突破，也是司法工作走向公开的重要标志。《法庭传真》创新了中国电视法治节目纪实风格，开创了中国电视法治节目一个新的节目类型——庭审纪实节目。

2004 年 12 月 28 日，央视社会与法频道正式开播，《庭审现场》作为一档在黄金时间播出的周播节目隆重登场。在中央电视台，这种以法庭审判为主线的节目尚属首例。中国人有一个传统观念，认为打官司不是件好事，很多人一辈子也没去过法庭，这也体现出老百姓的维权意识淡漠。该节目向百姓打开了一扇窗，一扇老百姓可以了解庭审全过程的窗户。

《庭审现场》主持人在创作手记中提到一期节目案例，讲的是石景山法院审理的一起家庭暴力案，记者要去采访被丈夫毒打砍伤面部的妻子。一般这种家庭暴力的案子采访起来很困难，很多受害者觉得这属于家丑，不希望外扬，自然不愿意接受采访或者不愿意被媒体报道。然而，令人意想不到的是，当记者提前想尽种种情况准备做工作时，这位从农村来京打工的女性表现出了惊人的勇气，她坦然地面对镜头，在每月 300 元租金的小屋里接受了记者的采访，讲出了自己的故事。时值严冬，记者迈进她不足五平方米的出租屋，一股寒气扑面而来，没有电视、没有电话、甚至没有暖气，只有一张床、一张桌、一张孩子的照片陪伴着她。她面对的是装疯不想接受法律制裁的丈夫、接下来的离婚诉讼、回农村老家争取孩子的抚养权、永远无法消除的疤痕面部、一个人在北京打工挣钱生存下去的困难。[1]记者的纪实拍摄和真实的庭审现场，让观众对这位农村女性的故事充满关注。节目也通过解读每一起典型案例涉及的法律问题，探索出庭审纪实节目的生产传播方式。

随着这类节目的兴起，节目纪实性成分增多，电视台与公检法司等部门

---

〔1〕　参见齐奇：《全新的开始——主持人手记》，载 https://tv.cctv.com/2016/01/20/ARTIKIRb23svBk9Pnr9t04JM160120. shtml。

联办的形式突破了以往法治电视节目采制的局限性，节目的可视性和参与性得以提高。

二、庭审类法治电视节目的表现特征

庭审类法治电视节目旨在客观记录庭审过程，发掘有意义的现场细节，强化进行时与目击性，给电视观众提供与法庭"零距离"接触的体验，从而了解法律程序与类型，进而感悟法律精神。节目常见的结构包括演播室主持人串联、短片背景介绍、专家同步点评等。

1. 平民化的选题思路

以《庭审现场》为代表的庭审类节目通常会寻找民事案件，由于民事案件数量较多，所以电视节目创作的首要问题是题材的选择。

从编导制作维度上，这一类节目的制作流程基本为：编导找选题，联系民事案件多发的省市，寻找可行的案件；然后查看起诉书，和主审法官沟通，判断选题；最后进行选题报题和审核。在完成审核的基础上，选题才开始进入到正式的实操制作阶段。

选题平民化是指节目来源于老百姓的日常生活，既是与老百姓生活息息相关的事件，又是老百姓非常关心的焦点问题，以通俗易懂的方式消除普通百姓的法律盲点。题材的选择决定了其观众群体的不同层次、对象差异和传播效果。对法治电视节目的创作来说，选题或案例的选择是编导要着重下功夫的地方。

节目创作者或选择与人们的社会生活息息相关的案例，或选择发生在普通市民中的民事案件，舍弃"大案""要案"或与百姓生产、生活联系不紧密的专业法律问题。《庭审现场》记者在创作手记中，描写了他寻找选题的过程：

"我较早地开展了和浙江、上海、广东等了解到的民事案件多发的省市的联系工作。联系之初，各地的反馈大部分都是你们说晚了，不是案件已经开过庭，就是没有可行的案件。终于，3月初杭州的通讯员告诉我一个案件可能适合庭审节目。案情是一位50多岁的男子起诉小他30岁的一位女子分8次从他的银行卡取走了17万元，涉嫌不当得利。从起诉书来看确实符合我们的要求，和主审法官沟通之后更加增加了我做这个选题的信心。通过报题、审核，领导也批准了这个选题。于是开始了对这个选题的操作，也就是对于这个案件的采访和拍摄。"[1]

在庭审前，记者可以尝试与当事人沟通，并进行前期拍摄。由于当事人可以拒绝公开开庭，也可以选择不出庭，因此，这时候要注意考虑当事人是否公开、是否出庭的情况，还要注意庭审现场的长镜头、细节特写等相关拍摄事项。

在进一步对信息掌握的基础上，记者开始初步构建关于事实的叙事框架，然后根据庭审的判决结果，在节目中补充结果性内容。最后，经过演播厅的内容设计，形成全片的叙事。

2. 纪实化的庭审现场

庭审节目将摄像机扛到真实的法庭现场，忠实地记录一场场诉讼官司在庭审现场所呈现出的原生态场景。节目的进程不是由主持人或嘉宾推进，而是由客观发生的、已经结案的法庭审理过程逐级推进的，庭审过程占据了节目的绝大部分时间。

庭审类法治电视节目要通过对庭审过程的真实记录，从现场中发现细节，并解释司法程序，最终目的是让观众与真实庭审现场零距离接触。如在2017年6月5日"世界环境日"即将到来之际，《庭审现场》聚焦环保题材，瞄准特大非法猎捕藏羚羊案[2]，以最大化的纪实手法，如现场声、同期声、长镜头的应用，全视角地、全方位地将案件的庭审过程直接"暴露"在观众面前。

区别于其他类型的法治节目，《道德观察》《法治视界》等聚焦事件讲述，节目更注重理性分析；《第一线》《忏悔录》（更名《从心开始》）更强调真实事件和个体心理；《大家看法》主要采用演播室连线讨论的形式……不同的节目有差异化的建构方式，但庭审现场纪实始终是庭审类法治电视节目最鲜明的特征。

庭审法治节目的最大魅力就是通过法庭现场的真实记录，呈现法庭上严肃的氛围、周密的程序和冷静的辩护等庭审细节，给每位观众带来巨大的震撼和

[1] 郭永全：《〈当爱成为往事〉编导手记——〈情债〉》，载 https:/tv.cctv.com/2016/01/20/ARTIyl1ZtoJPcmTXDvHXTZ7i160120.shtml，最后访问日期：2016年1月20日。
[2] 参见《7.31特大非法猎捕藏羚羊案》，载 https://tv.cctv.com/2017/06/03/VIDEJaF7hO2ZtCBK1bpdVvXs170603.shtml，最后访问日期：2017年6月3日。

触动。通过纪实方式的有效运用，庭审现场作为整个节目的"重头戏"，承担了普及法律知识、进行法理分析的任务和功能。观众通过真实的法庭现场，看到法庭的威严与正义、司法机关的公正无私以及庭审程序的严谨有序，同时观众也可以直观理解法律条文被执法机关和辩护律师实际运用到具体案件的过程。

3. 故事化的案情叙述

庭审类法治节目最大的优势在于其客观记录的庭审过程，但最大的风险也在于此。虽然庭审类节目所关注的事件大多带有新奇性，属于社会的非常态事件，具有一定吸引观众的特征。但是如果只局限于展现打官司的过程，一成不变地用纪实形式的语言说话，就会导致这类节目在追求多元混搭、优势互补的融合传播趋势中不再具有竞争力。因此，一档优秀的庭审类法治节目不仅要吸收好的案例，而且要采取好的案情叙述方式。

每期节目的开始，央视《庭审现场》常常从一个强有力的悬念引入，同时把许多未解问题留给观众。前一个悬念还没有解开，另一个悬念又接踵而至，就在观众强烈的好奇心被激发之时，庭审场面切入，审判员宣布开庭。在审判员对被告当庭讯问的过程中，众多的疑问一一现身。每当一个新的悬念出现，编导会再次运用短片形式，以现场采访、影像再现等多种画面手段提供资料和线索，破解先前的悬念。疑问得到解答，庭审现场再次切入，节目继续。

以《庭审现场》（20140531）[1]歌手李代沫涉毒案庭审直击为例，这期节目以故事化的案例展开叙述，整个节目在"庭审现场"和"庭外世界"这两个空间不断转换，循环往复、抽丝剥茧、层层推进地完成案情真相的叙述。围绕核心的庭审现场，节目通过强化案件相关人物之间的关系，增加法治故事的张力。

围绕法庭现场作为内容核心，这种案件叙述方式可以概括为：短片或主持开场—抛出悬疑点—庭审现场过程—破解悬疑点—继续庭审—出现新悬疑点—继续破解悬疑点—庭审再次继续……直至节目最后的真相大白。

三、融媒时代的庭审直播发展

庭审直播是法治电视公共领域建构的初步尝试。在实践中，庭审直播是

---

[1] 参见《李代沫涉毒案庭审直击》，载 https://tv.cctv.com/2014/05/31/VIDE14015466439399 01.shtml，最后访问日期：2014 年 5 月 31 日。

指法院通过电视等其他公共媒介对公开开庭审理案件的过程进行图文和音视频的同步记录和实时播出，包括直播和录播两种形式。在法治电视传播领域，庭审直播是指电视媒介通过公开开庭审理案件的庭审过程的实时性记录，构建形成的一种电视法治节目样态。

伴随着互联网直播的兴起和媒体深度融合发展，以视频形式进行的庭审直播节目在直播形式上也发生了对应变化。以央视 CCTV-12 社会与法频道《庭审现场》的节目实践为例。2019 年 10 月，为了更好地适应媒体的发展趋势，进一步加强普法宣传工作，《庭审现场》改版为一档全新融媒体栏目——《现场》[1]。该节目定位于融媒体栏目，聚焦法庭审理、公益诉讼、环境保护、海关稽查、海警巡查等各类司法及执法活动现场，对热点案件及重大法治事件进行现场深度报道。在直播形式上，通过对上述选题进行全程网络直播，并制作 40 分钟的电视专题节目在同一频道播出，实现大小屏联动。如 2019 年 9 月 9 日上午，总台央视社会与法频道对福清法院适用刑事速裁程序审理 4 起危险驾驶案、1 起组织他人偷越国境案、1 起寻衅滋事案的庭审现场进行了直播，当天在线观看群众人数高达 310 万人次。10 月 19 日 20 点 15 分，电视端口的《现场》栏目首期就聚焦在福建省福清法院刑事速裁案件[2]。

庭审纪实奠定了中国法治节目纪录态的基本风格，被视为司法公开体现在电视节目中的一个重要方式。庭审纪实节目的发展形成了中国法治电视节目中浓厚的纪实属性，深刻影响到其他类型法治电视节目的纪实创作与表达风格。

第二节　法治电视节目纪实性与故事化的结合

法治电视节目中的新闻专题类节目在法治传播中起到重要的作用，也是很多法治节目建设的重点类型。这一类型的节目体现出明显的纪实性与故事化结合的特点，纪实性与故事化两者在内容上相辅相成，既保留纪实性带来的真实感与严肃性，又通过故事化的叙事手法，将法律主题呈现在故事的动

---

〔1〕　参见《CCTV12 新改版升级的〈现场〉栏目首期聚焦我省法院刑事速裁案件》，载 https://m. thepaper. cn/baijiahao_ 4719523，最后访问日期：2019 年 10 月 19 日。

〔2〕　参见《速裁 62 小时》，载 https://tv. cctv. com/2019/10/19/VIDEv2PVRezSEXDvYQrLLZ6j191019. shtml? srcfrom=toutiao，最后访问日期：2019 年 10 月 19 日。

态表达中。

中国法治电视节目是主流媒体参与和推动法治建设的集中体现，这一中国特色传媒实践开创了我国电视法治公共领域。在法治新闻专题类节目纪实性与故事化的特色探索上，笔者从法治节目发展历程中遴选出《社会经纬》《法治在线》《法治进行时》三档代表性节目，探讨法治新闻专题节目的发展历程和特征演变。从《社会经纬》到《法治在线》再到《法治进行时》，三档互相关联的法治电视节目亦是中国法治建设的一个缩影。

一、独具特色的故事化纪实

1985年12月31日，中央电视台第一个法治栏目《规矩与方圆》开播，它就是《社会经纬》的前身，节目内容大多是对公安、司法的零星报道，没有形成常态化的法治内容输出，节目影响力十分有限。脱胎于该节目，在央视内部几经曲折的独立电视法治节目《社会经纬》于1993年推出，它以全新的面貌跟全国电视观众见面，自此，央视法治电视节目的制作与播出步入正常的发展轨道。作为央视第一档实现常态化播出的独立法治电视节目，《社会经纬》标志着中国电视法治公共领域从此有了独立的发展空间，伴随着这一档节目的创作实践，法治新闻专题类节目故事化与纪录态结合的特点也随之正式确立。

《社会经纬》是一档周播节目，作为国家级电视媒体打造的重头法治节目，将"以新闻的眼光关注社会，以法治的理念剖析人生"作为宗旨。在内容结构上主要包括《举案说法》《经纬专递》《法在身边》《是非公断》四个常规板块，还有《法系人生》《目击》《视线》《你说我说》《百姓寻呼》等不定期播出的小板块。节目关注案件中人物的命运，把人物放在广泛的社会背景中加以展示，揭示背后隐藏的事实，力求对所报道的案件事实进行全景描述和立体披露。节目开播以后，陆续推出了《商业秘密烽烟再起》《致命回扣》《初为被告》等代表性节目，在观众中引发了较大反响，带动了栏目收视率的明显提升。[1]

《社会经纬》在国家开展"二五"普法时期推出，它在强调舆论监督的同时，特别注意增强观众法律意识、普及法律知识、弘扬司法公正。随着中国电视法治公共领域的逐步拓展，特别是公众对法治领域的兴趣逐步提升，

---

〔1〕 参见赵化勇主编：《中央电视台发展史（1998-2008）》，中国广播电视出版社2008年版，第1页。

节目的传播效果越发显著。节目不仅受到广大观众的喜爱，也受到法律专家、电视工作者等肯定，在全国性的主要奖项中多次获奖，如中国广播电视新闻奖、全国法治题材电视节目"金剑奖"、中国广播电视学会奖、"金盾"新闻奖等。然而，随着央视《焦点访谈》《东方时空》《新闻调查》等节目内容中涉法报道不断增多，《社会经纬》使用的电视杂志节目模式逐步失去竞争的优势，其电视法治公共领域的地位也逐步下降。

鉴于此，《社会经纬》开始进行大幅改革，在对同类节目进行深入分析基础上，转向在报道深度上下功夫，在报道方式上做创新。它以"庭审"这一独特的场景作为切入的视角，充分调动庭内时空、庭外时空和演播室三个要素，从多个板块组合的杂志型节目演变为每期用 45 分钟篇幅讲述一个故事的样式，并明确亮出了"在庭审中讲故事、在冲突中普及法律"的节目标语。通过这次改版，《社会经纬》再次推出了一系列影响深远的报道，如《吴越打官司的故事》《父子情薄》《"心"的诉讼》《未能出庭的受害人》《审判褚时健纪实》等。这些节目中，既有大案要案的聚焦，又有老百姓身边的法治故事，不仅节目视角、姿态、话语更加亲民化，而且在单期故事的讲述上，化枯燥的法律条文为生动形象的精彩故事，收视率最高时达到 3.42%[1]。对一档周播节目而言，可谓难能可贵。

《社会经纬》的叙事表现形式有别于常规电视新闻报道平铺直叙式的纪实报道，它将法理融入动态故事表达的处理方式中，开创了法治新闻专题节目故事化纪实的风格传统。纵观《社会经纬》节目的发展历程，它历经风雨，从创办到停播，起起落落十八载。2003 年 5 月 1 日，因新闻频道的试播，《社会经纬》被《法治在线》取代。

客观来说，作为一档独立的电视法治栏目，《社会经纬》在中国电视法治公共领域建构历史上的作用并不突出，甚至远不如仅仅将法治题材作为其较小比例的《焦点访谈》栏目。[2]但是，正是这样一档栏目，正式确立了法治电视节目的故事化纪实特色，成为此后中国电视法治公共领域建构中不可或缺的基础性构成元素。

---

〔1〕 参见黄海星：《〈社会经纬〉改版后法制专题节目的定位》，载《电视研究》1999 年第 3 期。

〔2〕 参见袁侃：《中国电视法治公共领域的建构与演变—以央视涉法传播实践为例》，武汉大学 2018 年博士学位论文。

二、故事化和纪实性结合的呈现特征

2004 年，原《北京青年报》副总编辑何平平曾提出"记录体新闻"的概念。他认为，所谓"记录体新闻"，又可以称之为"实录新闻"，主要是指媒体"将新闻采访对象的讲述或记者与采访对象的对话直接记录下来，整理制作发表"的新闻。[1] 在这里，媒体遵循不干涉、不介入的基本原则，真实记录正在发生或者已经发生的新闻事件，从而客观真实、原汁原味地展现社会的自然原貌。尽管其中暗含媒体的新闻选择与素材编辑，甚至隐藏着媒体自身的意识形态，但是它所呈现的内容并没有损害真实世界的原貌，仍然是真实世界的缩影。

"记录体新闻"不单是一种概念，而且是代表着电视媒体真实记录客观世界的一种纪实风格特征。在中国法治电视媒体的长期摸索实践过程中，在经历对客观世界介入与否、介入程度如何等不同创作模式的对比后，这种与故事结合的纪录被引入到中国电视法治公共领域。这既是一种源自法治电视节目创作实践的选择，也是法治电视服务于中国法治社会建设的必然选择。

电视法治节目的故事化纪实，是它在节目表现中将故事化和纪实性有机结合，这一呈现形态具有如下三个方面的具体特征：

1. 真实性

法治电视节目的故事化纪实特征表现出来鲜明的真实性。这种真实，既包括相关法治事件的真实发生，即事件经历起因、经过、发展、结果的时间序列过程，同时也包括事件中的人物要有名有姓、有地可查。

为了追求这样的真实性，法治电视节目的记者、编导要付出更为艰辛的努力。原《社会经纬》节目的编辑詹军曾说到：

"为了弄清案件的真实情况，揭开人为蒙蔽在其上的层层面纱，自己不得不对被采访对象多次进行采访，酷暑 7 月，汗流浃背，那种滋味，不经历恐怕难以想象。"[2]。

---

〔1〕 参见何平平：《"实录新闻"的操作》，载《新闻实践》2004 年第 1 期。

〔2〕 冯隽：《把枯燥的法律条文故事化——谈央视"社会经纬"栏目》，载《新闻与写作》2001 年第 11 期。

这一生动的描述表现出真实的法治节目创作的过程，这体现法治电视人在普法路上求真求实的追求。

2. 新闻性

这里所指的新闻性，主要是指中国电视法治公共领域的时效性。对电视法治公共领域的公共议题而言，它的时效性不及消息类新闻对报道速度的要求，但是同样也要求新闻时效在一定的保质期内，或者民众对议题的关注存在一定的热度。

新闻是对新近发生或发现的事实的报道，时效是新闻的生命，没有时效就没有新闻。新闻中有一个有机的概念体系即"时、度、效"，指向的是在舆论引导实践中，在时间维度的时机选择，在方法维度的分寸拿捏，在影响维度的传播效果。从这个视角上看，法治电视节目正好契合了时度效的理念，它的选题考虑的是最恰当的时机，它对事件的关注不仅要追求议题内在的新闻真实，还要保证具有一定的话题指数和讨论热度。

3. 非介入性

相比于《焦点访谈》等节目对介入性的探索，法治电视节目的非介入性主要体现在对节目镜头的控制力上。这种对镜头的谨慎表达，一方面表现在整体的镜头把控上，节目虽然将镜头对准与法治有关的社会生活的各个领域，但是却始终以旁观者的视角，忠实地记录下镜头所看到的一切。节目负责记录真实现场，案件的处理则交给公安、司法、检察等国家法治权力机关。另一方面，体现在更为细微的景别使用上，多变的景别不但可以满足观众多变的观影需求，实际上也是创作者对观众视线和思维进行控制的一种手段，无论哪一种景别，背后都有创作者想要传达给观众的思想情感。[1]法治电视节目一般会使用较为常规的镜头结构手法，适当运用具有强化与放大细节的特写镜头，谨慎使用具有情绪性的远景。

法治电视节目的非介入性还体现在节目关注的焦点选择上。节目在整体报道趋势上会结合时下国家普法的需求，在具体节目案例的遴选上，不会抢在国家法治系统之前揭露相关法治问题，而是选择经过执法机关、司法机关等定性后的法律案件，从而最大程度地保障节目的客观纪实性，避免媒体对案件的主观干预，尽量杜绝媒介审判现象。

---

〔1〕　参见吴圆圆：《新视频节目创作教程》，清华大学出版社 2023 年版，第 97 页。

三、故事化纪实的现实选择

优秀电视专题类节目在选题和表现上有几个特征，即选题的故事化，叙事的情感化，人物的个性化。把故事编得好看并拍得好看，已经成为电视人共同的追求目标。[1]

法治电视节目的故事化并非单一的主动创造，一定程度上也有被动选择的成分。纪实手法由于脱胎于新闻纪录片，存在着整体上缺乏生气和活力的问题，画面大同小异，容易产生空洞口号，故事化操作方式是让法律和法理走向老百姓的必备法宝。

首先，故事化消解了法律语言本身的晦涩与枯燥。自《社会经纬》开始，法治电视节目便正式亮出了故事化的话语口号，以"大形象，小概念"的故事化手法，从受众身边的故事中选择话题，以一个个具体的故事去阐释与公众生活密切相关的法条，节目的生动性、形象性得到了极大提升，也使得晦涩难懂的枯燥法律条文跃然屏幕上。

其次，故事化适应了中国老百姓传统的文化生活习惯。对于普通中国公众而言，法治是一种陌生的叙事，但是故事却是一种熟悉的生活。从古至今，从说书到听戏，故事对全世界人民都有先天的强大吸引力。法治电视节目的故事化一定程度上顺应了人的现实需求，符合人的认知方式。

最后，故事化适应了中国法治土壤贫瘠的总体社会现实。原央视社教中心主任高峰曾经讲述过一个故事，这个故事发生在1994年前后，大致内容是：

"在央视的西门外，人们说说笑笑地跨过一个年轻人的'地状'[2]。这已经是一件令人见怪不怪之事。但是，后来的某一天，人们却发现这个年轻人吊死在了旁边的一棵树上。这是一个'没有法治教育，也不知道要法治'的社

---

〔1〕 参见时统宇：《法制类电视节目创新创优的几个问题——以央视〈法治在线〉栏目为例》，载《中国广播电视学刊》2004年第5期。

〔2〕 地状，或者说告地状，是指人们把自己的不幸遭遇写在纸上、地上，并铺在街头，以向路人寻求帮助或者乞讨钱财。

会给人打上法治烙印的事件，更是一个公民法治意识淡薄的时代悲剧〔1〕"。

在相对贫瘠的普法土壤上，故事化手法以"身边的法治""生活中的法治"为立足点，通过"法治故事"这种特殊的话语表达方式，紧紧握住了普通公众的手，有效拉近了法治与生活之间的距离，实现了现代法治与中国社会的相互融合，在一点一滴的故事讲述中，在人们心中厚植法律意识和法治理念。

第三节　独具魅力的新闻现场纪实报道

2003 年 5 月 1 日，央视新闻频道开播，为中国电视法治公共领域在新闻性方向的探索提供了一次难得的契机。新闻频道开播之际，正式推出一档"把法治题材与电视新闻手段相结合"的法治新闻栏目——《法治在线》，开启了一场法治节目新闻化的实验。

这档节目以"与您一同触摸中国法治进程的脉搏"为宗旨，注重新闻时效与法治理念的结合，尤其是对新闻"第一现场"的探索与有所克制的故事化表达，将法治节目独具特色的纪实风格再往前推进了一步。

一、紧跟重大法治案件的破案现场

不同类型的节目有不同的现场，单就法治节目而言，现场可以是案发现场，也可以是车祸、事故、火灾的发生现场，还可以是民事案件的调解现场，亦可以是法庭的庭审现场等。

法治类新闻现场和民生类新闻现场有所区别，比如一起命案发生后，并非所有的案件都适合报道。比如警方的侦查措施、嫌疑人作案的原因等都是未知数，不能因为新闻媒体的报道对案件的侦破产生干扰。记者在报道中不能因为一时的选材或是仅仅为了博人眼球，而忽视了法治媒体所承担的社会责任。

---

〔1〕　中央电视台《社会经纬》栏目组编：《社会经纬1》，中国人民公安大学出版社 2002 年版，第 1 页。

1. 法治新闻的现场特性

区别于一般的新闻现场，首先，法治新闻现场报道选题是以社会新闻热点事件为主的。以最新的社会热点新闻事件为深度报道对象，报道过程中回顾热点新闻事件的内容，并采访新闻事件的当事人，解析其中的新闻逻辑及其潜藏的法治内容，在吸引观众的同时分析其中的热点性，以说明中国的法治现状。

其次，法治新闻报道注重现场的营造和记者的参与。记者在现场的发现和对现场内容的直接采访，既能还原新闻事件本身，还能引导观众对新闻事件产生直观的看法，增强深度报道的效果。

最后，法治新闻的现场具有延展性。从新闻现场延展开的普法内容，以及法律咨询和法律解答，充分彰显节目的普法服务功能。

法治新闻类节目关注新闻现场，除央视《法治在线》、北京台《法治进行时》等知名节目之外，不少地方法治节目也通过对现场的重视，提升法治节目的品牌影响力。《法治现场》是河南广播电视台法治频道的一档法治节目，也是频道主打的新闻节目，节目选题都是选取河南省最新的法治动态，破获的重特大案件，同时提出明确要求，每起案件或者每一条法治新闻都要有现场。内蒙古广播电视台《法治专线》推出的《普法进行时》板块以现场为主体，除了演播室主持人介绍本期节目的口播和结束语外，剩下的节目内容全部在现场完成。现场矛盾双方各自的观点、律师辩护或司法调解过程都被真实地记录下来，一期节目就是一次典型的现场普法案例解剖，有了这样的现场，自然特别容易抓住观众的眼球。

2. 法治新闻节目的现场表现方式

法治新闻节目在展开现场报道的过程中，采用的影像语言是以纪实性叙述风格还原案发现场，还会采访知情人、现场目击者等相关人员，然后一步一步按照线索追踪，最后达到对法律纠纷和事件进行跟踪报道的结果。通过这种方式，节目深入挖掘案件背后的真相，探索案件当事人的心理根源，展现人物命运的跌宕起伏，体现对社会大众的人文情怀。

在节目形态上，有专门的主持人负责组织、引导节目，发表对节目的观点，并以记者报道的形式在现场完成节目的导入。轻案件本身，重深度挖掘，不仅是对案件过程的重现，更重要的是透过对案件本身的讲述和探讨，传播法律知识，寻求法律公正，以人文的精神传播法治的理念。

在现场表达方面，记者能够高效清晰地表达自己的观点，能够一针见血地指出案件的核心，循序渐进地推进案件的最新进展。记者运用语言和非语言符号来进行提问与倾听，注重身体的运动与镜头保持一致，从而体现法治新闻现场的动态感与可视性。

3.《法治在线》的新闻纪实报道实践

《法治在线》定位于兼具新闻时效性、法治思想性和法律服务性的法治新闻专题节目。开播之时，节目日常播出版主要有《第一现场》《法治聚焦》《互动地带》三个板块。周末版形态为单一题材的法治纪实专题节目。其中，《第一现场》作为节目的核心板块，匹配节目所在新闻频道的新闻直播性气质，强调新闻的进行时与现场感，摒弃传统完成式的话语表达方式，将法治新闻现场的新闻性发展到极致。节目曾第一时间独家报道了"贪官王怀忠案""刘涌再审案""马加爵案""杨新海连环杀人案"等重大法治案件，并积极介入立法公共领域，对《居民身份证法》《物权法（草案）》《个税法修正案》等法律法规进行了直播呈现〔1〕。

以节目报道的轰动一时的"马加爵案"为例，马加爵故意杀人案是指在2004年发生的云南大学生马加爵杀害4名同学的一起重大刑事案。由于作案人为在读大学生，作案手段极其残忍而引起社会各界的关注。在抓捕马加爵的行动过程中，公安部向全国公开发布通缉令，《法治在线》节目对此进行滚动播出，发动群众举报线索，发挥主流电视媒体的大众传播作用。在公安机关的缉捕行动中，《法治在线》及时展开跟踪报道，第一时间播出了公安部A级通缉令的通缉犯马加爵在海南三亚落网的专题节目，使公安机关的执法行动更加透明。

记者在这一期名为《追踪"A级通缉犯"马加爵》的节目采访手记中，这样谈到对新闻现场的把握：

"公安部发出A级通缉令后，浙江、青海、四川、甘肃、山西、安徽、陕西等地纷纷接到群众反映见到通缉犯马加爵的举报。一时之间，马加爵的行踪成了最热门又最不确定的消息。一个马加爵，怎么能同时在七八个省二十

---

〔1〕　参见时统宇：《法治类电视节目创新创优的几个问题—以央视〈法治在线〉栏目为例》，载《中国广播电视学刊》2004年第5期。

多个地市县同时出现，哪条线索才是真的呢？经过分析，青海地区反映见到马加爵的人数最多，达到 15 人；时间、地点相对集中，主要是 3 月 1 日至 2日在西宁、海东一线。因此青海成为抓获马加爵可能性最大的地方。记者当即赶赴青海并与公安部专案组成员一起走访了马加爵很可能去过的地方。

15 名目击者反映出的线索无论从时间的推移还是地点的变换上都比较合理，没有相互冲突的情况。同时，每个人都坚持自己看到的人与通缉令照片上的马加爵非常相似，甚至于看上去就是一个人。这表明，他们看到的人确实是马加爵的可能性极大。不过，由于他们看到疑似马加爵的时间都是在 3月 1 日和 2 日，却在 3 月 3 日或 4 日才看到有关马加爵的通缉令。而 3 月 2 日之后再也没有人反映见到过马加爵，这样一来，诸多的线索一下子成了断了线的风筝……虽然现在马加爵还没有被缉拿归案，关于他为什么要作案、如何作案的疑问还无法说清，但是各地警方都加强了摸排、盘查的力度，许多潜逃多年的犯罪嫌疑人因此被抓获。这也算是意外之喜。"[1]

区别于以往传统新闻专题的完成时态，《法治在线》在纪实手法的运用中，既重视新闻性，又强调新闻的现场感，以新闻进行时的方式将法治个案与新闻现场有机结合，构建形成法治新闻节目不一样的新闻话语表达形式。它不仅关注新闻现场的动态，更关注电视媒体以节目报道介入法治建设的进程。

以第二十五届中国新闻奖电视专题三等奖的《念斌：从死刑到无罪》为例。念斌案，或称念斌投毒案，是指 2006 年发生在福建省福州市平潭县某村庄的一个冤案。从四次被判处死刑，到无罪释放，《法治在线》对念斌案展开持续跟踪报道，独家揭秘念斌案"翻案"关键细节。

对于念斌案的拍摄，节目组从确定选题到制作播出，历时半年之久。曾任《法治在线》制片人的刘美佳，也是这一期节目的主要创作者。在谈到节目创作时，她提到[2]：半年来虽然一直在跟拍念斌案，但由于无法判定案件最终结果，拍摄时摄制组面对的是对审判结果的一片茫然，然而，大家对于

---

〔1〕 曾晓蕾：《追踪"A 级通缉犯"马加爵——〈法治在线〉记者采访手记》，https://news.cc-tv.com/society/20070130/102339.shtml，最后访问日期：2007 年 1 月 30 日。

〔2〕 参见《念斌：从死刑到无罪》，载 http://tv.cctv.com/2014/09/13/VIDE1410586738746314.shtml，最后访问日期：2014 年 9 月 13 日。

选题却都很坚定。在拍摄期间，摄制组经历了各种挫折与艰辛，刘美佳表示："念斌案切合刑诉法法律进程，希望能够通过念斌案让每一个观众看到中国司法在进步，逐渐相信法律，让公民在每一个案子中都感受到公平和正义"。

党的十八大以来，一系列重大冤假错案得到纠正。以《法治在线》报道的呼格吉勒图案为例。呼格吉勒图案，又称呼和浩特"4·9"女尸案，是于1996年4月9日在内蒙古自治区呼和浩特市发生的一起死刑冤案，18岁纺织工人呼格吉勒图被认定为一起奸杀案凶手，法院在案发后61天内完成一审和终审，并对呼格吉勒图执行死刑。2005年10月，赵志红承认他是此案的真正凶手，引发媒体和社会的广泛关注。2014年11月，呼格吉勒图案进入再审程序，12月15日，内蒙古自治区高级人民法院对再审判决宣告原审被告人呼格吉勒图无罪并向其家人道歉。针对呼格吉勒图案真凶赵志红落网的破案过程，《法治在线》推出《追踪连环杀人犯》[1]，直面过去司法体制存在的弊端，通过对以呼格吉勒图案为代表的重大刑事冤假错案的报道，提振全社会对司法公正的信心。

《法治在线》紧跟重大法治案件的破案现场，让观众在法治节目的新闻化过程中，感受到中国法治进程的脉搏。一些节目报道的案例或者节目的经典素材被改编成了电视剧，用老百姓喜闻乐见的电视剧形态，形成电视普法的二度创作。

以《法治在线》周末专题节目《周末探案》为例。2004年12月23日0时30分许，湖南醴陵一间民房发生一起爆炸案，房屋在爆炸中全部坍塌，主人一家七口都在睡梦中窒息死亡，同时遇难的还有一名借宿者。《法治在线》之《罪案调查之零度燃点》（20051001）[2]报道了这起民房爆炸案，后被刑侦电视剧《案发现场》改编，剧集为《案发现场》第二部第35集。2005年6月18日，吉林省汪清县发生一起灭门惨案，一对夫妇连同他们的子女，一家四口在一幢别墅内惨遭杀害。《法治在线》推出《罪案调查之噩梦之劫》[3]，被

---

〔1〕 参见《追踪连环杀人犯》，载 https://www.bilibili.com/video/BV11x411M7H7，最后访问日期：2006年12月1日。

〔2〕 参见《罪案调查之零度燃点》，载 https://www.bilibili.com/video/BV1Zx4117761，最后访问日期：2005年10月1日。

〔3〕 参见《罪案调查之噩梦之劫》，载 https://www.bilibili.com/video/BV1st411B7CL，最后访问日期：2005年10月2日。

改编为电视剧《案发现场》第二部第 10 集。以《法治在线》为代表的法治电视节目对有重要影响的法治事件、新闻案件展开真实记录，这些案件又被改编到电视剧中，从另外一个角度，可以看到法治新闻专题节目在介入中国法治建设进程中产生的显著价值和深远影响。

二、呈现新闻现场的动态性与过程感

如果说《今日说法》是对"完成时"案例进行法律分析和评论的模式，那么《法治在线》则是以现场的动态性、表现的进行时、因果的开放性，将法律主题融合在新闻故事中的模式。这种与众不同的纪实性的新闻呈现方式使《法治在线》在法治类新闻节目中别树一帜。

1. 进行时态的法治现场纪实呈现

《法治在线》的节目形态与新闻频道的定位密切联系在一起，高度关注新闻直播性。"原来把直播当作个例，现在把它当作常态；原来只是特殊事件进行特殊直播，现在直播已经是基本手段，是频道基本的报道方式。"[1]

在案情的纪实中，《法治在线》将第一现场的逼真性与现场评述的切近性相结合，尽量拒绝猎奇化和刺激性，从而呈现节目背后的法治理性精神。节目摒弃了传统电视专题节目惯用的杂志性板块构建手法，而是以核心现场作为驱动，形成一个线性逻辑的整体。

为了尽量呈现新闻现场的动态性与过程感，节目严格限制情景再现，合理记录案件过程、发生现场、人物关系和现场细节，结合多元采访和专家及其他权威人士等的评述，并减少或者禁止主观性、形容性修辞的解说词。在运用视听手段强化节目可视性的同时，凸显节目普法传播的价值引领。

《法治在线》选取的这种"进行时态"的表达方式，让节目像是一个目击者，通过深入到执法司法的各环节全过程，在第一时间、第一现场告诉观众正在发生的事情。如《法治在线》之《夜捕飞车贼》（20030727）节目中，记者通过隐藏在高架桥边的一座居民楼内的摄像机，真实记录了飞车团伙拖行一名不愿放手的被抢劫行人长达 20 多米的 1 分钟长镜头，将飞车贼的张狂表现得淋漓尽致。在节目中，景别的动态变化、画面的快速切换、以及编导

〔1〕 尹鸿：《"第一现场"：法制电视节目的新闻化探索—以中央电视台〈法治在线〉为例》，载《现代传播》（中国传媒大学学报）2008 年第 3 期。

对案件现场音响的准确拾取，不仅具有强烈的新闻性，更是体现出强烈的真实感和现场感，独特的声画合一的现场纪实，让观众真切感受到法治电视节目将新闻报道与纪实风格相融合的话语表达方式。

节目每一个案件报道，在呈现上都是一个未完成、正进行的样态。在节目打造的"第一现场"中，较少有人为的干预与引导。节目围绕观众未知、欲知的信息，用摄像机延伸人们的视线，伴随尚未完成的进行中的事件，注入法治节目让观众应知、应感、应想的内容。在开放性结构之下，节目用镜头本身的震撼替代了权威性的评论和全知性的叙事。

2. 法治新闻现场报道的节目实践及对比分析

新晃操场埋尸案是指在湖南省怀化市新晃侗族自治县第一中学（即新晃一中）2003 年 1 月发生的杀人藏尸案件。被害人为该校教师邓世平，他于 2003 年 1 月 22 日担任新晃一中田径场修建工程监工时失踪，2019 年 6 月 20 日其尸体在新晃一中田径场被掘出。2019 年，随着扫黑除恶专项斗争在全国范围内纵深推进，这起 16 年前的积案得以重见天日。

面对这一起轰动全国的案件，《法治在线》制作播出了名为《操场之下》（20190625）的节目，揭开深埋地下的真相。同时，央视新闻评论节目《新闻1+1》制作了《16 年，挖尸之后再挖保护伞！》（20191127）。我们通过《法治在线》的节目实践与两档节目的报道对比，进一步理解法治新闻现场的动态性与过程感。

在《法治在线——操场之下》[1]节目的开始，先是主持人在演播厅进行简短的案件背景介绍，伴随着紧张的背景音乐声引出隐藏 16 年的秘密，为下面节目的展开设置了悬念。然后是运用几个案件现场照片的播放进行串场，紧接着由记者在核心现场——操场出镜介绍案发地周边的环境和案情的简要概况。记者跟随镜头走动，增强了新闻的动态性、生动性和可视性。

接着伴随镜头的推进，采用主持人画外音的形式介绍当时挖掘机挖出遗骸的场景。接下来插入一段案发当事人邓世平女儿邓玲的采访，采用的是保护被采访对象肖像模糊处理的形式。下一个镜头是对邓世平家中环境的拍摄，画外音介绍邓世林一家曾是幸福的四口之家，失踪后家人苦苦追寻，以此来

---

〔1〕 参见《操场之下——湖南新晃"操场埋尸案"调查》，载 https://tv.cctv.com/2019/06/25/VIDEoYdOJGn868xONfPpCRLD190625.shtml，最后访问日期：2019 年 6 月 25 日。

推进案情。下面还是邓玲的采访，强调父亲是个很爱家顾家的人。对被害者女儿的采访会更让观众好奇，这样一个幸福的家庭怎么会遭此飞来横祸呢？接下来，镜头呈现的是几张邓世平的照片，有教师资格证证书，还有任职的一些照片，再加上画外音对邓世平的介绍补充，让人物更加鲜活、饱满。接着，用马路的空镜和主持人的画外音进行推进，对邓世平是否与人结仇的调查情况进行介绍，外加记者出镜采访邓玲关于工程质量问题举报信知晓的信息。

此后，是一组家中的空镜，介绍邓世平在失踪前夕的状态。接下来穿插的是邓玲采访以及警局的一些空镜，展现家人寻找邓世平的案情。然后穿插主持人演播室的镜头进行转场，介绍当时邓世平的案件为何没有被立案，于是将关注点转移到公安部门。节目穿插副局长的采访，以及警方当时对邓世平案的调查信息，透露出邓世平失踪前最后接触到的人是杜少平。因此，杜少平成为警方最大的怀疑对象，但因证据不足无法得出最终结论。

图1　记者在进行现场报道　　　图2　记者采访新晃县委书记

接下来，由主持人串场，开启新的叙事情节，即查获杜少平黑恶势力，发现邓世平失踪线索。经过对副局长的采访，记者了解到通过犯罪团伙的供述，失踪了16年的邓世平被埋在新晃一中的操场下面，杀害他的凶手是承包操场工程的杜少平。下面就是警察用挖掘机挖掘现场的镜头，增强了案件报道的真实性和动态感。但是究竟这个遗骸是不是邓世平本人呢？经过DNA检验鉴定，确定该遗骸为邓世平本人。节目通过每一个报道过程层层推进，逻辑自洽，慢慢解开观众心中的疑虑。

随后，记者再次入镜，在案发现场操场上，针对此案提出了几点疑虑，充分融入了现场环境，引出案情的最新进展，原校长（杜少平舅舅）涉嫌严重违纪违法，接受审查。经过专案组的调查，该操场存在各种问题，杜少平背后的保护伞逐渐浮出水面。

接下来，是记者与县委书记的对话，记者通过平等、恰当的表达和较强的提问与倾听的能力，直击问题核心——这个案件是否能够彻查？背后的保护伞是否能全盘打击？

法治专题报道与一般的新闻报道不同的是，不能只是报道最新的新闻信息，而是应该将一个完整的案件报道出来，有案件情节的开展、有问责、有案件总结，最终还要体现出案件的代表性和社会意义。在节目最后，主持人在演播室总结案件，并引出专家解读。各方观点汇集更显新闻报道的客观性。新晃操场埋尸案能被掩盖这么多年，背后一定有错综复杂的力量，节目在此点明扫黑除恶的重要性。

针对同样一起"操场埋尸"案，央视新闻评论节目《新闻1+1》[1]也对该案件展开了报道，通过对比可以看出法治节目现场纪实叙事的鲜明特点。

《新闻1+1》首先在节目模块划分上包括：内容提要、主持人演播室录播画面、新闻内容三个部分，出现湖南新晃"操场埋尸案"调查、出镜记者现场报道、现场空镜加画外音、受访人的采访画面。为保护当事人隐私，播出画面做了特殊处理、画外音及受害者家中空镜头、新晃公安局副局长的受访画面及画外音穿插其中，画外音进行提问，副局长进行回答，演播室报道进展。然后是邓世平家属代理律师、县委书记采访异地办理，两位专家的专业解读、画外音呈现其他媒体的评论。接着回演播室白岩松划重点、白岩松连线现场记者、对受害者家人的采访，通过对家人的人文关怀，了解16年来受害者家人如何度过、当时家人对这个案件所做出的努力。最后是白岩松与专家互动，由专家解读接下来的工作重点、中央扫黑对这起案件的推动作用。相比而言，《法治在线》的节目制作中，影像呈现的现场空镜画面丰富，尤其是通过记者的现场表达介绍整个事件的完整过程，观众跟随记者的引导观察现场，倾听事件的细节。《新闻1+1》则更注重从案件中提取问题，通过选择角度展开评论，解析新闻脉络，解读事件真相。

---

[1] 参见《"操场埋尸"案，如何进一步破局？》，载 https：//tv.cctv.com/2019/06/24/VIDEu5z1qW9FeMaGbZZttn1B190624.shtml，最后访问日期：2019年6月24日。

表1 "湖南新晃操场埋尸案"的节目对比分析表

节目名称	《法治在线》	《新闻1+1》
节目形式	法治新闻节目	新闻评论节目
主持人开场和中间穿插	从由头背景引出要讲述的案件 中途承上启下引导推进叙述 总结评述	从同类新闻引出要讲述的案件，提出本期节目主题：谁有罪？如何破局？主持人梳理关键点和思路，并且提出广大群众共同的几个疑问，用持续关注来推进叙述
记者出镜	强调现场感，叙述表现进行时，呈现第一时间，第一现场，第一见闻。代替观众提出疑问，从而推进案件的叙述。	讲述案件的真相是如何被揭开被披露的电话连线问答式；讲述警方下一步行动，受害者家人的状况，以及案件产生的边缘影响
记者现场表达	这里是... 为何...？ 是.. 还是..？（常用语）	陈述案件 回答主持人连线问题
影像呈现	案件现场真实展现；受害者生前真实呈现；受害者目前家庭空镜呈现，形成对比，渲染情绪，增加可视性动态性	案件现场真实展现 受害者之子：得知结果的感受（插入动态内容） 呈现申冤信件中的细节和经过（全部客观呈现）
穿插编排分析	穿插受害者女儿的采访，讲述从之前的四口幸福之家，到父亲失踪后四处寻找的过程，再到怀疑凶手，看到尸骸后的感受，表达家属的最终诉求以及普法经验	用空镜搭配画外音进行穿插编排，讲述案件结果，从结果倒推真相如何被揭开，警察如何破案，针对案件提出疑问，推进叙述
采访相关主体	警方：讲述案件过程，还原当时情况，披露最新进展 律师：表达态度看法、诉求以及维护法治捍卫正义的决心 当地领导：披露案件办理进展 专家学者：解释案件涉及的法律问题，表态维护法治，案件对法律的完善和作用	警方：讲述发现尸体的时间以及过程 受害者女儿：谈感受和申冤过程中各单位的回复和作为 当地领导：办案态度和决心 专家：（电话连线问答式）解答疑问，解答政策问题，解答在政策背景下如何进一步推进依法治国
主持人最后总结	以小见大，从案件本身上升到案件政策背景，最后总结对法律完善和法治的作用	回应本期主题：等待最后的破局

经过对比，可以看到两个不同节目在相同案件呈现上的显著差异。从案

例对比看，《新闻1+1》侧重于表现该事件如何进一步破局，并把该案件与孙小果等扫黑除恶案件联系在一起，上升到深挖保护伞以及依法治国的层面。而《法治在线》侧重于梳理该案件的破获流程、表达被害人家属的诉求、以及各方对该案件的评论或看法。

在影像呈现上，《新闻1+1》主要围绕主持人白岩松的评论以及对案件提出的一些疑问来串联节目，其间穿插对案件的调查进展，并通过连线记者、法律专家的方式来解答观众的疑问。而《法治在线》主要通过记者出镜报道以及对被害人家属、警察、县委书记、法律专家等多方的采访来串联节目，主持人起到串场作用。

在现场表达上，《新闻1+1》以电话的方式直播连线记者和法律专家了解事件调查情况以及相关的法律问题，《法治在线》以记者现场出镜报道和采访各方人士来表现案件的进行状态。

综上，法治新闻专题节目的纪实性具有显著特点，它更侧重于案件的动态性和过程感，以案件审理的时间先后顺序来记录。媒体不干涉不介入整个案件，以进程中的现场呈现，真实记录新闻事件，通过采访各方人士达到消息来源的平衡，力求客观真实地展现事件进程。

三、法治记者叙述表达的现在进行时

《法治进行时》是北京电视台一档家喻户晓的品牌法治电视节目。作为北京电视台第一个日播法治节目，它在1999年12月开播之时，率先提出"政法新闻社会化、社会新闻政法化"的节目理念。正是在这种崭新的节目创作理念支持下，开辟了四个节目《现场交锋》《现场提示》《法网追踪》《治安播报》，分别强调"现场"、"追踪"、"热线"和"播报"，具有强烈的新闻性和纪实性色彩。该节目曾创造了地方台新闻专题节目第一次打破中央台垄断收视前十名的局面。2007年成为全国唯一一家年广告创收上亿的午间栏目，正是因为这些出色的业绩，《法治进行时》曾经被誉为是中国最引人注目的电视品牌节目。

2002年4月1日，南京电视台《法治现场》开播，在彼时民生新闻风起云涌的几年时间里，该节目提出"民生新闻法治化、法治新闻民生化"的制作理念，迅速在南京地区取得了成功。可以看到，该节目的理念与《法治进

行时》一脉相承。

2003 年 5 月 1 日，中央电视台新闻频道《法治在线》栏目开播，从国家级法治节目的实践层面上，构建故事化纪实的法治新闻节目特征。

无论是地方台的《法治进行时》《法治现场》还是央视的《法治在线》，这类节目对电视普法的意义，不仅是通过对法治电视新闻节目样态创新，为老百姓了解司法工作、参与社会治理提供有效途径，还包括开拓了法治记者叙述表达的现在进行时方式，推动了全国性的法治新闻现场报道改革。

1. 法治新闻记者的现场把控

《法治进行时》自开播以来，就以独特的新闻视角、第一时间的现场报道以及真实、鲜活的法治案例独树一帜，成为北京地区收视率最高的栏目，被誉为京城法治普法教育的窗口。主持人徐滔是一名资深的法治记者，擅长现场报道。这个节目将她最擅长的现场把控能力发挥到极致。特别是在大案、要案的侦破现场，她的表现足以凸显整个《法治进行时》的风格。

以《法治进行时》代表作品之一《惊心动魄 22 小时》为例，2004 年 2 月 3 日，影视明星吴若甫被绑架案发生后，徐滔冒着生命危险随警采访 22 小时，直至人质安全获救。2005 年 2 月，《法治进行时》栏目制作播出了《惊心动魄 22 小时》，精彩地记录了北京警方解救被绑架人质吴若甫行动的全过程，在社会引发强烈反响。节目播出后，包括中央电视台、上海卫视、四川卫视、重庆卫视、山东卫视、凤凰卫视、日本 NHK、美国 CNN 等多家国内外电视媒体和平面媒体纷纷转播和转载，该片还被收入世界特警风采录。《惊心动魄 22 小时——北京警方成功解救吴若甫被绑架案件纪实》荣获 2005 年度中国新闻奖一等奖、中国电视金鹰奖短篇电视纪录片优秀作品奖、纪录片最佳录音奖，并荣获第十届中国电视纪录片学术奖短片一等奖、中国影视大奖，被誉为近年来政法报道的经典之作。

在对"吴若甫绑架案"的报道过程中，徐滔首先强调记者的同时空体验[1]，营造出现场感与参与感。记者直接跟随警察进入绑架现场参与解救人质，随后出镜报道的深度解说强化节目的说服力，法治节目深度报道的社会效应在记者的现场报道中得以体现。其次，通过独特新闻视角和现场处理，强化出

---

〔1〕 参见徐滔、张展：《同时空体验的"现场"魅力》，载《中国广播电视学刊》2005 年第 2 期。

镜记者作为叙述者、引导者、采访者、体验者以及评论者的多重节目角色。出镜记者是电视新闻故事特有的嵌入体，是新闻发生的参与者，是报道过程层层递进的引导者，是观众派往新闻现场的代表。[1]对于法治节目的出镜记者而言，他既不是报幕员，也不是外景主持人，而是现场新闻事实的见证者和新闻事件的主要叙述者。法治记者的话语表达不能等同于节目开头基本信息的介绍，而是要伴随新闻现场的进程，强调现场的真实感，从而引导观众更好地理解新闻内容。

法治新闻的出镜记者往往要运用现身式表达，或借助自己的视觉、听觉、嗅觉、触觉、味觉等感官，或通过自身的经历与调查去探寻事实真相，或通过限制性采访来还原事实真相。

法治记者在新闻现场独具魅力，这种魅力体现为记者与案件进程的同步。通过对现场的场景特征、事件发生及发展过程和细节的叙述，记者传递出来自现场的第一见闻和第一感受，同时也在现场发现问题。这样的报道充分增加了新闻的动态性、生动性和可视性，记者将新闻现场的话语直观且真实地呈现在观众面前，也为电视机前的观众带来生动且鲜活的新闻事件现场。

2. 法治新闻记者的素养要求

首先，新闻判断能力是法治新闻记者的核心能力之一。记者在现场要做的，既有对事实元素的判断，又有对价值元素的判断。记者的事实判断依据，既有对新闻背景的详实把握，又有对现场信息的瞬息捕捉。

其次，把控与应变新闻现场的能力。法治新闻现场随时都有可能会发生变化，这要求出镜记者在较短的时间内迅速判断具有新闻价值的信息，要有强烈的法治敏感度，要善于观察、捕捉最有价值的法制事件的事实与画面。在观察问题的同时，要有相对稳定的注意力，进而挖掘出富有新闻价值的法制事件的缘由起因，这样才能完全把握法制事件现场报道的主动权。[2]

最后，是对自身情感的把控。自身情感控制能力的欠缺往往会使采访走向两种极端。一种极端是记者沉迷于现场气氛，或激动万分，或悲愤不已，忘记自己是新闻现场和受众之间的中介，忘记自己肩负的普法职责。另一种

---

[1] 参见石长顺主编：《电视新闻报道学》，华中科技大学出版社 2004 年版，第 145 页。

[2] 参见徐成哲、尚献勇：《法制、民生节目出镜记者的专业素养》，载《电视研究》2016 年版，第 S1 期。

极端是记者完全置身事外，情感冷漠。无论题材事件，不管现场氛围，记者始终保持千篇一律的表情，或者说无表情，既容易造成现场采访的情感隔阂，又容易让观众产生法理的冷漠之感。

此外，做一名合格的法治新闻记者，除了传统现场报道所需要的专业技巧之外，更重要的是对法的理解，对法理与情理关系的思考。原央视《面对面》制片人王志曾说："如果你过分在意自己的角度或神态，那么你会忘了你要干什么，你要问什么问题。所以出镜时最好的状态是'忘我'，做一个具有自己个性特质的本色记者。"在自我认知的基础上，法治记者借助自己的现场报道，进而处理节目的可视性和法理性的关系，让法理不知不觉地深入人心。

法德合治理念下
法治电视节目的 "以案说法"

　　法律是治国之重器，道德是法治精神的重要滋养。习近平总书记进一步指出，法律法规要树立鲜明道德导向，弘扬美德义行，立法、执法、司法都要体现社会主义道德要求，都要把社会主义核心价值观贯穿其中，使社会主义法治成为良法善治〔1〕。现代中国要实现法治和德治相辅相成、相得益彰，就要理性认识道德与法律的关系，不断推进法治建设的向前发展。

　　从电视普法节目的发展历史中，我们看到以《今日说法》为代表的 "说法类" 节目通过以案释法、以案普法等方式，从媒介实践的角度把人们广泛认同、操作性强的道德要求及时上升为法律规范，并在道德教育中突出法治内涵，在培育人们的法治观念和规则意识、营造全社会的法治文化环境上发挥了极大的正向作用。与此同时，也要看到从更深层次的创作理念上，对 "德法合治" 理念以及由此引发的道德与法律的关系的认识，将启发电视媒介如何推动人的法律意识觉醒以及法的正义性的进一步思考。

第一节　《今日说法》：以案说法打造法治公共话语平台

　　法律与道德的关系一直是法治建设中的重要问题。习近平总书记指出，"如果人人都能自觉进行道德约束，违法的事情就会大大减少，遵守法律也就会有更深厚的基础〔2〕。" 没有道德滋养，法治文化就缺乏源头活水。人们能

---

　　〔1〕　参见《学习贯彻习近平总书记在中央政治局第三十七次集体学习重要讲话》，载 https://www. gov. cn/xinwen/2016-12/11/content_ 5146645. htm#1，最后访问日期：2016 年 12 月 11 日。
　　〔2〕　参见《十八大以来重要文献选编》（上），中央文献出版社 2014 年版，第 722 页。

否守法，不仅与法治建设的外部约束相关，而且与道德建设的内在要求相连，道德能够为守法营造良好的社会环境。

"法德合治"理念直接影响着中国法治电视节目的创作实践。法治电视节目将"以案普法"作为重要创作手段，正确认识道德教育和法治教育在公民规则意识养成和行为模式指引中的作用，不断增强法治的道德底蕴。在普法教育、法治宣传的过程中，"以案普法"可以通过典型案例与道德准则的有机结合，引导人们更深入地理解法治文化、法治内涵，使法律真正赢得人们内心的拥护。

一、法德合治理念与电视"说法"的由来

"德法合治"理念源自我国数千年治理实践的理性思考，在漫长的历史岁月里，它作为国家治理的实践经验和传统法律文化的核心理论，对中国法治社会的形成与发展形成长久的影响。

1. "德法合治"理念的历史发展

"德法合治"是历史上中国长期践行的治理理念。《论语·为政》言"道之以德，齐之以礼，有耻且格"，他指出用政令来治理百姓，用刑罚来制约百姓，百姓虽不敢违犯法令，但不知何为耻辱；用道德来引导百姓，用礼仪来规范百姓，百姓不仅有羞耻之心，还能恪守正道。孔子用对比的方式强调在社会治理中道德和礼乐的指引作用，要以教化作为治理百姓的重要手段，通过启发百姓廉耻之心使其心悦诚服。

北宋理学家程颐、朱熹等都注意到了法律在国家治理中的关键作用。程颐在《伊川易传·周易上经》提出："为政之始，立法居先。治蒙之初，威之以刑"。朱熹在《晦庵集·答廖子晦》中进而指出："为政必有规矩，使奸民猾吏不得行其私。然后刑罚可省，赋敛可薄，所谓以宽为本，体仁长人，孰有大于此者乎？"他们在注重礼治教化之时，高度重视刑罚法律在保障国家稳定和维护社会秩序时发挥的强制性作用，进一步丰富和完善了中国传统社会治理理论。

"德法合治"理念下，国家治理既需要重视道德的教化作用，又需要强化法律的规范职能，实现法治与德治的相辅相成。如果不从源远流长的历史连续性来认识中国，就不可能理解古代中国，也不可能理解现代以及未来的中

国。在法治节目创作实践中，自然无法理解中国特色的电视媒介普法形成的历史因素和文化动因。

近年来，党和国家高度重视通过道德建设推动法治文化的健康发展，一系列重要文件均对此提出了明确要求。例如《法治社会建设实施纲要（2020—2025 年）》对通过加强道德建设促进社会主义法治文化建设提出了具体要求，强调把法律规范和道德规范结合起来。《关于加强社会主义法治文化建设的意见》对如何加强社会主义法治文化建设作出了具体部署，其中强调要坚持法安天下、德润人心，把社会主义核心价值观融入社会主义法治文化建设全过程各方面，实现法治和德治相辅相成、相得益彰。这些重要文件不仅为道德建设助推法治文化建设提供了清晰的指引，也反映出我国近年来在社会主义法治文化建设方面所取得的显著成就。

随着法治观念、法治思维、法治素养和法治信仰在全社会范围内的普遍提升，法治文化已经成为推动社会进步的重要力量，传播法治文化也成为电视媒介的使命任务。

2. 法治电视"说法"类节目的产生背景

媒介是天然的公共领域，电视节目是电视媒介建构公共领域的根本方式。长期以来，中国电视法治节目实践主要是基于"普法"的话语框架和话语逻辑而展开，"说法"类节目对法治公共话语的形成起到了重要的作用。在"说法"类型节目的推动下，一个法治观念淡薄的中国迅速发生改变，公民关注法治、关心法治、遵从法治的基本意识形态因此快速形成。

法治电视节目独特的"说法"形式，它的形成有隐匿背后的中国历史文化因素，还包含可见的中国法治电视成长语境和中国电视人的创新实践。

自 1999 年以来，中国电视法治公共领域的建构语境发生了剧烈的变化。一方面，改革开放高歌猛进、社会秩序加速重构。另一方面，公民法治素养提升，国家法律体系建立。伴随民生化新闻改革，中国电视节目在这一时期迎来了极速扩张，这些都为中国电视法治公共领域的运行提供了前期准备。

继《社会经纬》实现央视法治传播的规范性栏目化制作之后，1999 年 1 月 2 日，《今日说法》应运而生。实际上，自 1997 年开始，《今日说法》栏目就已经进入了酝酿状态。据前央视主持人肖晓琳回忆："当时中央电视台只有一个法制栏目《社会经纬》，我们觉得光有一个法制栏目是不够的……无论从一种朴素的愿望来看，还是从一种电视人的角度来看，还是从当时的国情这个大局势来看我们都觉得很有必要创办一个法制栏目"〔1〕。肖晓琳 1988 年参与报道社会焦点节目《观察与思考》，1997 年起担任央视法治节目《社会经纬》主持人，1999 年主持《焦点访谈》和《半边天》。同年，参与创办法治栏目《今日说法》。

此外，为《今日说法》的诞生和发展做出重要贡献的还有一位重要人物——尹力，在创办《今日说法》时，他正担任央视专题部主任。尹力自 1985 年调入中央电视台，历任专题部副主任、主任、社教中心副主任、海外中心副主任等职，先后策划创办了《今日说法》《社会经纬》等法治节目以及《夕阳红》《讲述》《万家灯火》等一大批在全国有影响的专题电视栏目。

《今日说法》节目名称的由来，源自尹力的灵感"讨个说法"，但是鉴于"讨"字的调侃性太强，并考虑到节目的日播形态，因此最终定名为《今日说法》。节目在创办之始，就确立了"重在普法，监督执法，促进立法、服务百姓"的宗旨，表现出法治电视节目在自身功能方面的主动拓展，即从过去单一的普法功能向执法监督功能、立法推动功能等法治领域的扩张。同时，节目也体现了国家法治建设水平提升、公民对参与国家法治建设的要求，呈现出电视节目民生化改革的积极趋向。

在"说法"的形式上，节目充分吸纳并进一步发展《社会经纬》故事化纪录的话语表达特色，围绕"说"的元素，引入了电视访谈的节目形式，从而形成了"故事+访谈"的节目结构方式。这种全新的节目样态，打破了过去央视法治节目单一的叙事表达模式，在一定程度上将节目打造成了一个围绕法治公共议题展开讨论的法治公共话语平台。

央视《今日说法》的开播，开创了中国法治电视节目以案说法的全新节目形式，带来"说法类"法治节目的新一轮扩张。作为央视首档日播电视法治栏目，《今日说法》秉持"点滴记录中国法治进程"的理念，在央视的收视排名中长期稳居前列。由于节目是在中午十二点档播出，被称为"中国人的法律午餐"，可见节目的受欢迎程度和影响力。以中央电视台《今日说法》栏目的创办为标志，全国出现了很多有影响的日播法治栏目和多家法治频道，电视法治说法类节目的形态更加丰富，表现方式也更加符合电视普法传播的规律。

---

〔1〕 小笛：《给弱者讨个说法》，载《当代电视》2000 年第 19 期。

3. 法治电视"说法"的话语内涵

《今日说法》的推出深刻影响了中国法治电视节目的发展。无论是在央视还是地方电视台,"说法"一时之间成了几乎所有电视法治节目竞相模仿的潮流,"说法"也标志着中国电视普法话语模式的强势崛起。

梵·迪克的话语分析理论认为,话语的生成,涉及话语生产者对话语主题本身的认知。[1]也就是说,考察话语生产者的认知模式,对于理解话语本身的结构特征有着重要意义。

作为栏目早期的制片人、主持人肖晓琳指出:"让法律意识深入每一个公民的头脑中,这是我们的栏目要解决的问题。我们提供一些知识,让观众了解有关知识。中国法条这么多,老百姓不可能一一记住,不能单单是普及法律条文,而是普及法理原则和精神。"[2]在传统电视普法的框架下,节目中融入"监督执法"和"推动立法"的诉求,并通过对议题讨论的形式展开。

在议题的互动沟通上,节目嘉宾范愉谈道,"跟随着每一个案件,我不仅与当事人的命运发生了联系,也通过他们透视到许多更深刻的社会问题和法律问题,意识到自己的社会责任"[3]。借助对议题的呈现和交流,嘉宾不是简单地单向输出,而是在表达和引导的基础上,更关注与观众的思想交流,从另一个侧面也肯定了公众的法治素养基础。

围绕"法治"题材,节目在"说"的表述方式上与"故事化"的传统表达方式密切结合。通过将日常生活和工作中的对话引入节目,节目构建了一个平等亲切的交流场景。主持人与嘉宾一对一地交流,引导观众跟随对话、同步思考,有效提高了节目对现实社会的话语介入能力。

二、法治电视节目"说法"的话语建构

从完整的节目形态上,说法类的法治电视节目多通过"案例再现 + 演播室评说"的形式进行以案说法。节目首先选取典型案例,带有悬念的限制视角推动案例叙事的展开,再结合演播室内专家的解答对案件进行法理释疑,加上主持人的精彩互动,案例、嘉宾、主持人三种维度的"说",从而深入浅

---

〔1〕　参见［荷］托伊恩·A. 梵·迪克:《作为话语的新闻》,曾庆香译,华夏出版社 2003 年版。
〔2〕　小笛:《给弱者讨个说法》,载《当代电视》2000 年第 19 期。
〔3〕　范愉:《关注"活的法"》,载《中国图书商报》2002 年 1 月 31 日,第 9 版。

出地进行普法传播。

1. 案件说法：市民化的选题思路

长久以来，"重刑轻民"一直是法治领域公共议题选取的主要方向。刑事案件具有极强的冲突性、可视性，先天的刺激性能够带来不错的收视率，但是与公众日常生活及自身利益联系不紧密。基于此种认识，《今日说法》提出"点滴记录中国法治进程"的栏目口号，其中的"点滴"就是要从老百姓的日常生活出发，围绕老百姓日常生活对法治的需求开展选题。

在《今日说法》的栏目运行过程中，原制片人王新中对节目的选题和表现形式有一句极为生动形象的阐释："去问你妈，去问你姥姥，她们看懂了吗？"[1]这句话很好地体现出《今日说法》的市民化选题思路。在此理念的指导下，《今日说法》逐渐加大了民事案件的所占比重，将关注的视角投向了婚姻纠纷、老人赡养、子女教育、财产分割、家庭暴力、邻里冲突和知识产权保护等诸多方面。节目巧妙地从群众身边的真实案例切入，以小见大，充分发挥它的示众和警示作用，展现社会大背景下的法治故事。

从节目选题和内容布局上看，《今日说法》通常以市民化视角选择案例，再通过通俗易懂的节目语言，将人们的注意力吸引到这个案例当中。节目案例的遴选体现出节目市民化的选题思路，更体现出节目话语表达的通俗性。这些案例以讲故事的形式呈现给观众，观众在看故事的同时，自然地接受法治教育，提高自身法律意识。

以《今日说法》之《"跨境赌博"阻击战》（20201120）一期节目为例。这期节目报道的是邓州市局侦破的省督特大跨境网络赌博案。2019年4月，邓州市公安局接到报警，报警人称自己遭遇"杀猪盘"，被诈骗了七八十万。经过侦查，警方成功锁定嫌疑人并将其抓获。随着互联网的飞速发展，赌博由线下转到线上，由境内转到境外，传统赌博犯罪向跨境网络赌博犯罪转变。在节目中，主持人开场即提出疑问，引出主题。节目通过警方抓捕过程的资料引入案件，以倒叙形式讲述案件情况，借助警方提供相关资料画面，警方讲述抓捕犯罪嫌疑人的具体过程。接着，犯罪嫌疑人讲述自己以身试法的过程，袒露犯罪原因，民警讲述案件破获经过。最后专业嘉宾解答，解释相关

[1] 参见文璐、吴长伟：《法律的天平能承载多少关爱——谈名专栏"今日说法"》，载《中国记者》2003年第10期。

法律规定，提醒老百姓要远离网络赌博，筑牢拒赌防线。

图1　图片来自《今日说法》"跨境赌博"阻击战（20201120）

节目标题作为节目内容的直接体现，既要善于提取关键信息，发挥法治新闻事件本身故事性和情节性强的优势，同时又要兼顾法治节目社会舆论引导功能，体现人文关怀。《今日说法》的节目标题制作更多是对新闻事件的引出，和盘托出不如抛砖引玉，适当地隐藏一些新闻内容，留给观众充分的想象空间。标题的表达简洁明了，符合大众的阅读习惯，同时，适当引入新闻事件流行语，增强新闻信息表达的灵活度与感染力。

2. 主持人说法：串联探讨法理

从《今日说法》走出了肖晓琳、劳春燕、张绍刚、撒贝宁、李晓东等诸多知名主持人，他们与节目互相成就。在节目中，主持人是"说"的一个重要参与者，"说"的内容主要从串联故事与探讨法理入手。

在对故事的串联中，《今日说法》主持人常运用包括设疑、选择、阐释等方式进行串联。主持人利用疑问句设疑，针对案件中不合常理或让人感到费解的地方进行明确的提问，有效地吸引观众的收视兴趣；通过对关键内容的选择和组合，将案情分散的情节连接起来，使之形成一个完整的故事，从而清晰讲述案件事实。

在对法理的探讨上，主持人发掘案件的法律意义和道德价值，以隐性的形式植入自己的价值观和评判。以《今日说法》一期较为常见的主持词为例：

"刚才的这段画面，您看出什么门道了吗？我告诉您，这是广东佛山警方在今年3月拍摄到的一段侦查视频。他们花费了几个月的时间，去追踪和调查。在一场场看似普通的交通事故的背后，发现了一个大案。我们来看今天的记者调查。"

这段词衔接节目刚开头的画面和下面要讲述的内容。作为叙事者的主持人通过画面阐释，将零碎的、断裂的事件串联起来，通过有选择地强调、弱化或省略某些事实，并使用不同的措辞，使整体事件达到了戏剧化的效果，从而可以引导观众的价值判断和收视兴趣。

主持人也善于通过对细节的发现和勾勒塑造人物，加深观众对犯罪嫌疑人及其犯罪动机的思考。比如主持人在旁白中讲道：

"李某是这次警方行动中被抓获的嫌疑人之一，因为做生意赔了钱，她在男朋友的提议之下，将自己的车拿出来，给男朋友用来碰瓷。""在警方的行动中，嫌疑人刘某也让人印象深刻。今年24岁的刘某，有稳定的工作，每个月有6000多元的收入。在刘某的计划中，他很快就要结婚了。"

对于李某和刘某这两个人物形象的塑造，虽然极其简洁，但是透过对人物犯罪动机的揭露，还原了普通人走向犯罪的行动过程，观众看到犯罪行为产生的背景和过程，具有更强的教育意义和警示作用。

3. 专家说法：专业普法与大众沟通

《今日说法》的故事讲述注重现场同期声和现场画面，淡化记者在节目中的呈现，这与《社会经纬》大量的记者提问镜头有着很大的区别。专家说法的出现主要是通过主持人对嘉宾的访谈实现。

在嘉宾访谈环节，主持人与嘉宾没有传统采访一问一答的严肃感，而是有意识地进行生活化、自然化对话与表达。主持人以穿针引线的方式引导嘉宾发言，这种方式与我们日常的生活对话场景显得更为贴近，也消解专家普法的严肃感和距离感。

在节目最后的专家点评环节，专家从法理、情感等多个角度对案情进行深入剖析，为观众提供了更全面、更深入的法律视角，起到了画龙点睛的作用。对专家本身而言，他们的"说法"既是从内容层面的专业普法，更是从传播维度的一种大众沟通。借助节目的议题设置，专家以专业普法的议题呈现与意见交流的表达方式，成为法律知识与社会大众之间一道桥梁。

《今日说法》在 "说" 的主体性维度上，有真实案例、专家嘉宾、主持人三种维度的 "说"，通过主持人、专家两个话语表达的主体，节目展开以案普法的叙事构建，构建形成说法类电视法治节目的话语表达模式。

三、说法类法治电视节目的叙事表达

以《今日说法》为代表的说法类法治电视节目通过多元视角的叙事策略、案例再现与演播室评说的结合，尝试实现情理与法理的平衡，成功构建了以 "说" 为主要特征、由浅入深的普法叙事方式。

1. "案例再现 + 演播室评说" 构建双重叙事空间

法治电视节目的案例再现与演播室评说，实质上是构建了双重叙事场景。这种结构不仅丰富了节目的层次感，也从两个场域增强了观众的参与感和对法律知识的理解。

案例再现部分是法治电视节目讲故事的核心，也是真实案例发生的第一现场。这一部分依赖于多种叙事手法，尤其是倒叙和插叙等非顺序叙述，以灵活的时间顺序呈现案件发展，使观众感受到事件的紧张和复杂。例如《今日说法》节目开头通常是由空镜头、现场画面以及嘉宾采访片段组成，这些元素相互交织，为观众描绘出一个立体而真实的案件现场。在呈现案例的正片部分，节目继续运用空镜头、嫌疑人照片、监控录像等多种视觉手段，将案件的关键细节逐一呈现。嘉宾的采访穿插其中，为观众提供了更多角度的观察和思考。空镜头的运用方式多样，包括物件、街景等，它们与主持人的画外音相配合，共同营造出一种既真实又富有感染力的氛围，让观众在不知不觉中沉浸于案件之中。

在叙事的手法上，相较于按时间顺序叙述事件的发展，节目在案例再现部分会更多地使用倒叙增加故事的悬念。在节目开头展示事件的结果或高潮，随后回到事件的起点，逐步揭示真相。这种手法能有效抓住观众的注意力，激发他们的好奇心。插叙能够补充事件背景或提供额外信息，使观众更全面地了解案件的复杂性。在节目的叙事过程中，会插入嫌疑人的背景资料、受害者的生活情况等，有助于观众理解案件的动机和影响。

演播室评说部分是节目中的 "第二现场"，通过主持人、法律专家等参与

讨论，他们不仅了解案件的所有细节，还能提供法律框架内的专业分析，揭示案件中的法律细节和社会影响，从专业角度带领观众进一步解读案件。

从整体节目的叙事空间构架上，包含案例再现与演播室评说的双重叙事场景，前者侧重从情感层面讲述视觉故事，后者偏向从理性思考角度探究法律原理。两个不同维度的叙事空间相互补充，形成一个富有层次的叙事结构。

2. 运用叙事策略凸显悬念

说法类法治电视节目在叙事策略上，擅长巧妙设置悬念，吸引观众并增强节目效果。法国叙事学家罗兰·巴尔特说："悬念是一种结构游戏，可以说用来使结构承担风险并且给结构带来光彩。"[1]

在说法类法治节目中，悬念的设置遵循"三S原则"：即悬置（suspense）、惊奇（surprise）与满足（satisfaction）。[2]这三种要素共同作用，使节目充满吸引力，观众在观看过程中不仅能体验紧张和刺激，还能获得理性与情感上的满足。

首先，用引人入胜的开端置入悬疑。悬置，就是悬念的生成，是叙事开头的关键环节。节目一开始就要抓住观众的注意力，使他们对接下来的内容充满期待。在悬念设置的时间上，一方面是在涉及人物或事件的前史时，通过倒叙或预叙来呈现。往往是在片头或片中，通过导视片段揭示部分信息。另一方面，在对人物命运和事件发展的最终结局的关注中设置悬念。多是在节目展示案件的某个高潮或宣告结果之前，通过倒叙回溯事件的起因和发展，有效地引导观众投入节目的情节中，使观众在期待中逐步了解真相。

其次，波澜起伏的情节创造惊奇。惊奇，是悬念衍展与情节铺陈的核心，通过情节的波折和变化，使观众感到既意料之外又情理之中。节目在调查过程中逐步揭开案件的真相，像剥洋葱一样，一层一层地展现事件的细节和人物的背景。这种渐进的方式，使观众在每一个阶段都能感受到新的发现和意外。与此同时，人们关注节目中人物的命运起伏，节目设计出跌宕起伏的故事情节，比如在揭示一个关键证据或证人证言时，突然出现新的线索或意外情况，使情节更具戏剧性和吸引力。案例本身的新奇与节目情节的编排，共同催生了节目的惊奇效果，使观众在情感上经历了一次次高潮和低谷，进一

---

〔1〕 张寅德编选：《叙述学研究》，中国社会科学出版社1989年版，第36—37页。

〔2〕 参见杨健：《拉片子：电影电视编辑讲义》，作家出版社2009年版，第72—73页。

步加深对案件的理解和投入。

最后，故事结局的多重情感满足。悬念的最终目的是在结局时给观众带来多重满足，既包括情感的满足，更包括理性的满足。在情感维度上，通过揭示案件的真相和背后的故事，使观众感到好奇心得到满足，在案件的结局中，往往会有对正义的彰显和对受害者的救赎，观众得以实现情感上的慰藉。在理性满足的维度上，通过演播室内专家的解答和法理释疑，观众不仅了解了案件的法律背景和相关条款，还在理性上对法律体系有了更深刻的认识，感知到法理与情理之间的平衡。

3. 多元叙事视角建构多维普法

说法类法治节目建构了多元叙事视角，通过限知视角与全知视角的结合，构建了丰富而有深度的普法叙事，从多个维度共同推动节目普法的深入浅出。

其一，限知视角又可以称为有限视角，它是从"我"的角度来观察、讲述、参与整个故事。节目中会纳入包括案发人员、警方、犯罪嫌疑人等多方视角，这些直接或间接参与事件的人物，他们的叙述提供了第一手的所见所闻和所感所想，形成了一种真实可靠的限知叙事。这种视角给观众带来真实感，带领观众了解法律事件的复杂性与多面性。

其二，全知视角又被称为上帝视角，叙述者处于全知全能的地位，节目故事中的人物、故事、场景等都在他的调度之中。节目的主持人、专家及采访记者属于全知叙事者，他们可以在案件涉及的多个人物与细节中自由切换，同时通过对案件保持客观全面的叙述，让读者能够了解到所有的真相，并揭示背后的法律知识和道德意义。

以《今日说法》之《被埋藏的真相》（20130523）[1]的一段演播室对话为例：

主持人：每次看到这样的案子我们的心情都很纠结。这对母子一忍再忍，直到忍无可忍时唯一的一次爆发，居然就酿出了这么大的祸患。

专家李玫瑾：（这个家庭问题）应该出在他妈妈身上。其实死者在受害前也是侵权者，周某的问题在于她自己的生活态度中表现出了农村妇女中常见

---

〔1〕　参见《〈今日说法〉之〈被埋藏的真相〉》，载 https：//tv. cctv. com/2013/05/23/VIDE13
69287121107666. shtml，最后访问日期：2013 年 5 月 23 日。

的一种长期的隐忍。看似是为了孩子好，实际上最后的结果把孩子给害了。如果早早和他分手的话，至少她的儿子不会这样长时间地生活在被父亲暴力相向的环境中。

主持人：其他家庭遇到（家庭暴力），应该怎么处理？……

这个故事是一个家庭悲剧，主持人和专家都是全知视角。首先通过呈现案件中互换的加害——受害身份配对，增加主持人串词的情感色彩，缓解法律的严肃感，强化道德教育的感化力量。然后专家从专业角度分析家庭暴力的成因和影响，在凸显法律的约束力之时，突出受害人自身缺陷，将加害原因归咎于缺乏运用法律保护自己的常识，体现出警示教育的作用。观众不仅了解了具体案件的法律知识，还在道德层面受到了启发，在情感和理性上都得到满足。

在多元叙事视角下，以《今日说法》为代表的说法类法治节目通过案例再现和专家评说，不仅向观众传达了法律知识，还引导他们形成正确的法治观念和道德观念，增强了观众的法律意识和素养。

第二节　《拍案说法》：以案谈法的评书式法治电视节目样式

伴随着《今日说法》及其所开创的"说法"话语模式的成功，全国迅速掀起了一股电视说法的节目发展热潮。各种冠以"说法"的电视法治节目如雨后春笋般涌现出来，如重庆卫视的《拍案说法》、凤凰卫视的《文涛拍案》、海南电视台的《说法》、浙江电视台的《给你说法》等。其中，重庆卫视的《拍案说法》和凤凰卫视的《文涛拍案》尤为引人注目。

2000年6月19日，重庆电视台在黄金时段推出了日播节目《拍案说法》，率先在省级卫视频道打造了评书式说法的电视专题节目。该节目采取"案例+主持人+嘉宾+观众"的形式，通过纪实性叙述风格展示案发现场，让知情人和现场目击者参与拍摄演绎精彩案例，法治专家在演播室讨论评说，主持人以说书人的身份引领观众进入法治世界，这一节目的创新实践推动了说法类法治电视节目的新发展。

一、评书式法治电视节目的产生

评书是我国古代民间流传的一种口头传承的艺术形式，以讲述故事、传承历史、宣传道德为主要内容，常在庙会、集市等场合进行。伴随着电视业的繁荣发展，尤其是《今日说法》带动的"说法类"话语表达的影响，不少法治节目在"说"的方式上开拓创新，将评书形式与电视节目互相融合，产生一种评书式节目。

2000 年 6 月 19 日，重庆卫视《拍案说法》节目开播，它将评书形式与法治教育相结合，既保留了评书的讲述特点，又加入了电视叙事的视听元素，开创了从"电视说法"到"电视评书"的法治节目新样态。

作为中国传统曲艺的一种，评书以传统口头讲说为艺术表演形式，因此说书人的表演十分重要。2000 年 6 月，重庆电视台将原《法治经纬》节目更名为《拍案说法》，外表朴实、成熟理性的韩咏秋担任节目早期的制片人兼主持人，他以一身个性十足的黑色立领装出现在节目现场，以说书人的身份和扮相，引领观众进入法治世界。

节目提出"拍真实案例，说清晰法理"，首先以真实的案例为基础，主持人作为"说书人"，以生动的语言和表演技巧讲述案件的来龙去脉，使观众如同听评书般入迷。在每一期节目中，"说书人"以抑扬顿挫、声情并茂的语言生动讲述案件原委，节目通过"一刻""二刻""三刻"的编排让故事抑扬顿挫、高潮迭起，再加上演播室访谈、观众参与等方式，形成了独特的评书式法治节目风格特征。

节目在选材上以"立足重庆、放眼全国"为原则，重点选择故事性强的刑事、民事、经济以及行政案例。以"渝湘鄂系列持枪抢劫杀人案"为例，节目对这一全国重大案件展开时效报道，制作了《魔头张君重庆落网》等多期节目，引发全国媒体的转播转载，节目报道的"张君案"让《拍案说法》在全国一举成名。张君是曾经令人谈之色变的名字，他是数量多达数十起的一系列恶性案件的主谋。2000 年 6 月 19 日重庆发生特大持枪抢劫杀人案，作案手段极其残忍。当年 9 月 1 日，湖南省常德市再次发生一起死伤数人的特大恶性持枪杀人抢劫运钞车案。湘鄂案件相继发生，引起公安部、湖南湖北两省党委、政府的高度重视。由于案情原因，警方面临巨大的社会舆论压力。重庆警方在若干关于案情的传言迷惑中，坚定自己的判断，把破案目标锁定与张君有关系的女人身上。通过连月侦破，最终警方彻底摧毁了以张君为首的特大暴力犯罪集团。

该案件初期，《拍案说法》节目便派记者奔赴湖南、武汉采集了相关资料，正准备制作相关节目时，突然传来"张君在重庆抓到了"的消息。韩咏秋和节目组立即行动，全力筹备节目。经过多日的努力，他们制作了 13 集的"张君案"特别节目，成为国内媒体报道中最全面、最及时的报道之一，也使得《拍案说法》一炮而红。在节目中，主持人作为节目的主讲者，通过生动的语言、丰富的表情和声音，将惊奇大案讲得引人入胜。但是不同于传统评书的娱乐消遣，主持人还需要扮演引导者和解读者的角色。借助评书表演，在对案件讲述和解读中，引导观众深入思考法律背后的道德与价值观。在此基础上，节目通过演播室嘉宾访谈、观众参与等方式，围绕案件中的法律问题展开探讨，使节目不仅是单纯的讲述，更是法治教育的平台。

除了《渝湘鄂系列持枪抢劫杀人案》，节目播出的《卧底双雄》《日航事件》等系列节目引发了社会热议，斩获了诸如中国广播电视协会短片创优电视法治节目奖等奖励。2005 年，《拍案说法》栏目荣获中国广播电视协会全国十佳栏目创优节目。

《拍案说法》一定程度上延续了说法类法治电视节目的悬念式结构特征，又融入了评书的话语表现特色，再借助纪实性的叙述风格、现场目击者参与拍摄、法治专家演播室讨论评说等元素的有机融入，形成了以案谈法的新派电视评书样式。

二、评书式法治电视节目的呈现特征

评书式法治电视节目以其独特的叙事形式和内容表现手法，进一步拓展了"说法"类法治电视节目的样态。

与《今日说法》等说法类法治电视节目相比，这类节目在呈现丰富的视角和多元的观点上具有一定的延续性，这是由法治节目自身的普法职责决定的。案件纪实部分通过真实记录案件的发生、发展和审理过程，并从警方、犯罪嫌疑人、案件相关人员等多个视角展开叙述，全面展示案件的各个方面。在演播室部分，通常会邀请法律专家、案件相关人员等嘉宾进行讨论，通过多元的视角，深入剖析案件背后的法律问题和社会影响。

不同之处，就是评书式法治电视节目区别说法类法治电视节目的呈现特色，主要体现为如下三点：

其一，新派评书特色的话语表达方式。评书式法治电视节目使用的评书式的话语表达，借鉴的是传统口头讲说的评书表演形式。这种抓住案件审理中的每一个细节、每一个转折点，精心设计"悬疑"的做法，与中国古代说书人在故事关键处、在听众的兴趣最高点戛然而止的做法如出一辙，正所谓"欲知后事如何，且听下回分解"。

其二，主持人的多角色融合换位。评书式法治节目融入了传统评书表现形式，人物语言更加丰富，主持人的表演成分更多，对细节的描写也较多。这些都为节目增添了娱乐元素，使严肃的法律题材更加生动易懂。在主持人角色的设定上，需要完成叙述者、引导者、释法者等多重角色的转换，个人风格更为突出。比如凤凰卫视的《文涛拍案》也是其中典型代表，节目号称"大案、要案、奇案、公案——拍案！"，运用各种影视手段起承转合、丰富情境、强化感染力，主持人窦文涛以独特的个人风格和犀利的言辞，对案件进行深入解读，推动评书式法治节目的盛行。

其三，情节化叙事与教育性的平衡。这类节目利用电视元素来故事化解构案件，感官冲击性会更强。节目往往在叙事结构上非常重视悬念的设置，通过紧凑的情节安排和悬念的不断引出，抓住观众的注意力。无论是重庆卫视的《拍案说法》还是凤凰卫视的《文涛拍案》，在主持人的精彩评说之外，都通过丰富的影视手段和戏剧化的情境设置，使节目充满张力和吸引力，在展开情节化叙述的同时解读法律问题，让观众身临其境地感受案件的复杂性，感知到节目背后蕴藏的法理。但是，由于评书形式对节目娱乐性的增加，节目需要更注重对普法教育的平衡，这也是不少此类节目受到诟病的地方。

评书式法治电视节目通过引入评书形式，将严肃的法律内容以生动有趣的方式呈现给观众。这种新颖的节目形式进一步拓展了说法类法治节目"说"的表现形式，无论是对电视法治节目类型的丰富，还是对公民法治意识的进一步提升，都起到了积极的作用。

第三节　以案论法：加强法治述论的发展趋势

2020年5月28日，十三届全国人大三次会议表决通过了《中华人民共和国民法典》（以下简称《民法典》）。《民法典》是我国法律体系中条文最多、体量最大、结构最复杂的一部法律，要实施好就必须让《民法典》走到群众身边，走进群众心里，就要开展《民法典》普法工作，这也是十四五时期电视普法工作的重点。

《民法典》被称为"社会生活的百科全书"，是新中国第一部以法典命名的法律，在法律体系中居于基础性地位，也是市场经济的基本法。与此同时，它也是民事权利的宣言书和保障书。如果说《宪法》重在限制公权力，那么《民法典》就重在保护私权利，可以说各类民事活动都能在《民法典》中找到依据。习近平总书记强调要实施好《民法典》，就要坚持以人民为中心的发展思想，依法维护人民权益，加快建设社会主义法治国家。为了广泛开展《民法典》普法工作，让《民法典》深入人心，法治电视节目通过加强法治述论，提升以案释法的力度。

一、法治电视述论节目的价值内涵

从《今日说法》的纯叙述形式发展到如今法治述评节目的"述说与评论"并重，法治电视节目表达形式的转换反映了法治传播策略的演变与进步。从"说"到"述论"两者既有传承，又有内涵变化和形式差异。

1. 从"说"到"述论"的演变

早期的《今日说法》主要以"说"的形式，即通过对真实案例的叙述，普及法律知识。这种形式侧重于信息传递，注重案例本身及其法律分析，旨在教育观众基本的法律知识和维权意识。随着社会法治意识的提升和公众对法律理解需求的加深，单纯的案例叙述已不能满足观众的需求。观众不仅希望了解法律规定，还希望理解法律背后的深层次逻辑、法律适用的原则以及对社会热点问题的法律解读。应运而生的法治述论节目在"述说"的基础上，加重了"评论"的成分，通过专家评论和深度解析来回应观众的复杂需求。

"述论"虽然具有与"说"类似的叙述成分，但是在法治内容呈现的深度上有明显的差异。说法类法治节目主要以叙述为主，重点在于还原事实经过，普法上侧重于案件的法律适用和基本法条解释。述论类节目结合叙述与评论，除了还原案件事实，更强调通过拓展叙述的层次，增加专家评论和法律分析，对案例提供多角度、多层次的法律见解。通过深入分析案件背后的法律问题，对法律原则、法律制度以及社会热点问题进行深度探讨。在普法传播的目的上，它不仅是普及法律知识，更重要的是引导观众思考和理解法律的深层次问题，提高观众的法律思维和批判能力。

2. 法治电视述论节目的界定

法治电视述论节目是一种以评论为主要特点的法治节目类型，它不止于简单地呈现案例事实，更重要的是通过对案例事件的评述和分析来传递特定的观点和意见。在述论节目中，"述"是为"论"服务的，即通过对真实案例的叙述，引出评论，从而从普法角度传达立场和观点。

在以往很多节目，尤其是新闻专题节目中，都能看到电视述论的存在，其中也不乏法治题材的内容。这些专题节目以纪实性的表现手法为主，力求客观全面地展现新闻事件的节目形态。以《焦点访谈》为例，无论是早期的"事实追踪报道、新闻背景分析、社会热点透视、大众话题评说"，还是后来的"用事实说话"原则，抑或是当下选择"政府重视、群众关心、普遍存在"的选题，都是在反映和推动解决社会进步与发展过程中存在的问题，都体现了述论节目的特性，即不仅报道新闻事实，还注重对事件的深入分析和评论。

作为一种专门的法治节目类型，法治电视述论节目尽管借鉴了纪实性表现手法，但其重点在于通过电视的可视性特点增强论据的形象性、可信性和冲击力，也就是说，节目的叙述方式和组织架构都是为了服务于评论的需要。借助评论的鲜明观点、深度内容和互动交流，为观众提供丰富的法治信息和深刻的法理分析，用充分的论据和严密的论证，探寻法治电视发展的深度与深入。

二、法治电视述论节目的主要类型

法治电视述论节目以"论和述"为特征，当下的法治述论节目根据其内容和表现形式分类，有法律知识讲座类节目、法治评论类节目，还有如网络摘片模型的创新节目等新型样态。

1. 法律知识讲座类节目

这类节目主要通过专家讲座的形式，讲述法律法规、法理、立法背景及司法历史，具有较强的教育性和普及性。比如央视《法律讲堂（生活版）》通过专家主题讲座和背景简介，讲述相关法律法规及其实际应用，解决观众现实生活中的法律问题。《法律讲堂（文史版）》重点在于探秘中外法律文化、揭秘历史大案要案、解密传奇法治人物，通过回望历史的方式，探索法治文化的内涵。

2. 法治评论类节目

这类节目往往结合热点事件和典型案例，通过权威评论和专家分析，解读法律法规和法治精神，强调评论性和观点性。如央视社会与法频道推出的周播法治评论全媒体节目《法治深壹度》，聚焦新时代中国特色社会主义法治思想和重大法治建设成就，通过典型案例和关键人物的访谈，发出权威声音，解读法治精神和政策导向。

3. 调查性述论节目

这类节目通过深入调查报道，结合评论和分析，揭示案件真相，关注社会热点和法治问题，具有较强的深度和广度。例如央视《全网追踪》是一档关注电信互联网热点案件和谣言的调查评论节目，强调数据新闻评论和调查，在反诈信息发布、辟谣和交流方面具有创新性。

法治电视述论节目旨在全面展示法律知识和法治精神，增强公众的法律意识和法治观念。通过《法律讲堂》《法治深壹度》《全网追踪》等节目实践，可以看出这些节目在普法教育、法律评论、社会监督和公众参与等方面发挥了重要作用，为构建法治社会探索出专业性极强的法治电视述论报道路径。

三、法治电视述论节目的创新实践

近年来，法治述论节目以"述法论法"打造核心竞争力，凸显权威法治特色。结合央视社会与法频道的创作实践，重点以法律知识讲座类节目《法律讲堂》与法治评论类全媒体节目《法治深壹度》为例，探讨法治述论节目通过加强法治评论，打造评论品牌的路径和方法。

1. 《法律讲堂》：学术性与趣味性的结合

中华传统法律文化是中华文化的重要组成部分，具有深厚的历史积淀和丰富的精神内涵。2013年8月，习近平总书记在全国宣传思想工作会议上指出："中华优秀传统文化是中华民族的突出优势，是我们最深厚的文化软实力。"这一观点在2014年3月习近平总书记于联合国教科文组织总部的讲话中得到进一步阐述，明确了传统文化与中国梦的紧密联系，强调"没有文明的继承和发展，没有文化的弘扬和繁荣，就没有中国梦的实现。"传播法律文化是普法教育的重要环节，也是电视普法呼应全面依法治国的行动目标。

　　法律知识讲座类节目一般都是通过专家主题讲座加串片形式的背景简介，讲述相关法律法规所蕴含的法理、立法背景、中外司法史话。寓法理和观点于故事中的讲述方式，贴近生活、贴近百姓。以央视社会与法频道《法律讲堂》为例，节目自开播以来，始终以服务国家普法、启迪生活智慧、传播实用法律知识为宗旨。2011 年，《法律讲堂》划分为"生活版"和"文史版"两个版块。其中，"生活版"沿袭《法律讲堂》原有风格，注重现实法律问题的普及，与观众生活紧密相关；"文史版"则秉承"观复知新"的宗旨，探秘中外法律文化，挖掘传统法律文化的时代脉络和人文气息。节目通过邀请中国人民大学、西南政法大学、中南财经政法大学等高校的知名专家学者讲解"中华法律文化""儒家法律文化探秘""名著中的法律文化"等专题，为传播法律精神、弘扬中国优秀传统法律文化搭建了一个高端电视传播平台。

　　《法律讲堂》的讲述形式是一种直接式的表达，一定程度上借鉴了《百家讲坛》的表述形式，将法律知识、学术性和趣味性结合。专家学者通过幽默风趣、通俗易懂的讲解，使复杂的法律概念变得生动易懂。例如，在"孝道"专题中，专家将《中华人民共和国老年人权益保障法》与现实案例结合，引发了现场嘉宾和观众的热烈讨论。通过辩论和讨论，节目不仅提出精辟的见解，还挖掘出深层次的文化内涵，进一步引发观众的思考。

图 2、图 3　以专家讲座为节目主体的《法律讲堂》

　　在节目的选题上，法律知识讲座类节目通过以古喻今的实例和热点法律问题的现实案例相结合，构建中国特色社会主义法律文化的电视内容表达。在论述的重点与倾向上，《法律讲堂》"文史版"主要探讨传统法律文化中的核心价值，而"生活版"则关注当下的法律热点和实用知识。

2020 年 5 月 28 日，十三届全国人大三次会议表决通过了《中华人民共和国民法典》，节目迅速制作《来了民法典》系列节目，通过对《民法典》的详细解读，结合具体案例，帮助观众理解和应用法律。在《法律讲堂（生活版）》播出的《来了民法典》系列节目中，选题贴近百姓生活，《伪造遗嘱骗家产》讲述了负心的丈夫为了争夺妻子遗留的巨额遗产，不惜铤而走险伪造公证遗嘱，最终被判刑入狱；《黄昏恋受了骗》讲的是六旬老汉娶了保姆，不料保姆拿钱走人，更不想保姆竟是有夫之妇；《闺蜜惦记我丈夫》讲的是为了获得拆迁款，女人借闺蜜的丈夫假结婚，拆迁完成后，却不愿如约解除与闺蜜丈夫的婚姻关系；《虚拟财产之争》讨论的是网络账号能否继承的问题。

"文史版"则更倾向思想性与知识性，围绕《民法典》制作的《民法典文化解读》系列节目中，《性别可以选择吗》讨论的是性别认同，现实生活中存在的生物性别、法律性别、社会性别不统一的现象，不仅会带来司法上的困境，还会引发社会治理的困局。一个自然人到底有没有权利进行性别选择？我国《民法典》对于性别选择又做了哪些规定呢？这是节目重点解读的两个问题。《配偶权是什么权》这期节目讨论的是"第三者插足"以及"配偶一方通奸"等案件中，婚姻家庭领域对配偶权的侵害行为日益严重，婚姻关系中的配偶权到底是一种怎样的权利？包含哪些内容？我国《民法典》又是通过何种方式保护夫妻双方合法权益的？

以《法律讲堂》为代表的法律知识讲座类节目，以专家讲座的形式，将学术性与趣味性相结合。节目以对法律文化的解读作为选题切入视角，通过深厚的理论内容和思辨的话语形式，体现出强烈的普法教育意义，成为我国法治电视述论节目的一大创新实践。

2.《法治深壹度》：深度解析热点和全媒体化的探索

媒体深度融合语境下的法治电视评论节目，通过深度解析热点事件和全媒体化的探索，成为电视普法的重要载体。以央视社会与法频道的《法治深壹度》为代表，这类节目在法治评论和全媒体传播方面进行了积极的探索和创新实践。

《法治深壹度》作为央视社会与法频道的一档周播法治评论全媒体节目，主要宣传新时代中国特色社会主义法治思想，报道十九大以来中国法治建设的重大成就，介绍法治建设过程中的重要案例，解读案例背后的法治精神，落实中央全面推进依法治国战略。

　　与其他的法治节目有一些不同，节目往往会从新颁布的法律或者法律法规草案，以及一些社会关注的重大法律问题中寻找典型案例，通过对复杂问题的聚焦，由一些具体实例引出问题，再邀约关键人物，通过主持人和嘉宾讨论的方式向观众阐释，发出权威声音，从而实现对热点事件的深度解析。

　　以 2020 年新修订的《中华人民共和国未成年人保护法》（以下简称《未成年人保护法》）为例。2020 年 10 月 17 日经第十三届全国人大常委会第二十二次会议表决通过，自 2021 年 6 月 1 日起施行。新修订的《未成年人保护法》增加、完善多项规定，着力解决社会关注的涉未成年人侵害问题，包括监护人监护不力、学生欺凌、性侵害未成年人、未成年人沉迷网络等问题，在强化法律责任、加强未成年人权益保护等方面亮点颇多。对此，《法治深壹度》立刻制作了一期节目《强制报告制度：强势保护未成年人》，探讨从法律层面如何有效预防、发现犯罪，全面呵护未成年人健康成长。大连 10 岁女童被 13 岁男孩杀害事件发生，引起社会的广泛关注。节目制作《刑责年龄拟个别下调：扼止低龄犯罪的另一种尝试》（20201128）从该典型案例引发关于降低未成年人刑事责任年龄的讨论。主持人和嘉宾从多个角度深入探讨了《中华人民共和国刑法修正案（十一）（草案）》的具体内容，包括拟将刑责年龄从 14 岁降至 12 岁的背景和理由，以及特别司法程序的设定。嘉宾们通过专业分析，帮助观众理解法律修改的必要性和严谨性，增强了观众对法治进程的理解和信任。

　　《法治深壹度》在内容架构上，注重互动性和参与感，通过邀请法律专家、相关部门负责人和案件当事人进行对话，增强了节目的权威性和吸引力。不仅在内容上进行深度解析，还在传播形式上进行全媒体化的探索。节目采用全媒体传播手段，通过电视、网络和社交媒体等多种平台，扩大了受众覆盖面和影响力。例如，在解读《中华人民共和国著作权法》对短视频传播中的侵权问题时，节目不仅邀请了法律专家进行专业解读，还通过网络平台征集观众的问题和意见，增加了观众的参与度和互动性。

　　法治电视述论节目通过深度解析热点事件和全媒体化的探索，成为新时代法治建设和普法教育的重要工具。《法治深壹度》作为其中的典型代表，凭借其权威的声音、专业的解读和多元的传播手段，成功实现了法律知识的普及和社会观念的引导。在未来，法治电视节目将加大法治述论的力度，在全媒体化发展的道路上，继续为新时代中国特色社会主义法治建设贡献更多力量。

法治电视节目的社会沟通功能

十八大以来，党中央将全面依法治国纳入"四个全面"战略布局并予以有力推进，作出了一系列重大决策部署，组建了中央全面依法治国委员会，完善了党领导立法、保证执法、支持司法、带头守法的制度，基本形成了全面依法治国的总体格局。党的十八届四中全会明确提出，全面推进依法治国的总目标是建设中国特色社会主义法治体系、建设社会主义法治国家。围绕在法治轨道上全面建设社会主义现代化国家的新使命任务，对法治电视工作者做好新时代电视法治传播工作、引导法治舆论传播提出新的要求。

习近平总书记指出，"要坚持把全民普法和守法作为依法治国的长期基础性工作。"做好法治宣传教育工作，在全社会培育法律信仰是电视媒介的重要职责。在媒体发展面临转型的当下，法治电视节目要积极为法治建设出谋划策，尤其要重点发挥电视媒介的社会功能，实现主流媒体的价值和使命。

第一节　法治电视节目的沟通价值

党的十九大描绘了 2035 年基本建成法治国家、法治政府、法治社会的宏伟蓝图，十九届三中全会决定组建中央全面依法治国委员会，加强党对法治中国建设的集中统一领导。全面依法治国实践取得重大进展，加快建设中国特色社会主义法治体系成为当前电视普法传播的重要任务。

在国家法治建设中，顺应人民群众对公共安全、司法公正、权益保障的新期待，努力让人民群众在每一个司法案件中都能感受到公平正义，是确保中国特色社会主义事业在和谐稳定的社会环境中顺利推进的前提。在此要求下，电视媒体以"沟通"为重点，着力提升新形势下做好群众工作的媒介力量，以节目实践提升维护社会公平正义的能力，聚合形成新媒体时代法治电视的社会沟通与人民服务的功能价值。

一、中国特色社会主义法治"以人民为中心"的本质要求

以人民为中心是中国特色社会主义法治的本质要求。党的十八大以来，习近平总书记提出"人民对美好生活的向往，就是我们的奋斗目标"的执政理念，反映了中国特色社会主义法治的人民立场和人民属性。坚持以人民为中心，是贯穿习近平新时代中国特色社会主义思想的一条主线，也是习近平法治思想的根本立场。

从百年之前中国共产党建立的开天辟地，到新中国成立的改天换地，再到改革开放的翻天覆地，特别是党的十八大以来党和国家事业发生的历史性变革和取得的卓越成就，其根本原因在于党和国家始终坚守为中国人民谋幸福、为中华民族谋复兴的初心和使命。"人民是我们党的工作的最高裁决者和最终评判者。如果自诩高明、脱离了人民，或者凌驾于人民之上，就必将被人民所抛弃。任何政党都是如此，这是历史发展的铁律，古今中外概莫能外。"[1]全面依法治国最广泛、最深厚的基础是人民，人民是全面依法治国的力量源泉。坚持以人民为中心，是坚持历史唯物主义的根本体现，要把体现人民利益、反映人民愿望、维护人民权益、增进人民福祉落实到依法治国全过程，使法律及其实施充分体现人民意志。对以人民为中心的中国特色社会主义法治本质要求的理解与领悟，直接反映在法治电视节目的社会沟通实践中。

当下中国已经进入了由速度型扩张向质量型发展的历史新阶段。全面依法治国纳入"四个全面"战略布局统筹推进，沿着"从法律体系到法治体系"的法治中国建设道路，在不断完善我国法律体系的同时，更加注重在执法、司法等具体操作层面的建设。与此同时，网络新媒体的快速崛起，促使电视法治公共领域在原有空间形态基础之上产生新的变化，不仅进一步创新了话语平台，丰富了话语表现形态，还更加凸显了法治电视节目的沟通价值。

为适应这一形势，法治电视节目积极创新，持续推进节目的公共服务与

---

[1] 习近平：《在纪念毛泽东同志诞辰 120 周年座谈会上的讲话》，载《人民日报》2013 年 12 月 27 日，第 1 版。

社会沟通功能。如央视社会与法频道相继推出了《小区大事》《我是大律师》《律师来了》等多档创新形态电视法治栏目。其中，《小区大事》将关注的目光投向社区这一社会的微观层面，以"记录"为主要的手段，真实呈现了一个又一个社区矛盾调解的生动过程，集中展现了法律素养提升背景下社区居民在"政府主导、全民参与"原则下的自我管理自觉；《我是大律师》《律师来了》以"律师公益援助"为节目切入点，汇集当事人、律师、评论员、观众、主持人等在内的不同参与主体，在开放、平等的电视公共谈话场中诠释"法为绳墨"的精神要义。

二、以公共领域拓展推进依法保障人民权益

人民权益要靠法律保障，法律权威要靠人民维护。媒体是倾听人民心声、推进人民权利保障的桥梁。法治电视节目创作要坚持以人民为中心，必须实现好、维护好、发展好最广大人民的根本利益，把人民的利益摆在至高无上的地位，把人民对美好生活的向往作为奋斗目标。

2018年12月10日，习近平总书记致信纪念《世界人权宣言》发表70周年座谈会的贺信中指出："人民幸福生活是最大的人权"。为了保障公民的人身权、财产权、人格权和基本政治权利等不受侵犯，保证公民的经济、文化、社会等各方面权利得到提高，必须着力解决人民群众最关切的公共安全、权益保障、公平正义问题，努力维护全体人民的根本利益。2020年5月28日，十三届全国人大三次会议表决通过《民法典》，宣告中国"民法典时代"正式到来。"实施好民法典是坚持以人民为中心、保障人民权益实现和发展的必然要求。民法典调整规范自然人、法人等民事主体之间的人身关系和财产关系，这是社会生活和经济生活中最普通、最常见的社会关系和经济关系，涉及经济社会生活方方面面，同人民群众生产生活密不可分，同各行各业发展息息相关。民法典实施得好，人民群众权益就会得到法律保障，人与人之间的交往活动就会更加有序，社会就会更加和谐。"[1]《民法典》把人权保障提到新的历史高度，充分体现了对生命健康、财产安全、交易便利、幸福生活、人格尊严等方面的平等保护。《中华人民共和国国民经济和社会发展第十四个

---

〔1〕 习近平：《充分认识颁布实施民法典重大意义 依法更好保障人民合法权益（二）》，载《前进论坛》2020年第9期。

五年规划和 2035 年远景目标纲要》规定："全面加强人权司法保护，促进人权事业全面发展。"这对坚持以人民为中心的发展思想、依法维护人民权益、推动我国人权事业发展具有重大意义。

在新的历史起点上，围绕法治电视节目推进依法保障人民权益的方式方法，成为拓展中国电视法治公共领域不可或缺的创新因子。在传统的"用事实说话"的普法框架下，法治电视节目加强了组织法治公共议题讨论和呈现的议程设置功能。也就是说，中国电视法治公共领域不仅展现法治故事，还围绕法治故事进行观点交流。这契合了公众法治素养提高的现实，为公众参与国家法治建设提供了便捷、畅通的渠道，实现了普法传播从"初级课堂"向"中级课堂"的跨越，使得公共领域的建构视角从高高在上的宣传教育转向平等沟通的对话交流。电视媒介本着公平、公正、专业的原则介入，使得参与对话的主体具有代表性、权威性和说服力，增强了"二次传播"的效果，从而极大增强了中国电视法治公共领域的开放性。

法治电视节目以沟通对话的创新，持续拓展电视法治公共领域。所讨论的法治议题，既有大案要案的反思，也有与普通公众日常生活密切相关的法治故事。节目通过讨论典型议题，达到对同类法治问题的规范作用，彰显了中国电视法治公共领域在公共性特性上的提升。这种双向的"沟通"话语模式，区别于以往的故事化纪录，也不同于单向话语模式的说法类话语表达。它引入多元化的参与主体，以平等的视角、交流的态度和多元的手段，交流各主体的信息、思想与情感，以充分沟通消弭分歧或达成共识。

三、以媒体融合助力社会治理创新

党的二十大报告指出："完善社会治理体系。健全共建共治共享的社会治理制度，提升社会治理效能……建设人人有责、人人尽责、人人享有的社会治理共同体。"新时代社会治理方式着眼于共建共治共享，媒体融合发展在加强和创新社会治理中更具价值。媒体融合发展推动形成全媒体传播体系，它以多元互动为传播特征，正在深刻影响社会治理。法治电视节目利用媒体融合涵养法治文化底蕴，强化数字赋能升级沟通方式，从而推动建设社会治理共同体。

自新中国成立至今，中国社会治理经历了一个不断发展的过程。在新中国成立后的近三十年，我国处于以阶级斗争为纲的特殊历史时期。国家与社会高度整合，国家权力渗透到社会的方方面面，呈现出国家与社会一体化特征。党的十一届三中全会后，确立了"以经济建设为中心"的发展新理念。随着"以经济建设为中心"这一工作重心的确立，尤其是1992年党的十四大确定建立社会主义市场经济体制的目标，经济转轨带来了社会转型，社会逐渐从国家体制中独立出来，社会综合治理开始被广泛提及。2004年，党的十六届四中全会首次提出社会管理议题，将其作为顶层设计的重大任务加以部署，社会治理进入"社会管理"阶段。2012年，党的十八大提出要"在改善民生和创新管理中加强社会建设"。社会管理及其创新是这一时段我国认识和实践社会建设工作的关键词，现代意义上的社会治理得以确立和发展。

社会治理是国家治理的重要方面。党的十九届四中全会《中共中央关于坚持和完善中国特色社会主义制度 推进国家治理体系和治理能力现代化若干重大问题的决定》提出，"完善党委领导、政府负责、民主协商、社会协同、公众参与、法治保障、科技支撑的社会治理体系"。在社会治理体系中提出"科技支撑"，体现了我们党对新时代社会治理规律的深刻把握。党的十九届五中全会强调，建设人人有责、人人尽责、人人享有的社会治理共同体。建设社会治理共同体，需要发挥各类社会主体的积极性、主动性、创造性，形成社会治理合力。伴随信息技术快速发展，媒体融合发展步伐日益加快，不断拓展社会治理的载体和渠道、方法和手段。各类新兴媒体在畅通群众参与社会治理渠道、搭建多样化社会治理平台、汇聚各方资源、提升社会治理效能等方面的作用日益凸显。

在传统社会治理体系中，媒体主要发挥信息传播的功能。随着媒体融合向纵深发展，推动形成全媒体传播体系，使信息无处不在、无所不及、无人不用。在全媒体时代，法治电视节目可以通过社交媒体与观众互动，及时回应公众关切，还可以整合线上线下资源，以网络直播、短视频等更多元的形式，让普法传播更贴近群众生活。此外，许多普法融媒体已经具有政务服务、群众诉求表达、电子商务、在线教育、在线医疗、在线娱乐等功能。这些功能都与人民群众的生产生活紧密相关，充分运用好全媒体传播体系的新服务和新功能，能有效加强社会治理的专业化、智能化，提升中国式现代化的社会治理水平。

第二节　法治电视节目的沟通观念

法治电视节目的沟通观念是一种实践观念。人类掌握世界有三种基本方式：实践方式、理论方式和实践观念方式。所谓实践方式，是指人按照自己的观念、思想、理论、需要、目的、愿望等，以物质工具手段为中介去改造外部世界，使其适合自己的生存发展；所谓理论方式，是指人在实践方式基础上产生的一种精神方式，是人们在头脑中认识、反映、再现外部世界的客体的过程。而连接理论方式和实践方式的桥梁，就是实践观念方式。[1]法治电视节目的沟通观念就是在实践中形成的、连接理论与实践的一种观念方式。

历史决定人的社会生活和自然生活都必须从实践中得到理解和解释，作为中国特色传媒实践的创举，法治电视节目是在推进中国法治历史进程中的媒介实践。在实践中，中国法治电视形成了自己独特的沟通观念，而沟通观念也成为理论指导实践的必要环节。

一、将视听节目艺术作为沟通工具

埃利希强调："不论是现在还是其他任何时候，法律发展的重心不在立法、法学，也不在司法裁决，而在社会本身。"[2]这句话道出了法律与社会之间的深刻联系。法治电视节目作为一种视听艺术形式，正是实现人与社会沟通、促进法治建设的重要工具。它在中国的社会土壤上生长，成为推进法治社会建设的关键力量。

法治电视节目是一个个具体可观的视听艺术作品，在国家法治建设需求中，它是依托电视艺术形式开展普法的媒介工具。全面依法治国的根本目的是依法保障人民权益，而人民则是推进全面依法治国的最广泛、最深厚的基础。因此，法治电视节目必须围绕"以人民为中心"的原则展开，通过细致入微的方式挖掘普通人身上的法治故事，用生动的故事展现我国法治的进步

---

〔1〕　参见赵家祥：《实践观念是重要哲学范畴》，载 http://theory.people.com.cn/n/2015/0831/c40531-27533197.html.

〔2〕　[奥] 尤根·埃利希著，叶名怡、袁震译：《法律社会学基本原理》，中国社会科学出版社2009年版，前言。

与文明。

通过故事化的叙述方式，法治电视节目使得法律不再只是抽象的条文和规则，而是中国大地上具体的、可感知的生活实例。节目往往通过讲述普通人的法治故事，展示他们在法律框架下的生活和奋斗，以此来传递法律理念。这种方法不仅拉近了与观众的距离，还让观众能够通过这些具体案例，更加直观地理解法律的作用和意义。如通过展示某个家庭在遭遇法律纠纷后的解决过程，观众不仅能了解相关的法律知识，还能感受到法律在维护正义、保护权益方面的实际作用。这样的故事化叙述能够更好地引起观众的情感共鸣，让法律理念深入人心。

有效的法治传播不仅需要高质量的内容，还需要持续不断改进沟通工具。在融合传播的时代，法治电视节目利用新技术，创新节目的表现形式，拓展节目的传播渠道，根据观众的需求和兴趣进行精准传播，进一步提升作为沟通专家在社会交往、人民服务上的作用。

二、以沟通激发人的感性意识

电视作为一种艺术形式，其独特的视觉和听觉效果能够直观地触动观众的感性意识。法治电视节目，作为一种普法的重要媒介，不仅是传递法律知识的工具，更是激发观众对法治的感性认同的重要手段。

在普法的意义上，电视普法是要让法的观念深入人心。马克思认为，人的意识是由社会环境和生产活动所决定的，感性意识是人类意识的基础，对感性意识的提升是实现"人"的全面发展的重要途径。马克思强调的是"人"的感性意识的发展，电视艺术就是要通过视觉影像的形式，直接触动人们的感性意识，促使人们更深入地理解和认同法律的理念和原则，以感性体验感知感受到法律背后的社会价值和道德要求。

对这一问题，各学科提供了不同的视角和观点，这些观点共同指向了视觉影像作为一种感性媒介的重要价值。传播学者麦克卢汉提出"媒介即讯息"理论，强调媒体形式本身对信息传达的影响。不同的媒介形式会触发人们不同的感知和反应。视觉影像作为一种直观、生动的媒介，具有独特的情感共鸣和直观表达的优势。法治电视节目通过视觉影像的表现，可以更加深入地激发人们的感性意识，使法律的理念更加生动和具体地展现在观众面前。法理学家罗纳德·德沃金认为，法律不仅是一系列规则和条文，更是一种价值体系，蕴含着对正义、公平等理念的追求。法治电视节目通过情节和角色的塑造，生动地展现了法律原则在现实生活中的应用和体现。比如通过展示法庭辩论、司法裁决以及案件背后的故事，节目能够引导观众思考法律背后的道德原则和社会正义，激发他们对法律的情感共鸣和认同。

法治电视节目通过情感共鸣和直观表达，将影像作为一种对法的解释。这种解释通过具体的案例表现，形成了一种视听的、具象化的法律教育方式。借助生动的视觉呈现，引导观众对正义、公平、自由等法律核心价值的理解和思考，观众能够更直观地感受到法律的公正与力量，进而在意识层面形成一种源自道德直觉的正义感。电视媒介所具有的、激发人的感性意识的这种沟通方式，能够使人们更直观地理解法律的内涵和意义，从而在心中形成法的观念。

三、以沟通建构法的文化

在现代社会，法治电视节目不仅是普及法律知识的工具，更是通过沟通实现法律文化建构的重要媒介。通过这种视听艺术形式，法治电视节目能够在潜移默化中塑造观众对法律的理解和认同，使法律成为文化的一部分，从而为法治社会的构建奠定坚实基础。

费孝通曾指出文化和政治的区别，即"凡是被社会不成问题地加以接受的规范，是文化性的；当一个社会还没有共同接受一套规范，各种意见纷呈，求取临时解决办法的活动是政治。"文化是社会稳定和持久的规范，而法律要想真正发挥作用，就必须融入文化之中，并转化为一种法的文化，深入人们的内心，成为人们生活的一部分。只有当法律不再被视为外在强加的规则，而是被社会自然接受时，法律才具有真正的生命力和实践力。历史上，国内外许多重要的法律文件，如《美国独立宣言》《世界人权宣言》《1918 苏俄宪法》等，不仅在法律上具有重要意义，更在文化上起到了移风易俗的作用。这些法律观念和规定为传统文化注入了新的元素，使之成为新文化的一部分，推动社会的变迁和文明的进步。

中国特色社会主义法治体系的建设同样需要将法律文化融入其中。正如习近平总书记在文化传承发展座谈会上强调的："在五千多年中华文明深厚基础上开辟和发展中国特色社会主义，把马克思主义基本原理同中国具体实际、同中华优秀传统文化相结合是必由之路。这是我们在探索中国特色社会主义道路中得出的规律性的认识。"这就要求在法治建设过程中，深入研究中华优秀传统法律文化，发掘其中的哲理智慧，为全面依法治国提供理论诠释和历史镜鉴。

依托电视这一强大的文化媒介，法治电视节目在实现法律文化建构方面具有独特的优势和重要的作用。通过艺术化的视听创作手段，法治节目用影像叙事直观呈现法治文化中的正义观念制度原则，进而塑造观众对法律的感性认同，春风化雨般将法治文化落实为人们的自觉行为。

第三节　法治电视节目的多元沟通形式

法治电视节目有多种沟通形式，大致可以分为调解服务类、法律服务类、心理访谈类三种不一样的节目类型。

在总台央视推动中国电视法治公共领域再造的过程中，一个极为突出的变化是节目的沟通特色变得更加浓厚。从央视《小区大事》到《我是大律师》再到《律师来了》，三档节目内部各参与主体的沟通时长变得更加充裕，表达观点的视角变得更加多元，还引入网络沟通的元素，使得思想与观点的沟通更为充分。从这三个类型的节目升级演进的逻辑脉络中，可以窥见法治电视节目在推进社会沟通协调中强大的趋势性力量。

一、法治电视节目的调节帮扶沟通

调解是通过第三方的排解疏导、说服教育，促使发生纠纷的双方当事人依法自愿达成协议，从而解决纠纷的一种活动。在电视节目中，调解既包含第三方调解员的调解过程，又包括媒体自身介入的调解活动。

从节目实践维度，在调解帮扶沟通的内涵上，可以分成情感调解沟通与基层调解服务两种类型，两种类型对应不同形态的法治电视节目形式。

1. 情感调解沟通类

情感调解沟通类节目主要包括纠纷调解、情感访谈、法律援助等多种形式，内容上多将家庭纠纷、情感问题等作为核心，通过调解员的介入，帮助当事人解决矛盾，恢复家庭和谐。情感调解沟通类节目以真实案例为基础，节目内容贴近生活，集中于家庭内部矛盾的情感冲突，极大地吸引了观众的关注。

在已有的较有知名度的情感调解沟通类节目中，《新老娘舅》是专注于家庭调解的节目，主要处理夫妻关系和婆媳矛盾，通过调解员的分析和调解，帮助家庭成员找到解决矛盾的途径；山西科教频道的《小郭跑腿》宣传语是"《小郭跑腿》——您身边的调解员"，特有的故事性和"记者在现场"的调解员身份成为节目独特的品牌标识；江西卫视的《金牌调解》借鉴了法庭调解的形式，在演播室内真实展现调解过程。虽然有部分观众认为这类节目过于娱乐化，甚至质疑其真实性，但不可否认，情感调解沟通类节目在社会转型期、价值多元化的当下，为研究中国人的家庭伦理、社会交往和人际关系提供了新鲜而真实的样本，也为解决民间纠纷、化解矛盾提供了法庭之外的渠道。

情感调解沟通类节目多为民事案件的选题，以调解纠纷、化解矛盾、促进和谐为宗旨，弱化叙事部分，重点展现调解与对话。在专业人士的表态和调解中展现独特的视角和观点，传达相关的法律知识和法治观念。在节目建构形式上，以江西电视台《金牌调解》之《丈夫多次出轨还理直气壮 分配财产矛盾迟迟无法离婚》（20210101）为例，节目首先以短片开场，介绍人物关系、大致背景和主要矛盾，从而完成节目的预叙事。演播室调解是节目的主体内容，从主持人开场，节目进入正式叙事部分。主持人作为节奏的把控者，推动调解进程，节目人员上设置了一个具有专业属性的调解员和各具身份代表的观察团。主持人接着介绍案件当事人，两人对峙的座位布局放大了故事的矛盾性。节目第一环节为双方当事人分别提出诉求，在当事人的叙述中穿插观察员、主持人或其他人员的反应镜头，丰富画面内容。此时，双方当事人说法不一的地方形成矛盾和看点。接着，观察团和调解员分别发表自己的意见和看法，调解员对当事人分别进行具体的沟通和交流，然后交换调解员，转达对方的想法。最终，双方分别退让表态，完成调解。

情感调解沟通类法治电视节目顺应了当前民间争议纠纷较多而期待更多的法庭外和解以提高社会和谐效率的现实需求，相比起拼流量和创意却仍难以生存的其他综艺节目，情感调解沟通类法治电视节目通过其独特的沟通形式，聚焦家长里短、纠纷矛盾，在众多观众中持续多年保持着较高的影响力。

2. 基层调解服务类

早在 2010 年 8 月，中华人民共和国第十一届全国人民代表大会常务委员会第十六次会议审议通过了《中华人民共和国人民调解法》，并于 2011 年 1 月正式施行。该法的出台顺应了中国基层矛盾复杂、亟需有效应对的重要趋势，同时也为基层力量参与国家法治建设提供了有力的法律依据。在此背景下，北京电视台《第三调解室》、湖北卫视《调解面对面》、贵州卫视《调解现场》等调解节目如雨后春笋般涌现。

基层调解服务类节目，不仅为老百姓提供了解决问题的思路，更是直接参与基层管理建设。以较有代表性的央视社会与法频道《小区大事》为例，节目以"政府主导、全民参与"为原则，聚焦城乡社区内的法律纠纷，通过记者采访、主持人串联的方式，全面呈现了一个个基层调解的生动案例。

在节目建构方式上，这类节目通常采用客观纪实的方式，将镜头对准基层调解人员的调解过程，并辅之以记者的采访叙事。节目展开的核心在于调解过程。调解员们在法律纠纷调解过程中，通过与当事人的耐心沟通和理性分析，帮助他们找到解决矛盾的途径，从而恢复社区和谐。这些调解员的工作真实反映了基层治理的具体实践。这种调解方式不仅解决了个体矛盾，也为其他社区成员树立了良好的榜样。节目通过展示真实的调解过程，向观众传递法律知识，同时在潜移默化中提高了全社会的法治意识。

以《小区大事》之《一次未成行的旅程引发的矛盾》（20201219）节目为例，先导片通过面对面采访当事媳妇和丈母娘进行预叙事，引出"婆婆来引发的婆媳矛盾"的节目话题。节目开始先是情景再现，呈现法律调解咨询服务中心调解员与媳妇的面对面采访画面，先由一方讲述整个事件，呈现一方陈述，然后转场进入演播室，主持人出场，以第三方的身份讲述本期节目内容，推动节目进入主体的调解内容部分。在调解过程中，首先是调解员继续与媳妇一方交流，推动故事向高潮发展。随后，主持人再次串场，串场词引出调解员对丈夫及婆婆的对话及调解过程，展示双方不同的观点和视角。接着，调解员对丈夫一方进行求证，在交流过程中发现问题，并对当事丈夫进行劝说，指出其做法中的不足。这时，主持人再串场，引出两位专家对本期节目中问题的建议，心理学博士和心理咨询师从学科专业角度进行分析，给观众以提醒和教化。最后，节目在调解完成中结束。

图 1　调解员与当事双方　　　　　图 2　心理学专家解释摧毁
　　　面对面沟通　　　　　　　　　婚姻亲密关系的四种方式

　　基层调解服务类节目的沟通不仅体现在调解员与事件相关各方的深入走访过程，也体现在调解员和多方当事人的现场沟通呈现，还体现在节目叙述过程及观众互动中。借助基层调解沟通服务，节目不仅解决了关乎百姓生活的纠纷，还通过传播法律知识、增强社会参与、树立良好榜样等方式，参与真实的基层管理建设。

二、法治电视节目的法律援助沟通

　　电视节目作为大众传媒的重要形式，历经多年发展，已经成为社会舆论的重要载体和公共服务的关键渠道。如果说法治电视节目的调解帮扶沟通是以调解中介的方式参与法治公共服务的沟通方式，那么法律援助沟通则体现为一种直接式的法治互动行为。

　　近年来，律师援助类节目因其独特的公益性与服务性特点，受到观众的广泛关注。

　　1. 公益融入法治：律师援助类节目的发展历程

　　自 2006 年开始，以中央电视台为首的主流电视媒体掀起了一股以公益活动为主体节目内容的"公益高潮"，涌现出大量公益题材节目。在电视娱乐节目接近饱和的环境下，2007 年被称为"电视公益年"，各大电视台纷纷打造特色公益节目，抢夺观众注意力。2011 年，国家广电总局下发《关于进一步加强电视上星综合频道节目管理的意见》，进一步推动了公益节目的普及，使得公益节目遍地开花。

　　公益类电视节目逐渐成为电视荧屏上的一股新潮流，从中央电视台的大型公益寻人栏目《等着我》到地市级频道的各类"帮扶"类节目，公益电视节目以其真实感人、富有社会责任感的特点，吸引了大量观众的关注。这些节目不仅直接服务于公众的具体需求，还通过传播公益理念，提高了公众的社会责任意识。

公益类电视节目越来越多地进入公众视线，成为荧屏上的新热点。这一现象的出现，为律师援助类节目的诞生提供了重要的基础。伴随着公益类电视节目的发展，公益元素逐渐融入法治、生活服务、文化等各类电视节目的制作中。例如，一些法治节目开始注重社会责任，通过提供法律援助、法律咨询等方式，服务于公众的法律需求。律师援助类节目正是在这一背景下应运而生。

早期的律师援助类节目主要以知识普及和案例分析为主，通过律师的专业解读，帮助观众理解和解决法律问题。这一阶段的节目主要侧重于普法教育，目的是通过法律知识的学习来增强公众的法律意识。进入新世纪后，律师援助类节目逐渐从单纯的法律知识普及，向更具互动性的法律援助方向发展。例如，2010年北京市法律援助中心与中央电视台CCTV12《法律讲堂》录制完成了《法律援助在行动》系列节目。该节目通过案例全面展示了法律援助的受案范围、服务对象和申请程序，同时加入了引人入胜的情节描述和富有哲理的法律点评。这标志着律师援助类节目开始注重案例的实际操作性和观众的互动参与，使法律援助更加具体和贴近生活。

2012年，江苏卫视推出的《甲方乙方》成为首档定位于律师援助类的节目。这一节目不仅在形式上提供了一个供"甲方""乙方"沟通、梳理和咨询的平台，还通过专业律师、心理学家等专家组成的观察团，现场提供专业性的、有法律依据的建议。节目不仅为当事人提供了解决问题的平台，还通过案例剖析和专业点评，向观众传递了法律知识和正确的价值观。此后一段时间，各地涌现出诸多律师援助类节目。

2016年，央视社会与法频道推出国内第一档以律师为主角的法律类大型公益服务节目《我是大律师》(《律师来了》前身)。节目有两种形式，一种是节目带着律师送法进万家，一种是求助人带着对个人案件的疑惑来到录制现场，节目邀请四位律师作为嘉宾来到现场，打造一个求助人、律师、专家专属的案情会商会诊中心。从这个节目开始，律师援助类节目的律师主场正式形成。

2. 公益性和服务性：律师援助类法治节目的特征

不同于普通调解类节目，律师援助类节目实质上是一种法治服务性节目，通常节目组会邀请律师，以其经验为当事人提供解决问题的最佳方案。节目不预设结果，不干涉当事人的选择，而是提供免费的法律援助，最终结果还是需要当事人自己做决定。相比于调解类节目的观赏性和娱乐性，它有明显的公益性和服务性。

在公益性的表现上，节目邀请专业律师现场解答观众的问题，提供免费的法律咨询服务，帮助解决观众在生活中遇到的法律问题。同时，这类节目往往涉及社会热点问题和弱势群体的法律援助，体现了对社会的责任感和人文关怀。以广西电视台综艺频道打造的《律师到现场》栏目为例，它通过记者与律师联合行动，深入现场调解矛盾纠纷，提供维权服务和法律援助，帮助百姓解决现实困难，让群众感受到法律援助的温暖。

在服务性的表现上，这类节目选取具有代表性的案例，通过对真实案例的分析和解读，帮助观众了解类似问题的法律解决途径。同时，注重与观众的互动，通过热线电话、网络留言等多种方式，收集观众的法律问题，并在节目中给予解答，使观众能够直接参与到节目中，获得及时的法律帮助。

以辽宁卫视《金牌律师团》为例，它是辽宁卫视联合辽宁省司法厅、辽宁省律师协会重磅推出的全媒体互动普法节目。2020 年，它推出一期节目《猥亵的代价》引爆了微博。首先，该节目紧扣社会热点问题——猥亵与性骚扰，通过对案例的深入分析和讨论，将抽象的法律概念具体化、形象化，使得观众更易于理解和接受。在节目中，提到了公安局成立的"猎狼小组"等实际举措，向观众展示了政府部门在打击猥亵行为上的努力和成果，同时也提醒了社会大众警惕此类行为的存在。其次，节目借助专业律师之口，在普法方面做了详尽的解释，将"猥亵"与"性骚扰"的区别进行了剖析，并通过具体案例阐述了"发黄色笑话"等行为亦构成性骚扰的事实。节目充分利用了现有法律法规，特别是《民法典》中关于"性骚扰"的相关规定，对于行为人应承担的民事责任以及单位建立预防性骚扰机制的义务进行了详细阐述。这种以案例为载体，以专业律师展开法律知识传播的普法方式，不仅增加了节目的趣味性和可看性，更是提高了观众对法律知识的认知和理解程度。最后，节目积极倡导受害者勇敢发声，不应沉默，依法维权。这种强调个体权益保护的做法，不仅有助于提升公众对法律的信任度，也为受害者提供了一种依法维权的渠道和途径，具有较强的社会正义感和公益性。

 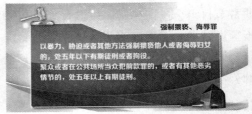

图3 《金牌律师团》构建多方沟通场域　　图4 法律对猥亵等行为的明确阐释

透过《金牌律师团》为代表的律师援助类节目实践，可以清晰地展现出这类节目如何与时俱进地普法传播与法律援助。通过公益性和服务性的融合，既体现了电视媒介的社会责任感，又为老百姓真正解决法律问题提供了落到实处的法律帮助，从而形成以电视节目保障更多公民获得法律援助、激发更多力量提供法律援助的媒介渠道。

3. 构建律师主场：律师援助类法治节目的直接对话

律师援助类节目往往都是以"律师公益援助"为切入点，将多方参与主体汇聚在开放平等的电视公共谈话场中，展开多角度的法律思辨，为公众提供面对面的律师帮助机会。

这类节目通过设置"律师主场"，实现律师与委托人、观众之间的直接对话。通常节目会邀请一位或者多位专业能力强、责任心强、公益心强的律师或律师团，他们在节目中针对当事人的法律难题进行深入探讨，提出各自的代理思路。这种律师主导的节目模式，使得观众可以直接从专业人士口中获取法律建议，真正感受到了法律的权威和专业性，同时也增强了公众对法治的信任和依赖。

此外，节目还会引入多元对话视角，作为律师主场的辅助。节目邀请来自媒体人、心理学家、社会学家等不同领域的专家学者，他们对案例中的问题进行不同角度的精彩对话和评析，为观众提供了更广泛、更深入的思考视角。这种多元视角的交流和对话，不仅有助于解决问题，更能够促进法律知识的传播和法治精神的普及。

2016年，央视社会与法频道推出《我是大律师》（《律师来了》前身），

2017年推出《律师来了》，将"以案说法，公益帮扶"作为节目宗旨。在节目形式上，求助人遇到法律难题来到节目组进行求助，节目组选择律师展开公益帮扶，律师在现场面对面直接为求助人答疑解惑，最终有一位律师为求助人进行公益代理帮助。节目则将全程展示案情法律关系的梳理过程以及公益帮扶之后的跟踪报道。

以《律师来了》之《残缺的爱》（20201031）为例，这一期节目呈现了一起涉及家庭纠纷和法律援助的案件。节目以多个环节串联，展现了求助人的真实困境，以及公益律师和助力联盟的帮助与建议。

第一部分，演播厅主持人介绍了事件的概述，引导观众进入节目的主题。接着通过求助人自述，详细交代故事背景。周敬媛的父亲因工程事故去世，导致她从小缺失了父母的关爱，与爷爷奶奶相依为命。节目通过穿插父亲去世后小敬媛与奶奶相处的日常，展现了奶奶的治愈力量，使得小敬媛慢慢走出丧父之痛。同时，节目引出了敬媛的另一个监护人——从小离开家的妈妈。

第二部分，求助人来到现场，一场关于法律救援的对话正式开场。主持人先介绍了节目的嘉宾构成，包括求助人、公益律师和助力联盟。奶奶表达了诉求，希望找到敬媛的母亲，让她走出失去父母的阴影。在案情问答环节，律师和求助人分别进行回答，包括与母亲的联系情况、离婚时抚养费的规定与执行、是否申请强制执行等问题。资料补充中，提供了法院判决书，强调了抚养费的问题。随后，进入主持人和求助人的访谈环节。主持人向求助人确认敬媛对于母亲的态度，接着通过一个短片展现了小敬媛对母亲的态度和对母爱的理解。公益律师和助力联盟对小敬媛进行观察和分析，并提出了解决问题的途径，包括申请强制执行和重新诉讼等。

第三部分，律师援助的实施。经过上面对于案情的讨论，律师首先进行对这个案子信心的预估，每个律师陈述对于这个案件代理的思路。然后现场连线小敬媛，主持人和心理专家与她进行谈话，帮助她走出心理阴霾。最终，求助人选择心仪的律师，节目结束，实际援助开始。

由此可见，通过律师为委托人提供面对面的帮助，进行深入交流，节目将案情法律关系的梳理过程展示给观众，让公众能够更直观地了解法律程序和原则。律师援助类法治节目通过建构律师主场，展开直接对话，不仅有助于解决当事人的法律难题，也为广大观众提供了学习法律知识、增强法律意识的契机。

三、法治电视节目的心理对话沟通

社会心理问题是在任何社会都客观存在的一种社会现象。随着经济社会的快速发展，社会转型中人们面临着各种各样的压力和挑战，渴望获得情感抒发和心理疏导的渠道。社会心理服务类的法治电视节目以心理对话沟通，建构了一个专业心理支持和建议的平台，在传递法治精神、促进社会心理健康方面扮演着愈发重要的角色。

不同于法治电视节目"事件讲述加理性分析"的常规模式，法治电视节目的心理对话沟通往往关注社会上存在的心理问题和心理困境，聚焦真实案例和个人故事，通过引发观众对社会问题的思考和讨论，推动社会心理问题的关注和解决。

1. 社会心理服务类节目的发展历程

法治电视节目对社会心理的探索和实践源远流长。其中，早期河南电视台法治频道的《临刑会见》堪称先驱之作。该节目从 2006 年到 2012 年期间播出，由丁瑜主持。节目的主要内容是对因直接暴力杀人致死而被判死刑的囚犯进行采访，给予他们在行刑前最后一次交流的机会。通常在采访之后不久，他们就会被执行死刑。节目通过对死刑犯这一特殊群体的系列访问，深刻挖掘他们的犯罪心理，展现他们经过庭审后对法与非法、罪与非罪的重新认知。通过这种对话方式，节目试图通过向观众展现犯罪后所面临的严峻后果，警示潜在的犯罪者，展现了现代司法制度尊重人性、彰显文明的一面。

央视社会与法频道两档节目在心理对话沟通的方式上做出实践探索。其一，是 2019 年 10 月推出的《从心开始》，该节目与司法部深度合作，以宣传一线优秀司法工作者、弘扬法治精神为己任，记录一线司法工作者为全面推进依法治国所做出的努力和付出。节目突出了法治精神的内涵，凸显了司法工作者的使命感和责任担当。其二，是以心理视角解读个案故事和社会事件的《心理访谈》。该节目以心理学为元素，关注个案心理，探讨个案出现的心理困境及应对方法，为观众提供心理健康的启示和指导，进一步丰富了社会心理服务类节目的形态。

社会心理服务类节目融合了心理科学理论和实践，既通过专家讲解和心理学知识普及，提高了观众的心理健康意识，又借助典型个体的经历来探讨社会心理问题，为个体提供实用性的心理疏导和解决方案，让观众能够借鉴他人的经历和故事，寻求自我心理上的安慰和支持。

2. 心理对话沟通的节目构建

社会心理服务类节目是当代法治电视节目中的一种新型形态，它致力于通过心理对话和沟通，为观众提供心理支持和帮助，促进社会心理健康。《心理访谈》作为其中的典型代表，运用现场个案访谈的形式，将主持人、嘉宾和心理专家紧密结合，通过情感与理智的结合，构建了一种富有感染力和教育性的心理对话模式。

首先，这类节目在心理对话与沟通方面的建构体现在主持人、嘉宾和心理专家的合作上。主持人在节目中充当着引导者和沟通者的角色，通过开场介绍、提出问题、调动气氛等手段，引导嘉宾逐渐展开心理故事。嘉宾则是节目中的核心人物，他们通过真实的个人经历和情感表达，向观众展现心理问题的真实性和普遍性，同时也激发了观众的共鸣和情感连接。而心理专家则是节目中的智囊，他们基于专业知识和经验，对嘉宾的心理问题进行分析和解读，提供针对性的心理指导和建议，帮助嘉宾树立健康向上的心态。三者之间的密切配合和协同作战，构成了一场真实而又温暖的心灵对话。

其次，这类节目在心理对话与沟通方面的建构还体现在情感与理智的结合上。节目以真实的个案为基础，通过主持人、嘉宾和心理专家的情感表达和理性分析，呈现了一场既感人又有启发性的心理故事。主持人和心理专家在对嘉宾的情感进行理性分析和指导的同时，也表现出对嘉宾情感的尊重和理解，给予他们充分的倾听和支持。嘉宾在节目中展示了自己的情感和心理困扰，而心理专家则通过科学的心理学知识和逻辑分析，帮助嘉宾理清心理困惑，找到解决问题的方法和路径。情感和理智的结合，既使节目具有了深厚的人情味和感染力，又使节目具有了专业性和可信度，有助于观众更好地理解和接受节目传递的社会心理支持。

家庭暴力是一个严重的社会问题。以《心理访谈》之《从施暴者到志愿者》（20201129）为例，这期节目是反家暴主题，讲的是一个人从家庭暴力的施暴到致力于终止家庭暴力的转变。首先，主持人在开场时引出了本期节目的话题，围绕家暴者转变为反家暴志愿者的现象，提出了一个引人深思的问题：为何家暴者会转变成为反家暴志愿者？这个问题为节目的展开提供了一个悬念，引起了观众的兴趣。通过情景再现和资料回顾的方式，节目简要讲述了当事人的转变过程，为观众塑造了一个心理预期，引导他们进入节目的主题氛围中。

接着，主持人与嘉宾进行对话，围绕第一次施暴的情境展开讨论，施暴者讲述自己的经历，双方进行对话。通过画面和音效的配合，尽量还原当时的情景，使观众更加身临其境，深入了解施暴者的心理和行为。对话后，心理专家对施暴者讲述的案件进行讨论，用专业知识和权威数据普及家暴这类案件的避免方案，后期通过可视化的方式呈现数据，加深观众对于问题的认识和理解。随后，施暴者继续讲述自己最严重的一次施暴过程以及后果，通过情景再现和符号化的内容，让观众代入自己的情绪，更加深刻地感受到施暴者的内心世界。此时，心理专家根据施暴者的情况，以心理学的视角解释施暴的原因，节目插入视频短片，讲述施暴者转变为志愿者的原因，引出下一轮的讨论。

再接着，第三位嘉宾出场，开启下一轮深入讨论。嘉宾讲述施暴者投入志愿者组织的原因，穿插资料画面。施暴者讲述其家暴原因受原生家庭的影响，引出下一个话题，即白丝带组织为何选择关注施暴者这类群体。然后四人展开讨论，其中，嘉宾讲述白丝带组织成立的初衷，介绍对施暴者的矫正工作，心理专家科普家暴的界定，主持人以第三方的角度解答观众疑问，施暴者再次讲述自己的心态。这一部分，节目从理性解释到以情动人，让观众更深刻地了解施暴者的内心转变。在此基础上，心理专家结合案例，向大众科普解决家暴的合理做法。节目最后，心理专家、施暴者、白丝带组织代表者以不同的视角提出呼吁：反对家庭暴力，为家庭和谐、社会和谐贡献自己的力量。

图5 "主持人+专家+嘉宾"建构
多元谈话场

图6 节目中科普《中华人民共和国
反家庭暴力法》

　　《心理访谈》等法治社会心理服务类节目以情感与理智相结合的心理对话模式，呈现出了一种有效的心理沟通方式。这种心理沟通方式既体现了媒体的社会责任和公益意识，又为当代社会心理服务的发展提供了有益的启示。

　　随着我国社会的转型和发展，人们在经济水平提高的同时，心理困扰也在不断加剧。以《心理访谈》为代表的节目的创办和发展，顺应了现实生活中人们的内在需求。节目不仅为观众提供了心理健康知识和支持，还让大众意识到心理健康的重要性，体现出新时代法治中国建设进程中，法治电视节目在促进社会良性运行和协调发展方面的功能与价值。

移动互联网推动
新时代法治电视节目融合传播

　　十九大报告将坚持全面依法治国作为基本方略，强调坚持依法治国、依法执政、依法行政共同推进，坚持法治国家、法治政府、法治社会一体建设。习近平总书记在十九大报告中指出，从 2020 年到 2035 年，在全面建成小康社会的基础上，再奋斗 15 年，基本实现社会主义现代化。

　　在普法传播上，随着数字时代的发展，技术进步不断推动着电视生产力的提升。在与技术的融合发展中，传统媒体的存在形态和采编流程都发生了根本性改变。在互联网环境下，新媒体以崭新的姿态走在传统媒体发展的前沿，对传统电视的发展造成了强烈的冲击。为了应对时下的挑战，传统电视媒体必须转变固有理念，转向互联网思维，以高水平的法治传播保障高质量法治建设的有序发展。

第一节　互联网思维对法治电视节目提出的挑战

　　随着中国特色社会主义进入新时代，我国社会主要矛盾已经转化为人民日益增长的美好生活需要和不平衡不充分的发展之间的矛盾。要解决这一矛盾，显然不能继续采用传统的资源依赖型的经济增长方式，必须转向创新型国家发展战略。同时，随着新一轮技术革命的持续展开，科技在经济发展中占据越来越重要的地位，加快建设创新型国家是全球竞争的大势所趋。在这一过程中，法治的坚实保障不可或缺。只有将创新型国家建设纳入法治化轨道，才能持续释放科技创新的活力，为科技创新提供强有力的保障，进而加快建设创新型国家，以科技强国支撑现代化强国。

2014 年 8 月 18 日，中央全面深化改革领导小组第四次会议审议通过了《关于推动传统媒体和新兴媒体融合发展的指导意见》，明确要求在遵循新闻传播规律和新兴媒体发展规律的前提下，推动传统媒体与新兴媒体融合发展，形成立体多样、融合发展的现代传播体系。[1]要实现媒体的融合发展，很重要的一点是要充分运用网络技术手段推进传统媒体的融合改造，这就需要一个极为重要的指导思想，即互联网思维。在中央全面深化改革领导小组第四次会议上，习近平强调要"强化互联网思维"，实现传统媒体与新兴媒体一体化发展。从国家政策层面上，强调互联网思维对推动传统媒体与新兴媒体融合发展具有重要价值和意义，为媒体融合环境下我国新闻传播业的未来发展规划了宏伟蓝图。

在互联网环境下，以电视节目的影像制作为核心优势的传统电视媒体在坚守自身内容优势的同时，积极强化"互联网思维"，努力与新媒体进行深度融合，综合运用文字、图片、声音、影像等多种元素，兼容多种媒介和终端，从而构建一个全天候、全方位、立体化地展示传播内容的全媒体化平台。

一、"互联网思维"及其在传播业的核心理念

20 世纪 20、30 年代到 50、60 年代，诸多传播学经典理论相继诞生于美国。自 20 世纪 80 年代中后期开始，"意见领袖""两级传播""把关人""使用与满足""沉默的螺旋"等大众传播时代的经典理论陆续被引入中国。这些理论在很长一段时间内，为我们深入理解大众传播时代的信息运行规律和诠释大众传播现象提供了有力的理论依据。然而，随着移动互联网时代的到来，技术的飞速发展导致媒体逻辑发生了重大变化，众多原有的传播理论和规律在互联网环境下被颠覆或调整。这种变化推动我们借助互联网思维，重新审视和思考电视传播理念和模式。

我国高度重视互联网思维对主流媒体舆论引导工作的影响，并已经在制度层面强调媒体融合的重要性。电视媒体要利用"互联网思维"提升中国故事在国内外的传播影响力。那么，对传媒业而言，"互联网思维"究竟是什么？这种思维方式的核心理念和建构方式又是怎样的呢？

---

〔1〕 参见新华社：《推动传统媒体和新兴媒体融合发展指导意见审议通过》，载 http://culture.people.com.cn/n/2014/0821/c172318-25511854.html，最后访问日期：2014 年 8 月 21 日。

关于"互联网思维"的确切定义，至今尚无明确界定。2014年4月23日，时任中央宣传部部长刘奇葆在《加快推动传统媒体和新兴媒体融合发展》一文中阐述了传统媒体强化互联网思维的方式，从其内容中，我们归纳出新兴媒体特点的一组关键词，即"平等交流""互动传播""即时传播""海量传播""充分开放""充分竞争"，这组关键词有助于我们进一步理解"互联网思维"的内涵。[1]不同学科、不同领域的专家学者针对各自研究的内容，都对互联网思维进行对应的定义，这些定义的共性在于它们都强调"互联网思维"是一种互联互通的思维方式，是一种以用户为中心的思维模式。具体到传媒行业，笔者认为，互联网思维的核心理念可以提炼概括为用户中心、产品化、社交化三大要点。

1. 用户中心

传统传播理念常使用"受众"一词，而"用户"一词在表达上就体现出媒体使用者在传播关系中的主动性。互联网思维要求以多样化的用户为中心，媒体要从受众思维转变为用户思维。在内容生产层面，节目的意义不能只是简单地传递信息，还要追求节目的实用性、用户的接近性以及与用户喜好的匹配度。为了达到这样的效果，节目在传播信息的同时，需要让用户在信息接收过程中拥有更好的感官体验。因此，越来越多的数据化、可视化操作被应用到传媒的内容呈现中，例如数据新闻用可视化的形式呈现原本单调的数据，从而提升了读者的阅读兴趣。为进一步提升用户的主导性，节目在内容呈现的环节中更要创造互动机会，激发用户的参与热情，让他们自发主动地加入互动。

用户中心的理念推动媒体从以媒体为中心的封闭观念转向对用户开放的观念。这种转向使媒体的目光不再局限于项目本身和简单的节目层面，而是通过对所在平台的开发、合作等方式整合资源，依托平台资源实现为用户服务的价值。

2. 产品化

传媒行业正经历着从以内容为中心到以服务为中心的转变。产品化思维与用户中心理念一脉相连，媒体生产出的新闻或电视作品，需要观众为其消

---

[1] 参见刘奇葆：《加快推动传统媒体和新兴媒体融合发展》，载《人民日报》2014年4月23日，第6版。

费和买单，从而从中获取一定的经济效益，因此这些产品必须达到甚至超出用户预期。产品化思维最大的特点是拓展了媒体的产品链条，即媒体的产品不仅限于信息或新闻，还要注重为用户提供更加便捷、周到的服务，从而深入提升和优化用户体验。

具体到电视节目生产，产品化意味着节目制作方不仅要关注节目的内容质量，还要关注用户在观看过程中的整体体验。如节目制作方可以根据观众的反馈进行内容的调整，开发相关的衍生产品，建设在线社群等，将单一的节目内容输出，转变成一个综合性的产品服务体系。

3. 社交化

在当下，传统电视传播已经从自上而下的单向传输思维转变为双向平等互动的思维方式。在媒体内容生产环节中，无论是选题的产生、报道的推进，还是事件的收尾，都需要在内容发布前后增加传播的互动功能。媒体在传播实践中对交互性的设计与添加，能有效利用庞大用户的群体力量，拓宽传播内容的传递范围，从而增强传播的效果和影响力。

在电视节目生产中，社交化意味着节目要注重与观众的互动和交流。节目制作方可以通过社交媒体平台，如微博、微信、抖音等，与观众进行实时互动，收集观众的意见和反馈。不少法治节目会在播出过程中同步开设直播间，并通过社交媒体平台发布相关的幕后花絮、预告片和互动话题，吸引观众的关注和参与互动，从而增强节目的话题性和影响力。

在互联网时代，用户基于不同的社交关系网络会构建起相对应的社群，同一个社群里的成员认同感强，容易提高该社群对某一媒体产品的用户黏性。如律政真人秀节目可以借助社交网络的力量，通过法律专业学生群体以及法律爱好者等社群进行传播，从而获得更高的节目关注度。因此，社交化思维理念不仅引导媒体增强互动意识，而且推动它们有意识地选择相应的社群进行精准传播。

二、互联网思维对传统电视传播理念的颠覆与重塑

互联网时代的本质特征就是互动联接，互联网思维是符合互联网时代本质特征的一种全新的思维方式，旨在通过平等互动和开放式联接，将整个世界变成一个无线联接的共同体。

随着互联网影响的不断扩大，传统的传播理论很难解决现实中的传播问题。例如，2015 年 10 月国庆前后，屠呦呦获得诺贝尔生理学或医学奖，各大电视媒体争相报道，但其网络传播热度却不及影视明星黄晓明的上亿婚礼。这一现象充分说明，在互联网时代，继续沿用大众传播的标准来衡量互联网环境下的电视传播是不妥当的。

在探讨互联网对电视传播理念的影响之前，我们先要明确当下的电视传播生态。过去，我们在运用理论理解和指导现实话题时，首先习惯性地把传统电视的传播认作是大众传播。但是，互联网思维颠覆了传统电视传播的单向性和封闭性，将其转变为多向互动和开放式联接。在互联网环境下，观众不再是被动接收信息的"受众"，而是积极参与互动的"用户"。这种思维转变促使电视节目制作方从内容生产到传播方式都需要重新设计，以适应用户的需求和喜好。

1. 大众传播线性传播模式到互联网背景下的网状模式的变化

1948 年，美国传播学者拉斯韦尔在《传播在社会中的结构与功能》一文中，首次提出构成传播过程的五种基本要素，并按照一定结构排列，即 Who、Says What、In Which Channel、To Whom、With What Effect，后来人们将其称为"5W 模式"。5W 的五种要素分别对应大众传播的传播主体、传播内容、传播媒介、传播对象和传播效果五大要素，后来在此基础上拉斯韦尔进一步指出大众传播具有监视环境、协调社会和文化传承等基本功能。

5W 模式表现出大众传媒企图进行说服性传播活动行为的目的性，在国内，大众媒体通常被视为专业媒介组织，通过运用先进的传播技术和传播手段，大规模向大众传播信息。在信息传播过程中，传播主体是电视台、报社等专业传播机构，传播受众是具有不确定性的众多社会个体。很长一段时间，电视传播被认为是一种典型的大众传播样态，从传播者主导的电视信号传输到受众手中，信息呈现出线性流通模式。[1]

在互联网技术和网络设备广泛普及的背景下，点对点的多向网络传播模式打破了传统大众媒体发布内容的单向传播模式，用户既可以接收信息，又可以自主生产和传播信息，内容传播者和受众之间的界线日趋模糊，用户、

---

〔1〕 参见胡翼青、梁鹏：《词语演变中的"大众传播"：从神话的建构到解构》，载《新闻与传播研究》2015 年第 11 期。

内容、传播者三方一体交融，传统媒体中心式的管理模式已经失效。

互联网时代传播的信息来源多样，信息消费呈现碎片化，传播受众以更为离散的形态遍布互联网的各个群落。信息的流动和获取使得整个传播过程呈现一种网络化形态，信息传播从传统的线性模式向网状模式转变。在此过程中，传统意义上的受众既接收信息，也参与内容生产的过程，是信息的产消者。也是在这种网络环境下，公民记者应运而生。同时，受众基于共同的兴趣爱好或需求，通过互联网平台聚集形成受众群体或者说社群，进行社群的联接与互动。在这样的语境下，媒体与受众之间权力关系发生转变，而这种转变对经典传播理论的信度和效度都产生冲击，因此大众传媒效果理论中的"强大效果论"受到了质疑。

传播者、受众的角色发生颠覆，传统金字塔媒体组织模式也被彻底打破。从传播组织上看，以往的传播是垂直结构的，从管理者往下层层划分，最后再到具体直接执行节目制作的电视人，整体结构呈现出行政级别的层级划分。新媒体时代的大中心制作模式使传播组织向平台化转变，很多频道和节目尤其是综艺娱乐节目内容生产从过去的采、编、播一体化，走向制播分离的生产模式。在制片人的基础上，成立横跨媒介和渠道的以"产品"为中心的项目团队，团队的带头人就是产品经理。以产品经理为中心，实现技术研发、内容创新和整合营销等不同岗位的跨界合作。

2. 传播效果中议程设置理论的更新

传播学经典理论之一的议程设置理论是 1972 年由美国传播学者麦库姆斯和肖在《大众传播的议程设置功能》一文中提出，该理论认为媒介议程影响着公共议程，大众媒体虽然不能决定人们对某一事件的具体看法，但能左右人们关注不同事实的程度和先后顺序，即大众媒体不能影响人们想什么，但是能影响人们怎么想。该理论在我国新闻界尤其在新闻舆论引导相关工作中备受重视，大众媒体合理地设置议程能正确引导舆论成为一种共识。

随着媒介技术和传播环境的快速变化，以微博、微信及其他客户端为代表的社交媒体蓬勃发展，自媒体时代人人都能发声，形成更为复杂的民间舆论场，与大众媒体的舆论场对立或交融。传播语境的复杂化使得大众传播的议程设置理论已经不能完全解释互联网传播现象。同时，在社交媒体的语境下，一些用户在社交平台上首发相关信息，部分议程率先在自媒体平台发起，逐步形成舆论。在舆论发酵过程中，主流媒体或与社交平台共同跟进报道，或鲜有参与跟进议程，由社交媒体独立引导舆论发展，实现为大众设置关注议程的目的。

媒介融合和社交媒体兴起导致大众传播日益网络化，面对技术发展对议程设置理论带来的挑战，郭蕾和麦库姆斯等学者借助网络分析的理论框架，提出议程设置的第三层次，即网络议程设置理论（或称 NAS 理论）。该理论指出，公众对议题或者属性的认知并非线性结构排列，而是由一系列议题组成的认知网络。大众传播的影响力在于它决定了我们如何将零散的信息碎片联系起来，从而构建出对现实世界的认知。

3. 公共把关的弱化和自我把关的确立

把关人理论最早是由美国传播学奠基人、著名社会心理学家卢因于 1947 年出版的《群体生活的渠道》一书中提出。大众传播内部工作人员在信息传播的过程中，筛选符合"把关人"价值标准和群体规范的信息进入传播渠道。在新闻传播领域，记者或者编辑对新闻进行筛选的过程就是把关人开展把关的过程。

在人人都可以随时随地发布和传播信息的互联网时代，"把关人"内涵不再局限于专业的传媒从业者。在网络信息流通中，任何参与信息传播活动的人都有可能成为把关人。对电视传播而言，把关的主体已经扩展到政府机构、职业媒体人以及广大网友。同时，由于媒介环境的变迁，把关的客体受众从单纯的信息消费者，转变为消费者与生产者交织的双重身份。

在新媒体时代，把关行为的范畴也发生改变。传统媒体时代的信息把关主要在传播活动发生之前，由职业把关人和政府对信息进行筛选把关，将筛选后的信息经过传播渠道对外传播。随着新媒体时代的到来，把关人的内涵扩大，把关行为的范畴也进一步延展，评价把关就是其中一个典型例子。以淘宝等电商平台为例，受众面对眼花缭乱的商品和店铺，往往会参考卖家的店铺好评和商品的评价决定是否要购买商品。这些评价，都是由网购者在购买商品后分享的真实评价，呈现在电商平台的商品评论页面区域。在该情境下，评论把关既与电商平台对平台评价体系的构架把关有关，也与消费者的自动筛选把关有关。

4. 两级传播理论的崩塌

与把关理论有着千丝万缕联系的，除了"意见领袖""议程设置"等理论，还有两级传播理论。两级传播的现象是在 1940 年美国著名传播学先驱拉扎斯菲尔德等人在进行伊里调查时发现的，后由拉扎斯菲尔德在《人民的选择》一书中提出了该理论。在该理论的基础上，衍生出了多级传播理论，或称 N 级传播理论。

"两级传播"或"多级传播"解释的都是传播过程的分级方式。按照该理论的解释，大众传播媒介是信息传播过程中的第一级传播信源，信息经由大众传播媒介流向意见领袖，再由意见领袖传播给其他大众。但事实上，流向"意见领袖"的信息不仅来源于大众传播媒介，还包含了人际传播的信息。

传统的"两级传播"理论还认为，在信息传播中不太活跃的人群获取信息的唯一途径就是"意见领袖"。但是在新媒体时代，任何人获得信息的方式都是便利的、多元的，一般大众可以通过传统大众传播媒体、互联网、传统人际传播以及新媒体上的人际传播获取并传播信息，微博、微信等新媒体平台的出现使得普通大众也能成为"意见领袖"。对于那些传统被认为不太主动或者不太活跃的人群，同样可以随时随地在自身拥有的多个特定"群"里接收和转发信息。在这种情况下，"意见领袖"的身份不再为少数人群专属，有时候甚至很难区分"意见领袖"与"非意见领袖"的区别。只要愿意搜索信息、发声表达观点，人人都可以与其他成员互动，人人都有成为"意见领袖"的权利和可能。因此，在互联网信息传播环境下，"两级传播"理论走向了终结。

5. 使用与满足理论的新媒介形态拓展

使用与满足理论是大众传播媒介适度效果理论的经典模式之一。该理论把大众传播中的受众视为具有特定需求的个人，他们基于需求动机使用媒介，从而使自身需求得到满足。

互联网时代极大丰富了媒介形态，技术向下赋权为受众需求满足的实现提供了技术保障。基于新媒体环境下，传播活动具有无线连接、开放互通的特点，受众的互动催生了网络媒体新的表达形式，这种新形式在满足受众原始需求的同时，又激发受众产生新的媒介需求，如此循环反复。正如麦克卢汉所提出的"媒介即讯息"，互联网在满足受众需求的过程中，受众的需求动机也在推动媒介的发展。

互联网时代的受众角色从被动接收者转变为主动掌控网络传播的用户，丰富的网络信息和资源能够满足受众更加多元化、个性化的需求，受众对媒介的使用方式也从单纯地使用媒介获取信息到在互动中与媒介本身相结合。

三、互联网思维对法治电视节目传播模式的突破

互联网思维颠覆了传统的大众传播理论，给整个电视传播带来了一定的启示。随着互联网的兴起，电视传播的路径和形态都发生重大变革，新兴媒体革新了人们获取信息的方式和路径。许多年轻人不再依赖看电视或是看报纸的方式获取信息，而是通过手机移动客户端，甚至是通过微信朋友圈等社交平台以及打游戏时电脑屏幕右下角弹出的推送小窗口获取新闻资讯。

传统媒体的改革并非在原来的基础上增加新媒体渠道，而是用互联网思维来统领并进行自我颠覆的过程。为了实现党中央提出"传统媒体和新兴媒体融合发展"的战略目标，电视传播实践需要重新审视受众角色和传受关系，将互联网思维融入传播理念中，基于互联网的即时性、信息海量、平等交流互动等特点，充分将大数据、云计算等新兴技术融入媒体实践中，以用户为中心，最大化地满足他们多样化和个性化的信息需求。

理解互联网思维，不能仅仅简单停留在某个互联网企业的思维层面，而是在数字化、网络化的时代背景下，以新型受众的用户价值为导向。互联网思维最大的特点在于用户至上，用户购买产品是服务的开始，即便用户没有购买服务和产品，同样也需要考虑为其提供服务。通过为用户提供免费的互联网服务和良好的产品体验，从用户的角度审视产品流通的各个环节，让服务超出用户预期，从而培养用户的消费忠诚度。

在传媒行业，互联网思维的核心理念是用户中心、产品化和社交化。媒体需要充分以用户需求为导向，以产品思维来指导传媒实践，利用社交媒体平台优势和新媒体技术优势充分调动用户的参与度和聚合度。国外的Facebook、Twitter等，国内的微博、微信等为代表的新媒体平台都是以互联网为土壤，并运用互联网思维进行用户信息传播与共享，这是与传统媒体截然不同的媒介形态及思维方式，也是传统媒体在新时代需要学习和借鉴的。

对于法治电视服务而言，互联网思维的应用是用新兴媒体的互联网思维对具有内容优势和品牌优势的传统法治电视节目进行指导，将传统媒体与新媒体进行有机融合。法治媒体的融合不是在传统媒体的基础上简单叠加新媒体传播产品，也不是传统电视业务与新媒体业务两者并行，而是要从内容、形式、技术等多个维度进行整合调整，形成以互联网思维为指导的全新法治

传播体系。

1. 重新认识受众：从观众到用户

长期以来，法治电视节目普遍陷入一个固定的思维定式，即传播者想当然地认为节目的主要受众是那些文化水平偏低、经济状况偏差的群众。这样的思维误区主要来自从业人员所受教育体系的局限性，法治电视从业人员多数为科班院校新闻传播相关专业出身，金字塔尖出来的莘莘学子以自身的生活常识去界定百姓的喜好，传统电视台又缺乏相对系统的法治服务培训，认知自然存在偏差。除了需要重新认知新时代的受众，最重要的是要转变受众理念。传统媒体从业者往往考虑的是做一个什么样的节目来影响受众，节目的传达就是传播的结束。而互联网思维下指导的节目是以用户价值为导向的产品思维。传播者需要时刻思考：我的用户是谁？他们有何需求？如何给我的用户提供更完善的产品和更全面的服务？用户对传媒作品的接收只是服务的开始，传播者要做的是让用户在购买前后，甚至不购买时，都能享受到多层面、多方位的产品服务和进一步的增值服务。因此，传统媒体要实现融合转型，首要任务是转变既有理念，建立以用户为中心、开放连接的思维方式。

互联网思维是一种用户至上的思维模式，传统媒体观念转变的关键是要用"用户"理念取代传统的"受众"理念，变受众为用户。互联网时代的用户已经不是过去被动等待接收信息的观众，而是具有表达和互动意愿的分散个体，他们较容易以社群的方式聚合，在社群中消费和生产内容。这些个体，每一个人都有独特的需求，而这些个性化需求就是互联网思维下媒体生产与运营的关键。法治电视也是一样，法治节目产品和服务都是围绕用户的需求展开的。在互联网时代的传播业网状生态圈里，法治节目如果仅仅从关注受众的立场着手做一档好节目，势必又会陷入传统僵化的思维中。因此，法治电视节目需要转变理念，深入挖掘和明确法治节目服务的用户，通过节目及其相关服务去满足用户的法治服务需求，在了解追踪用户的基础上再对用户进行有效管理。

2. 传播模式：从大众传播到社群化传播

传统的电视传播是专业的电视媒体从业人员运用电视传播技术和产业化手段，以影像节目的形式和一般社会大众为传播对象，进行的大规模信息生产和传播活动，是一种单向性强的传播模式。在新媒体环境下，对用户的传播思路要从传统大众传播的线性思路转变为对社交群体的扩大化传播。

著名社会学家哈贝马斯曾把公共领域概括为一个人们相互交流、讨论与公众利益相关的话题而形成的社会空间。当互联网成为信息交流的载体，网络成为人们讨论与自身利益关系密切话题的平台，网络公共领域逐步形成，并促进网络与现实中公共领域的共同变化与发展。

新媒体时代的网络公共领域的使用主体就是网络社群。艾瑞咨询在《2016年中国网络社群研究报告》中这样定义网络社群：有共同爱好、需求的人组成的群体，有内容、有互动，由多种形式组成。社群实现了人与人、人与物的连接，提升了营销和服务的深度，建立起了高效的会员体系，增强了品牌影响力和用户归属感，为企业发展赋予了新的驱动力。电视媒体传播影响力的扩大就是要拓展对社群传播的方式方法。

传统媒体的媒介融合创新已经在节目的内容设计和新媒体平台的搭载上试图贴近用户，主要的形式是增强受众与节目或者受众与记者、主持人的互动，这是一种较为传统的互动形式。但是，社群的互动与传统媒体的互动有所不同。互联网环境下的社群互动是多维度、去中心化的，在互动中不需要过分强调传受双方的身份，电视媒体或者电视从业者不再是互动环节中的主体，他们仅仅是纵横交织的立体互动中的一个点，通过积极参与互动，与社群成员一起传播信息、分享所得、寻求帮助，在社群中探索新的存在方式。

可口可乐有一则很经典的营销案例。2013年夏天，可口可乐推出了昵称瓶，每瓶可口可乐瓶子上的昵称包括"白富美""高富帅""有为青年""邻家女孩"等有鲜明青年属性的标签，消费者通常在购买后，会主动拍下昵称瓶发到网上，昵称瓶在社交媒体上迅速形成现象级传播。可口可乐的受众群体主要是年轻人，这些年轻人也是网络传播的主力，通过对年轻人社群的精准把握，昵称瓶迎合了青年群体的网络文化，带动他们线下参与购买属于自己昵称的可乐后，主动参与到网络社交媒体的讨论中，实现品牌的立体式传播。这就是运用互联网思维进行产品营销的一个典型案例。

对应到电视传播，观众或者说用户在节目接收和生产之间的界限已经逐渐模糊。在电视传播过程中，用户已经具有一定的主动参与和传播意识，这种主动性尤其体现在新媒体的传播上。展望未来，电视技术的飞速发展必然带来更深入的电视节目互动形式，也将带来用户信息接收条件的伴随式改变。在技术支持和理念革新之下，电视用户在互动过程中的角色将从被动接收电视信息到多元深入的主动参与，甚至到主导电视互动活动的进行。这种基于社群传播的互动强化了电视媒体独特的话语权，也在互动中实现观众对节目的忠诚度转化。

3. 核心优势：从内容为王到"内容+为王"

从电报电话到广播电视，再到现在的网络媒体，技术的发展一直推动和引领着媒体内容和形式的革新。当我们从大众传播走向社群化传播，法治电视如何利用社群与用户产生紧密联系，成为需要思考和解决的问题。

在信息技术发展和用户需求变化的双重驱动以及政府"先发展、后管理"的政策支持下，随着 2010 年启动的"三网融合"战略的大力推进，我国的网络视频节目不断发展起来。伴随新媒体技术的不断发展，携互联网基因而生的视频网站渐渐崛起，成为网络视频节目的"主力军"。目前，国内具有影响力的视频网站有很多，如优酷视频、爱奇艺、腾讯视频等。

互联网节目与传统电视节目之间存在显著差异。首先，节目媒介体制的管理主体不同，导致两者传播内容的差异。网络视频内容的投资方多为互联网企业，具有一定的商业性和目的性，其用户群体也偏向年轻化、多元化，内容主要以娱乐为主，以分众化内容为主要传播方向。而广播电视主要受到政府的管控和限制，内容更加大众化，旨在提供给受众符合国家要求、贴合人们需求的"主流"内容，具有公共性的特点。其次，收益模式存在差异。广播电视的收益方式还是以"二次售卖"为主。随着移动互联设备的发展，网络电视节目借由手机 APP 等移动传播渠道，更加注重精准推荐与互动传播。网络视频节目通过收集海量的用户行为信息，依据用户行为的数据模型向用户推荐个性化的定制内容和新闻信息。最后，受众参与内容方式存在差异。传统广播电视环境中的受众比较被动，而在网络视频节目中，用户展现出强大的信息需求和生产能力，逐渐成为网络视频发展的关键驱动力。

目前，传统法治电视在微博、微信等新媒体平台上的拓展，虽然很大程度上有了新媒体形式上的多样化传播渠道，但是在依托电视传播的内容将媒体与用户紧密连接上，尚存较大的提升空间。

传统电视媒体的思路是内容为王，以精心打造优质节目为核心，内容无论何时都是传统媒体专业性和导向性不可替代的根本。在新媒体环境下，电视内容本身的界定出现了新媒体化的更新。旧媒介技术形态下的内容是线性播出的音视频，而互联网环境下的电视内容则是一种集合图文、音视频、用户生成内容、大数据及电视技术元素为一体、具有多重体验的媒体形态。游戏、H5 网页、场景互动、全景视频、虚拟现实、人工智能等新技术都融入电视内容形态制作和传播的环节中。因此，内容只是电视传播的一个必要基础，在此基础上还要重视基于电视优势内容的连接，也就是要以"内容+"为王。

"内容+"的"+"，不是简单地把传统电视节目原封不动地搬运到新媒体播放平台上，而是要在内容、场景、微传播等多个维度上，进行媒体与人、人和人、人和社会的有效连接。这种连接的实现方式是以用户为中心，让用户通过制造、分享等方式参与到内容的生产与传播中。通过把内容投放到特定的社群网络中，并精准传达到特定的用户群体，才可能使社群加速活动，使内容引爆社群成为可能。

同时，法治电视媒体在利用传统媒体的资源和平台优势的基础上，应积极借助其他渠道和资源进一步进行传播和服务。法治电视媒体服务的内容不能只局限于传统媒体领域，而是要放眼广阔的市场，用产业化的眼光寻找深化价值的机会。

4. 类型拓展：节目普法的内涵延伸

随着法治社会的全面发展，观众的法律意识与维权意识不断提高，对于法律科普的需求也日渐增强，他们急需途径了解和学习基本法律常识，以便能用法律武器维护自身权益。在此背景下，在节目中植入普法内容，成为节目实现社会服务的创新举措之一。

以腾讯视频自制的律政职场观察类真人秀《令人心动的 Offer》为例。在全面依法治国的新时代，伴随着全民法治意识的提升，律师这一行业与人民生活有着更加紧密和频繁的联系。正因如此，《令人心动的 Offer》将律政行业和律师群体呈现到观众面前，带领人们走近这一看似熟悉实则相对陌生的领域。

作为一档职场观察类真人秀，该节目深入剖析了律师行业的真实生态，每期节目会设定特定的讨论课题并发布实习项目，让 8 位来自知名法学院的实习生在 4 位带教律师的指导下，完成课题后进行汇报，律师们对实习生的表现点评并选出优胜组，实习生们需要争夺有限的转正名额。

节目还邀请了何炅等 6 位嘉宾组成"Offer 加油团"，在演播室内观察实习生们在实习中的成长过程，同时穿插他们讨论相关的法律问题、进行一些法律知识普及以及个人经历分享等内容。节目最后也会呈现律师和嘉宾对这个行业的认识，以及未来对律师行业的期望。这个节目一方面可以让观众深入了解律师这个行业，另一方面可以更好地普法，通过探索真人秀观察与法治传播的有效链接，推动法治社会建设。节目注重探讨社会问题，例如第一期节目关注网络暴力案件，通过案件的展示、分析，引导和启发观众对该案件和现象进行理性地思考和判断。第二期节目为实习生们设置了辩题"靠美颜滤镜获得的66万打赏，到底该不该退还"，结合网络平台打赏造成的纠纷案件，让实习生们进行实战辩论，并在辩论中理清法律关系，也帮助观众在观看节目的同时，丰富完善自己的法律知识，在职场真人秀中注入法律干货。

在该节目的第二季第七期《法律援助——实习生直面人间真实》中，节目以公益法律援助为课题，让实习生们面对真实的人和事，通过处理各种法律援助案件，体验律师的社会责任和使命感。实习生们分为4组，分配相应的实习项目，其中的实习项目包括大学生就业培训小额贷款纠纷、快递员工伤赔偿、长租公寓爆雷以及家庭赡养纠纷。在节目中呈现了实习生们的工作状态和合作处理案件的过程，同时穿插观察室嘉宾讨论关于电话恐惧症和网贷诈骗舆情等信息，并由律师嘉宾普及如何防范网贷诈骗，避免套路贷的技巧，这有利于观众在轻松愉快的氛围中获取法律知识，增强法治意识。

《令人心动的offer》以职场观察为核心定位，在代入式、沉浸式的场景构建方面下足了功夫。节目通过两个展示空间的巧妙设置，既为观众提供了直接观察实习生表现的场景，也通过嘉宾的解读和点评帮助观众进行间接观察。"Offer加油团"的适时解读和想法交流，起到了很好地补充、解释和引领受众的作用。这种创新的节目形式不仅让观众深入了解律师行业，还为他们提供了一个学习和思考法律的平台。在媒体平台竞争激烈、注意力资源越来越稀缺的当今，互联网综艺节目要想脱颖而出，就必须坚守品质、打造精品。《令人心动的offer》直面时代环境、市场选择和受众审美，围绕国家普法需求积极创新，带领网络综艺实现了快速突围和垂直破壁，也打开了网综转型提质、创造精品的新思路。

5. 定位调整：从生产节目者到法治服务和IP运营商

传统电视媒体对自身的定义是电视节目的生产者，其核心优势是电视节目的内容生产。在人人都是传播者的时代，传统电视媒体从业者凭借他们的专业背景、成熟的内容生产流程和机制，仍旧保持着区别于其他媒体形态的优势。但是，新媒体对传统媒体市场的冲击改变了传统媒体的生存环境。传统媒体如果没有在媒体融合的传播新格局中找到合适的传播渠道和方式，仅靠高质量的内容，无法充分发挥其内容优势。因此，电视媒体需要重新审视自我定位，将优势内容嵌入恰当的传播渠道，再通过合适的方式进行推广。

传统电视媒体在内容生产上大多延续以节目价值为导向的技术思路，关注的范畴仅限于电视作品如何完成。尽管这些电视媒体已经开始使用新媒体渠道，但思维模式仍停留在旧有框架内，在多渠道发布同质化的信息内容，而非满足新媒体传播特性的内容产品，这不利于传统媒体在媒体融合中巩固和发挥既有优势。

在商业化运作层面，许多传统媒体对媒体融合的理解仅停留在简单的新媒体技术改进和多传播渠道业务扩张上，媒体内部缺乏协同创新的机制，也尚未形成适应互联网环境的成功商业运作模式。对此，法治媒体需要时刻谨记用户价值导向，强化法治服务和法治 IP 运营的意识，使用微视频、微内容等形式创作出更精细、更精准、更具网络传播潜力的内容产品，生产出能够满足多终端传播和多样化需求体验的内容产品，完成法治传播从节目生产者到法治服务和 IP 运营商的转化。

第二节　互联网环境引发法治电视节目内容生产的变化

徒法不足以自行，法的生命在于实施。高质量的立法转化为高质量的法治质效，不仅需要高质量地实施，还需要高质量的普法传播。

党的二十大报告突出法治保障在党和国家事业全局中的作用，强调全面推进国家各方面工作法治化。贯彻新发展理念，实现高质量发展。习近平总书记在党的二十大报告中指出："高质量发展是全面建设社会主义现代化国家的首要任务。发展是党执政兴国的第一要务。没有坚实的物质技术基础，就不可能全面建成社会主义现代化强国。"

在革命、建设、改革各个历史时期，我们党都高度重视科技事业。习近平总书记指出："科技创新是提高社会生产力和综合国力的战略支撑""推进自主创新，最紧迫的是要破除体制机制障碍，最大限度解放和激发科技作为第一生产力所蕴藏的巨大潜能"。习近平总书记的重要论述从战略高度阐明了科技创新在国家发展中的地位和作用，进一步深化了我们党对生产力发展与科技创新之间关系的认识，为新时代进一步解放和发展生产力提供了战略指引。

从党的十九大报告强调"创新是引领发展的第一动力"，到党的十九届五中全会提出"坚持创新在我国现代化建设全局中的核心地位"，创新在经济社会建设中的作用和影响愈发凸显。党的二十大报告再次强调"创新是第一动力"。抓创新就是抓发展，谋创新就是谋未来。实施创新驱动发展战略决定着中华民族前途命运。因此，电视媒体必须认知互联网新变化，灵活推进新技术的使用，始终坚持推进依法治国的本质要求，大力实施创新驱动发展战略，这为中国法治电视节目进一步挖掘电视传播的核心价值，在融合时代涅槃重生指明了方向。

一、受众的变化：受众构成、内容需求和审美趣味

2024年3月中国互联网络信息中心（CNNIC）发布的第53次《中国互联网络发展状况统计报告》显示，截至2023年12月，我国网民规模达10.92亿人，较2022年12月新增网民2480万人，互联网普及率达77.5%。其中，农村网民规模达3.26亿人，较2022年12月增长1788万人。[1]

伴随我国城镇化进程的不断推进，城镇人口不断增加，农村人口不断减少，受此影响，城乡网民结构也发生了细微变化。虽然城乡数字鸿沟持续加速弥合，但是互联网在城镇地区的渗透率依旧明显高于农村地区，且农村和城镇网民在互联网应用的选择和使用上也存在明显差异。

由于城乡经济发展程度不同，城乡网民在不同网络程序应用类别上的使用情况有所差异。截至2023年12月，我国网络购物用户规模达到9.15亿人，占网民整体的83.8%。一方面在网络购物、旅行预订、网上支付及互联网理财上，城镇网民使用率高于农村网民。但是另一方面，对即时通信、网络音乐、网络视频等发展较早的基础类应用，城乡网民使用差异并不明显，差异率均在10%左右。数据显示，我国手机网民规模已达10.91亿人，网民中使用手机上网人群的占比达99.9%。我国网络直播用户规模达到8.16亿人，占网民整体的74.7%。

互联网的普及改变了受众需求，他们对内容的即时性要求转变了媒介产品的供应形态。在新媒体环境下，受众注意力和时间资源在媒介上进行了调

---

〔1〕 参见《第53次〈中国互联网络发展状况统计报告〉发布 互联网激发经济社会向"新"力（大数据观察）》，载 https://www.cac.gov.cn/2024-03/25/c_1713038218396702.htm.

整与重新分配，同时，受众的身份也转化为电视观众和网民等多重身份的融合。在媒体融合的背景下，受众对媒体的使用并不是简单在传统媒体和新媒体之间做舍此取彼的选择，而是根据自身的需求，在生活中融合使用不同的媒体工具。以手机支付为例，随着受众对手机消费意识的逐渐增长，为了满足这种需求，线下手机支付开始加速向农村地区网民渗透，推动了农村地区网民使用线下手机支付的比例逐年增加。这就是媒介工具不断调整、满足受众日益更新需求的生动案例。

在收视需求与审美趣味的变迁中，美国心理学家马斯洛在 1943 年在《人类激励理论》论文中提出了著名的马斯洛需求层次理论，该理论将人类需求从低分高成五个层次，分别是：生理需求、安全需求、社交需求、尊重需求和自我实现需求。需要层次理论具有从低到高满足的特性，最基础且最重要的是生命安全和生存安全的满足，在安全保障的前提下，与生命健康和绿色持续发展相关的食品、医疗等方面的需求就会高于其他需求。在生理和安全需求实现的基础上，人们便追求基于家庭、社会、包括网络社群社交中对关爱的需求。在互联网形成的社群中，人与人通过网络社群的互动寻找到虚拟空间带来的归属感。而尊重的需求则体现在互动过程中对参与主体的公平、公正、尊重与被尊重的追求。需求理论的最后一个层次是自我实现，这种实现是个人理想与中华传统文化价值的完美结合。

我们将马斯洛的需求层次理论应用于法治受众审美趣味变化的探讨。在当下农村经济发展、城乡差距缩小的情况下，公共安全、食品安全话题在出现相关突发危机时自然是关注焦点。除此之外，对社交、尊重与自我实现的需求的增强同样反映在法治电视的收视需求上，农村婚恋、家长里短、创业故事等内容体量可窥见一斑。

在温饱满足的基础上，信息茧房效应和现实社会压力促使人们更加追求对爱的需求，马斯洛需求层次在当下已经上升。为什么现在慢综艺会火出圈？为什么大家开始看纪录片或者说纪录片式的综艺？这是人们对镜像真实和对爱的需求，导致现实喜欢真实、走心、质感的内容。纪录片式的综艺与传统的纪录片和综艺都有不同，它在强纪实的纪录形态中融合了明星的流量效应、综艺的节奏和故事化的叙述，例如《爸爸去哪儿》《奇遇人生》《上新了，故宫》等节目。由此可见，观众的审美趣味随着全球一体化、信息通信高度发达和城乡差距缩小，必然有所提升，对电视视听语言、节目形态、叙事手段等方面要求越来越高。然而，这些纪录片式综艺在打破台本限制，以纪实性探索节目模式和思想深度等方面，仍有待进一步的提升和完善。

二、传播环境的变化：从传统电视到三网合一的传输格局

在互联网环境之下，传统的电视播出渠道优势随着三网合一的传输格局而逐渐减弱。从屏幕到屏台经济，大屏的互联网化和交互性正在重塑新电视生态。尽管传统电视增加了与手机的互动场景，但这只是基于静态被动的电视媒体的"锦上添花"，而不是真正意义的更加趋于主动的用户场景。传播环境的变化体现在技术变革和市场变迁带来的影响上。

OTT TV 这一类的互联网电视就是基于受众需求变化而生的全新媒介生态。与传统电视节目相比，它们赋予了用户更高的主动性和个性属性，可以自由选择内容和观看时间，同时洞察用户个性需求并开展实时互动。新技术的发展推动电视产业链从封闭走向开放化，也将传统市场重新洗牌。用户个性化需求成为行业发展的源动力，技术平台和大数据成为驱动力，跨界融合则成为新趋势。

随着传输格局改变，媒介的边界被打破，"信息"和"内容"也被重新定义。在当下，任何有内容依附的事物都可以视为一种媒介。产品被赋予媒介属性并获得用户的自我认同，用户才会自主传播，比如日本每日新闻曾报道过，用户可以扫描矿泉水包装上的二维码，在手机端阅读新闻。那么，充分利用这一优势的关键，就在于要针对受众的特点设计并制作节目。

在实践中，运用移动传播的新思维，将电视节目转换成微视频的形式，是对传统电视人的一大挑战。尤其是法治节目的受众群体、传输环境和语言环境都具有一定的特殊性，如何突破这些难题尤为重要。过去，由于传播设备和技术的局限，地方媒体仅限于地方传播，只是建立一个地方台，而在互联网环境下，地方媒体得以突破地域限制，一跃成为全国性的传播平台。在未来的发展中，如何更好地利用主流媒体的传播平台，加大力度拓展传播渠道，以优质普法内容提升人们的法治意识，是法治传播亟待思考并有待解决的问题。

三、节目的变化：呈现形态、传播渠道与盈利模式

互联网对节目的影响，一方面表现在节目形态和传播渠道的互联网化演

变上。在互联网普及的环境下，传统法治电视纷纷开办网络和新媒体传播平台，成功实现了多平台、多终端的传播。然而，新媒体传播渠道的建设并不代表传统媒体一定能在与新媒体的较量中扳回一局。为了赢得受众的青睐，传统媒体必须以互联网思维来运营媒体，以观众的需求和体验为目标来打造节目。

在《互联网周刊》和 eNet 研究院共同评选的《2022 上半年度 APP 分类排行》中，在新闻资讯、直播、短视频、在线视频、农村电商服务、社交等领域的榜单上，均看不到传统媒体 APP 上榜。尽管新闻和视频是传统媒体的优势领域，但从排名来看，在线视频 APP 排名前三的为腾讯视频、爱奇艺、优酷视频，综合资讯排名前三的 APP 是今日头条、腾讯新闻、今日头条极速版。以今日头条等为代表的互联网企业依靠技术进行算法分发，形成了海量用户流量优势，它们在 APP 的呈现上，不仅仅是提供开放式的内容，而是建构了一个具有内容生产与分发功能的平台。因此，拥有内容和品牌优势的传统媒体，在移动端的构建和内容转化上，必须运用互联网思维，进行精细化的运营和管理，以确保在新媒体时代保持自身的竞争力。

在节目形态层面，截至 2023 年 12 月，短视频用户规模达 10.53 亿人，占网民整体的 96.4%。[1] 随着短视频应用的迅速崛起，微传播成为包括法治电视节目在内的电视内容向互联网渠道铺开的一种新媒体传播方式。

另一方面，节目盈利方式从传统的电视广告模式走向包括法律咨询在内的更全面的服务。传统媒体的生存方式主要依赖于广告，而广告的本质是展示。对于受政府政策和资金支持力度较大的法治电视媒体而言，其广告盈利模式远不如其他综艺频道。相较于网络广告，原生电视广告具有一定的相对优势。但是在互联网时代，新媒体广告的出现对传统电视广告造成了一定冲击，同时也给传统电视广告的突破转型提供了机遇。

目前，广告的投放分成原生电视广告和网络新媒体广告两个主要渠道。当今的原生广告已经脱离了过去单纯的展示层面，借助数据挖掘与分析技术进行精准投放，并实时监控广告效果，从而不断完善和改进。这种广告形式注重媒介内容与广告内容的无缝融合，以用户易于接受的内容呈现，吸引他们的注意力，并将其点击量或浏览行为转变为消费行为。法治电视的广告投

---

〔1〕 参见《第 53 次〈中国互联网络发展状况统计报告〉发布 互联网激发经济社会向"新"力（大数据观察）》，载 https：//www.cac.gov.cn/2024-03/25/c_1713038218396702.htm.

放也如同上述形式，在未来，法治电视在如何更好地将广告融入节目从而拓展广告渠道，增强实际传播效果，仍有较大的改进空间。

除了广告形式的变化，法治电视在互联网环境下还积极利用线上的节目内容和传统媒体平台的影响力拓展线上服务。同时，在线下，它们则通过延展性、拓展性的服务创造或满足用户进一步的需求，而这样一种从线上到线下的服务理念，则为法治电视盈利提供了新的渠道和思路。

第三节　互联网+语境下法治节目的融合思维转变

法治电视节目不仅能够促进全民提升法律意识，增加法律知识的科普，更能将法治理念深度融入社会，进而培育法治文明的有序社会。长期以来，法治电视节目是法治传播的主要阵地，其通过丰富的节目内容将法治理念传递给广大观众。然而，随着新媒体的发展，法治节目传播面临着前所未有的挑战和冲击。为了改变这一局面，法治节目迫切地寻求新的发展之路，以更适应观众需求的形式传播法治理念，它们与新媒体技术进行媒体融合，为构建更加和谐有序的法治社会发挥更大的作用。

早在 2016 年，党的新闻舆论工作座谈会上，习近平总书记就提出了媒体融合新的阶段目标——从相"加"迈向相"融"，为包括法治电视节目在内的传统媒体指明了转型和发展的方向。这一目标要求传统媒体不能固守传统的思维模式，需要转变融合思维，充分利用如广播电视技术、互联网通信技术、大数据等前沿媒介技术，更加有效和精准地推动法治传播，传递法治的价值和力量。

在互联网+语境下，法治节目的融合思维已经发生了一定的转变，它们已经能够在与新媒体深度融合的基础上，精准地把握受众需求，提供更加个性化、多样化的法治内容。同时，法治节目增加了更多的互动功能，提升了观众对其好感度，让观众在观看节目过程中轻松获取更多的法治知识。法治节目的融合思维变化具体体现在形式、内容、渠道等多个维度上。

一、形式转变：从单向传播到双向互动

传统的法治节目往往是单向的信息传播，缺乏反馈渠道，观众只能被动

接收节目内容。随着互联网时代的发展，新媒体技术赋予了观众更多的自主选择权，法治节目开始建立起与观众的双向互动机制。这种互动不仅丰富了法治节目的内容形式，还极大地提升了观众的参与感和归属感，促进了法治传播的进一步发展。

这种双向互动机制通常经由两种途径实现。一种途径是在节目中设置观众互动热线。目前，不少法治电视节目会与一些在线法律咨询平台合作，为观众提供法律咨询和解答服务。观众可以通过节目的官方账号提交法律问题，获取专业法律建议和帮助，这极大地提升了节目的实用性和服务性。另一种途径是通过微博、微信公众号等社交平台开设官方账号，及时了解观众的反馈和需求，调整节目的内容和形式，有效提高观众对节目的满意度。通过社交媒体平台，观众参与法治节目的讨论，不仅可以对节目内容提出整改意见，提供创新参考，还可以通过与其他用户的互动来讨论具体的法治内容，用类似同伴学习的方式强化对某些法律知识的掌握。

法治节目的双向互动形式提升了观众的参与感和归属感，观众会更加主动地参与到节目中，表达自己的观点和看法，从而提升对法治内容的关注度。同时，观众的反馈意见为节目制作方提供了宝贵的参考，帮助他们在短时间内更好地了解观众的需求和喜好。观众的观点和经历也可以成为节目的素材，丰富节目的内容。通过这样的互动，电视成为一种双向交流的互动装置。法治电视节目的内容随着观众的即时参与而实时变化，更多的互动玩法让法治传播渗透进群众日常生活的更多场景。

然而，目前法治节目与观众的互动仍存在一定的问题。一方面，节目互动渠道有限且不够便捷。尽管许多法治节目已尝试通过社交媒体、电子邮件与观众互动，但这些渠道的影响力仍然不足。许多法治节目官方账号下的观众评论寥寥，这需要节目提升传播内容的质量和趣味性，增加观众的互动意愿。另一方面，互动反馈不够透明，观众往往无法直观地得到期望的反馈或回应，这可能会影响他们对反馈渠道的信任度，进而影响对节目的好感度。因此，法治节目需要不断改进互动效果，与观众保持持续的沟通和交流，使观众得到更多正向的反馈，从而提升观众的互动欲望。

二、内容转变：注重用户体验和个性化服务

在当下，法治电视节目融入互联网思维，优化用户体验和扩展个性化服

务是融合思维转变的重要一步。随着互联网时代观众需求的日益多样化，法治节目也应该紧跟时代步伐，提升用户体验并利用算法技术为用户提供个性化服务，这能够满足观众的定制化诉求，提升节目在大小屏幕融合时代的收看率，从而增强节目的经济效益和社会效益，为法治节目的持续发展提供有力保障。

随着算法技术和大数据的发展，法治节目可以利用这些分析工具，进一步刻画用户画像，明确主要观众群体，并针对他们的兴趣和需求，提供和播放定制化和个性化的法治内容。通过分析观众的观看历史和搜索记录等数据，节目制作方可以准确把握他们的喜好，推出更贴近他们需求的内容，同时利用多样化呈现形式如短视频、直播等，满足不同观众的观看习惯。此外，法治节目还可以运用智能推荐技术，向观众推荐他们感兴趣的法治节目，提升他们的观看效率和体验感。

法治电视节目需要不断深入用户群体，了解他们的普法需求。例如，重庆市人大常委会办公厅和上游新闻联合打造的融媒体普法栏目《上游说法》，邀请人大代表、专业律师等担任讲解员，对新实行的法律法规进行深度解读，其节目内容既权威又接地气，使法律法规变得通俗易懂，满足了市民想要了解新法新规的普法需求。由此可见，在互联网时代要做好一档法治节目，实现精准普法，了解观众的兴趣和需求是极为关键的前提。

目前，法治节目在注重用户体验和个性化服务上，主要存在两个方面的问题。一方面，法治节目对用户数据分析的应用不足。尽管大数据分析工具为这些节目了解观众兴趣提供了更为精确的数据，但它们大多只是简单地收集数据，缺乏深入地挖掘和分析。因此，法治节目在未来的发展中需要重视和利用好用户数据，从而打造数字化普法新高地。另一方面，这些节目缺乏个性化内容的呈现，节目制作方需要更加深入地了解和掌握不同观众群体的特点，推出更贴合他们需求的个性化内容，实现全时空、全方位匹配人民群众的法治需求。

三、渠道转变：跨媒体融合与资源共享

在互联网时代，各种媒体之间的界限逐渐模糊，跨媒体融合的形式越来越常见。在这种背景下，法治节目作为传递法律知识、弘扬法治精神的重要

载体，也开始借助跨媒体融合提升传播效果，提高社会效益。

跨媒体融合为法治节目提供了更广阔的传播平台。在过去，法治节目往往局限于电视这一传统媒介进行传播，其受众范围和播放时间都受到了限制。然而，随着新媒体技术的蓬勃发展，观众可以通过多种媒体平台观看法治节目。以央视社会与法频道的诸多法治电视节目为例，这些节目在电视端播出的同时，也通过央视频、腾讯视频等新媒体平台进行同步直播。这极大地拓宽了节目的传播渠道，使观众能够随时随地、便利地收看法治节目，有助于增加观众数量和提升观看时长，从而进一步增强法治节目的社会影响力。

法治节目通过在不同媒体平台进行宣传和推广，有效扩大了节目的传播力。为了适应互联网时代观众的观看习惯，法治节目需要采取灵活多样的宣传策略。例如，可以将法治电视节目中的精彩片段和关键的法律知识点制作成短视频，在抖音、快手等短视频平台上进行传播。这种短视频形式的内容更符合当下观众的碎片化阅读习惯，能够迅速吸引观众的注意力并激发他们的观看兴趣。此外，还可以通过在微博等社交平台上发布具有网感的宣传文字，以吸引更多观众。这些做法有效地提高了节目的传播效果，使其更好地服务于法治宣传和社会教育。

然而，在跨媒体融合的背景下，法治节目往往会面临内容同质化的问题。由于不同媒体之间的合作与资源共享，法治节目在内容制作上可能会出现大量重复和相似，缺乏独特的原创性。此外，不同的媒体平台具有不同的传播特性和受众群体，如果法治节目没有针对不同平台的特点进行内容调整和优化，就可能导致节目内容无法适应多个平台的传播需求，从而降低观众的观看体验，影响节目的品牌价值和市场竞争力。因此，法治节目需要针对不同平台的传播特征，有针对性地调整和优化内容，最大化地发挥跨媒体融合的内容优势。

一个现代国家，必须是一个法治国家，国家要走向现代化，必须走向法治化。党的十八大以来，依法治国、依法执政，依法行政、法德结合等重要思想原则，奏响了法治中国建设的时代强音。十九大报告十分重视法治建设，法治频繁出现在各个章节。从深化依法治国实践、全面推进依法治国到坚持全面依法治国，十九大报告描绘了建设中国特色社会主义法治体系、建设社会主义法治国家、全面依法治国的宏伟蓝图，更为未来的中国普法传播指明了前进的方向。

　　法治是人类政治文明的重要成果，是现代社会的一个基本框架。新时代中国法治电视节目的融合创新实践，始终与我国社会主义民主法治建设同频共振，通过打造普法传播的媒体融合主力军，书写新时代中国特色社会主义法治建设新华章。

多类型法治节目的全媒体探索实践〔1〕

自党的十八大以来，中国法治建设的步伐不断加快，"全面推进依法治国，加快建设社会主义法治国家"等依法治国理念深入人心。党的十九大进一步将全面依法治国确立为新时代坚持和发展中国特色社会主义的基本方略之一，并提出了到 2035 年基本建成法治国家、法治政府和法治社会的目标。党中央强调，要使法治成为社会文明进步的强大动力和全体人民的共同追求，成为全民信仰、国家信仰。

依法治国进程的推进为中国电视法治节目提供了新的发展机遇，并对其未来发展提出了更高的要求。2019 年 1 月 25 日，习近平总书记在中共中央政治局第十二次集体学习中把脉媒体融合，为法治节目的全媒体发展指明了方向。他强调"要从维护国家政治安全、文化安全、意识形态安全的高度，加强网络内容建设，使全媒体传播在法治轨道上运行。"近年来，在法治节目实践领域，一些优质节目积极进行全媒体探索和尝试，或为建设法治中国提供了新的实践和思考范本。

第一节　法治纪录片节目的创新实践

法治电视节目具有独特的视觉叙事范式，其中一个鲜明的特征就是纪实。这一特点不仅表现为庭审纪实类节目对庭审现场的聚焦、法治新闻类节目对案件现场的纪实报道、以案说法类专题节目纪实性与故事性的巧妙结合，更

---

〔1〕 注：上海政法学院上海纪录片学院 2020 级研究生张俊艳、雨辰、潘一统分别对本章中《天网》《今日说法》《罗翔说刑法》三档节目的案例分析做出贡献，特此说明。

体现在法治纪录片节目对中国法治建设历史景深的深度描绘上。

在中国纪录片发展历程中，涌现了《毛毛告状》《中国司法之路》《案藏玄机》等一大批具有影响力的政法题材纪录片，还有《巡逻现场实录 2018》《今日说法》《法治进行时》《案件聚焦》《庭审纪实》《法治天下》等诸多法治电视节目推出的一系列纪录片。这些优秀的法治纪录片节目展现出中国法治建设进程中的问题与进步，有力推动了法治社会的建设与法治文化的普及。

一、政法题材纪录片的发展经验

相较于法治领域这一更为广泛的概念，政法题材纪录片所指的政法题材针对的是一个较为具体和专门的法律实践领域，它包含党和国家对法治的领导和管理，并涉及法院、检察院、律师等具体的法律实践。

政法领域与纪录片具有天然的契合点和内在的关联性。首先，两者在目的上殊途同归，具有一致性。真实是纪录片的生命，记录的过程本身就是呈现真实和探寻真相的过程。而在司法领域，真相亦是司法的基石，司法过程也是追求和依据真相执法的过程。其次，两者在功效上相得益彰，具有一致性。纪录片作为以真实为基础的叙事艺术，离不开叙述内容的戏剧性。而政法题材则自然蕴含着悬念、奇观、对抗等纪录片叙事中最为宝贵和重要的戏剧性元素。相较于其他题材，具有无可比拟的先天优势，能够有效提升纪录片的艺术魅力和传播效果。最后，纪录片赋能法治公正，法治也滋养纪录片的成长。法治教育能够借助纪实美学艺术更好地展现法治进程、讲述法治故事、彰显法治精神，而纪录片也能够在法治的沃土中苗壮成长，成为法治精神的生动展示。基于上述原因，纪录片与政法领域的融合可谓相辅相成，互为表里。

政法题材中蕴含的极致人性冲突，以及与日常生活迥异的强烈故事性和戏剧性，成为纪录片取材的丰富矿藏。拍摄完成的政法题材纪录片让公平正义以人民可见可感的视听方式呈现，在全世界范围内，它都成了推动司法公正的影像力量。

在国外法治纪录片创作中，以美国纪录片导演埃里尔·莫里斯执导的纪录片《细细的蓝线》为例。该片取材于 1976 年美国得克萨斯州伍德警官遇害案件，上映后引起了广泛热议。这部纪录片使得"替罪羊"亚当斯在长达 11

年的错误监禁后被无罪释放，它像一记沉重的重拳，狠狠地挥向了美国司法系统。有网友评论：

"因为一部纪录片，改变了一个人的命运，也对美国的法律体制提出了至今回响的质疑。纪录片的创作的社会意义，与纪录片创作的艺术价值相比，孰轻孰重，因人而异，也因影片而异。[1]"

电影《细细的蓝线》借鉴司法调查取证手段形成的独特风格，一举成为20世纪70、80年代西方新纪录电影的代表作之一。此外，美籍亚裔导演崔明慧执导的法治题材纪录片《谁杀了陈果仁》，获得了第61届奥斯卡金像奖最佳纪录长片提名奖。这部纪录片深入探讨了美国历史上一起震惊世人的仇恨犯罪事件，导演采访了包括凶手艾本斯、陈果仁的母亲余琼芳、案件的目击者、当事警察、律师，以及汽车行业工人等多方面人物，对案件进行全面的回顾和分析，揭示悲剧背后的人性及美国社会存在的问题；迈克·摩尔执导的《科伦拜恩的保龄球》是一部追问美国枪支问题的纪录片，通过美国哥伦比亚中学校园枪击事件，深入探讨了美国暴力事件的本质，把枪支作为一种符号来探讨美国自由和自我毁灭之间的联系与矛盾；美国探索频道系列节目《刑案放大镜》也深入探寻、调查、求证和发现了全球重大案件，拥有大量忠实观众。

在国内，上海是中国纪录片的重镇，也是纪录片的一张名片。在20世纪80、90年代上海纪录片崛起大潮中，《毛毛告状》这部政法题材纪录片发挥了举足轻重的作用。该节目在上海电视台纪实频道《纪录片编辑室》栏目播出，这是全国第一个以纪录片命名的电视纪录片栏目。《毛毛告状》记录了一名来自湖南的26岁"打工妹"，带着三个月大的娃娃来到上海，寻找孩子父亲的艰辛经历。面对未婚残疾的父亲拒认孩子的现实，她毫不退缩，勇敢地使用法律武器来维护自己和孩子的权益。最终，她让尚在襁褓中的女儿"毛毛"坐上了原告席，为自己的正义而战。该纪录片真实而又曲折的情节，让《毛毛告状》一时成为上海街头的热议话题，并使其成为当年收视率最高的纪录片，制作和播出节目的《纪录片编辑室》也因此受上海观众的了解和喜爱。

---

[1] 云纳君：《破尺度的纪录片，揭开"美国司法"丑陋，但奥斯卡不认它》，载 https://www.163.com/dy/article/FRPVRJTC0537ADE0.html.

《毛毛告状》糅合了法律案件的强情节性和纪录片的真实手法，在一定程度上解决了当时中国纪录片曲高和寡、叫好不叫座的尴尬局面，为中国纪录片的大众传播探索了解决之道。

回望中国纪录片发展历程，政法题材纪录片在推动中国纪录片乃至电视行业的市场化进程中也曾扮演过重要角色。尤其是在 21 世纪初，中国电视收视率大战的时代，政法题材节目作为当仁不让的重要法宝，成为电视率收视的保障。大量以纪实为主要表现手法的政法题材节目，如中央电视台综合频道的《今日说法》和社会与法频道的《天网》《一线》《庭审现场》《忏悔录》等节目，还有上海电视台的《案件聚焦》和重庆电视台的《拍案说法》，成为一个时代的观众不可磨灭的记忆。

"法者，治之端也。"全面推进依法治国是国家治理的基石，国家现代化的实现，必然要走向法治化。全民普法和守法是长期、基础性的工作。近年来，电视荧屏涌现了《法治天下》《法治中国》《中国司法之路》《案藏玄机》《致敬中国英雄（政法季）》《大城无小事——派出所的故事 2019》《巡逻现场实录 2018》等一批制作精湛、反响良好的政法题材纪录片。2015 年，中国教育电视台联手人民法院报社正式推出日播纪录片栏目《法治天下》，成为全国第一档以法官为主体并由法官讲述主审案件的电视节目，在青少年普法教育中发挥着重要作用。

随着媒体技术的进步和公众法律素养的提高，政法纪录片节目在表现形式、技术手段、创作理念方面不断创新发展，努力提升公众的法律意识和法治观念，促进司法透明和公正，增强社会监督和参与感，在推动法治社会建设中发挥着持续且不可替代的作用。

二、法治电视纪录片节目《天网》的故事化叙事[1]

《天网》于 2004 年首播，是中央电视台社会与法频道推出的一档法治纪录片栏目，主要记录历史上的大案和名案。这是一档晚间档日播节目，节目名称中的"天网"暗示了法网恢恢，疏而不漏，警示不法之徒终将落入法网。

经历 20 年发展，《天网》已成为社会与法频道的品牌栏目之一。凭借其

---

〔1〕 参见吴圆圆、张俊艳：《法治纪录片栏目〈天网〉的叙事策略探析》，载《科技传播》2021 年第 15 期。

出色的叙事策略、专业的案件解读和深刻的传播效果在同类电视栏目中独树一帜，获得了良好的口碑和社会影响力。借助法治纪录片节目《天网》创作实践经验，深入剖析其叙事策略，或可为同类型节目的制作播出提供借鉴和改进思路。

1. 传递价值的选题原则

法治纪录片对选题的整体谋划，既要与播出平台及节目定位一致，又要运用选题的特色优势来体现法治纪录片节目的独特性。《天网》的选题既关注对中国法治建设进程产生重要影响的事件、案件的真实记录，又着眼与人们生活息息相关的社会重大事件，体现出鲜明的价值引领原则。

《天网》节目在标题设置上，围绕栏目"传递正义、弘扬正气"的主旨进行普法传播。标题写作短小吸睛，多通过在标题中设置悬念、凸显数字、巧用修辞、警示语劝诫等方式方法，既体现故事化表达，又强化人文关怀。例如《四个关键人》《血色轮胎印》《谁动了我的钻石》《"天堂"来电》等。

表1　《天网》2024 年播出的部分节目选题与内容

节目标题	节目内容
《直面"武王墩"》（上）	安徽省淮南市警方出动大批警力，在安徽、江西、山东多地对一个盗墓团伙统一收网，在河南，该盗墓团伙的老大张某也被警方抓获。
《直面"武王墩"》（下）	几个人影溜进了安徽省淮南市八公山区的一户院落，趁着夜色偷盗出几件物品后悄然离去，这一幕是淮南市武王墩墓被盗案中出现的一桩案中案。
《屋顶来客》	江苏省南通市海门区三厂街道的一家珠宝店发生盗窃案，珠宝店休息室上方的洞引起了民警的注意，最终将犯罪嫌疑人张某捉拿归案。
《梦碎牛奶箱》	安徽省阜阳市临泉县公安局民警，发现有涉毒前科的张某金去昆明和一个叫陈某的人见面了，警方怀疑张某金这次去昆明的目的就是要联系毒品。
《夜来"寻宝人"》	福建省福州市公安局仓山分局刑侦大队接到群众报案，城门镇龙江村一座明代石塔遭到破坏，石塔上刻有四面佛的石块不知所踪。
《大雾迷途》	山东省济南市被大雾笼罩，一辆摩托车发生交通事故。由于事发时正值雾气浓重的清晨，民警调取的监控视频白茫茫一片。

续表

节目标题	节目内容
《出错的童书》	张老师来到四川省资阳市公安局临空经济区分局雁江派出所报案，她怀疑自己前阵子在地摊上购买的儿童图书是盗版的。
《渔村暗哨》	江边渔港小镇，突然被人电话举报。黑色链条浮现，民警秘密走访调查。举步维艰，取证工作竟然几经周折。一访再访，警方终于等来收网时机。
《跨境的"金砖"》	云南出入境边防检查总站文山边境管理支队的民警在工作中接到一个举报，有一个叫华某的男子打算从边境走私两包"金砖"进行贩卖。
《夺命的石头》	内蒙古自治区赤峰市元宝山区发生一起非接触性交通事故，造成一人死亡。经过调查，事故原因是货车轮胎夹带煤矸石飞出砸中轿车。
《"杠杆"的魔力》	上海证监局的工作人员发现有一家公司存在明显异常，进一步分析数据后怀疑这家公司很可能在从事一种名为"场外配资"的违法行为。
《买证风波》	年轻小伙网上求购驾照，亲戚朋友十三人接连被骗，自知上当慌忙报警，警方研判案中有案。网上交易，快递收发，假证窝点现出原形。
《睡梦中的脸》	女子在睡梦中惊醒，眼前竟有一张生人的脸。相貌描述成为破案关键，女子究竟认不认识闯入之人？记忆模糊，警方如何锁定入室盗窃疑犯？
《身后有眼》（上）	石料厂三万余吨石料莫名失窃，损失二百余万元，蚂蚁搬家似的盗窃持续流量一年。铲车司机五十五万元现金突然被盗，这笔来源不明的收入竟是赃款，是受害人还是嫌疑人，警方如何识破伪装？
《身后有眼》（下）	在陕西省铜川市经营石料厂的刘女士发现，石料厂每个月都有石料丢失，总计丢失三万余吨石料，损失近二百万元。

　　以《天网》之《蹊跷的职业中介公司》（20210127）为例。江苏省苏州市公安局苏州高新区分局专案组接到报案，是关于某处一职业中介公司利用网络平台发布虚假职位，承诺工资高而且包吃包住，欺骗求职者来签订有陷阱的入职合同，利用合同漏洞骗取求职者钱财的案件。公安局经过调查发现了职业中介诈骗窝点，揭开了高薪诚聘背后不为人知的秘密，具有很强的警示性和反思性。以《天网》之《净网》（20210114）为例，湖北省麻城市

公安局接到报警，一名建筑公司的员工张先生称，在手机的网友聊天群中，一名网友向他推送了一个情色视频直播应用，他在充会员后却无法退款。警方调查发现，该应用实际上是一个淫秽色情网络直播平台，通过充值奖励来吸引大量用户，并通过更换应用程序名称和外观进行隐蔽伪装，还链接到其他平台和程序上进行推广，交易流水过亿。该犯罪团伙甚至还会利用用户的个人信息来实施各种网络犯罪。通过警方的跨国追捕行动，成功打击了这一犯罪团伙。同时，节目也提醒观众提高警惕，避免落入网络诈骗陷阱。

2. 悬念凸显的故事化叙事

故事是最为普遍且喜闻乐见的文化消费方式。在《现代汉语词典》中，"故事"一词有两个含义：第一个是"真实或虚构的用作讲述对象的事情，有连贯性，富吸引力，能感染人。如神话故事、民间故事、爱情故事等。"第二个含义是"文艺作品中用来体现主题的情节。"[1]叙事是对故事的叙述，通过一个或多个事件以及关系的话语表现，将其重新编排并连接成为故事。

叙事学起源于20世纪60年代西方对文学叙事的批评，于80年代进入中国。托多罗夫在《十日谈》中第一次正式地将"叙事学"提出并使之成为一门学科。随着叙事学的日益成熟和媒介技术的发展，叙事理论由文学作品转入到电视节目领域，叙事学逐步应用于影像作品的分析。作为法治电视品牌节目，《天网》成功采用了故事化的叙事方式，给其他同类节目起到了良好的示范作用。

作为一个纪录片节目，大多数题材都是"过去完成时"，也就是已经发生的事件或已经定案的案件，在制作过程中记者跟进展开调查取证的可能性很小。因此，缺乏对实时性和现场性的介入，法治纪录片节目要讲好故事，更需要讲究叙事的技巧。其中，悬念的成功设置是《天网》故事化叙事的突出亮点。

所谓悬念，就是由作品引起的、受众对故事发展和人物命运的关切程度。好的悬念，应出人意料却又在情理之中，不任意夸大，不随意捏造，使观众产生置身于其中的参与感，随着人物命运的起伏或悲或喜。当悬念被巧妙地

---

〔1〕 参见中国社会科学院语言研究所词典编辑室编：《现代汉语词典》，商务印书馆2016年第7版，第471页。

设置和激发时，观众会渴望了解事件的真相、人物的命运，甚至是背后的内在动机，这种心理状态会增进观众的情感投入，让他们更加专注地跟随故事的发展。[1]在《天网》节目的制作过程中，常用的设置悬念的方式包括：

第一，利用特定线索设置悬念。通过一个物件、场景或细节作为贯穿案件情节的线索，在一期节目中多次呈现，引起观众的好奇心，然后将案件相关因素与这一特定线索联系起来，逐步推进故事情节。以《天网》之《足迹上的编号》（20210303）为例，湖南省浏阳市公安局接到报案，称辖区内一家金店在凌晨时分被洗劫。警方迅速成立专案组展开侦破工作，发现窃贼非常警觉，监控录像中未能发现更多嫌疑人的踪迹。在现场勘查中，警方意外地发现了一枚相对完整的足迹，上面印有"特训35789"的字样。这一串数字究竟隐藏着何种含义？《天网》节目以足迹和字样为线索，层层推进，逐步揭开案件真相。

第二，利用反常情境设置悬念，即借助与我们日常生活截然不同的情景，营造一种反差。节目利用人们的好奇心和探究欲，引发观众对事件真相的期待。以《天网》之《一追到底》（20210201）为例，该期节目讲述湖北省潜江市公安局杨市派出所接到一名来自湖北省孝感市的杨姓男子的报案，声称自己在某日凌晨，在距离潜江市火车站两公里外十分偏僻的小路上遭遇枪支抢劫，损失数万元。然而，为何杨某选择在事发一星期后才报警？他又为何会在凌晨一点多出现在偏僻的小路上？《天网》节目从这些问题展开叙述，逐步解开了谜团。原来，杨某与嫌疑人在此处进行枪支交易，遭遇持枪抢劫。由于知晓此类交易属于违法行为，他担心报警后可能面临公安处理，因此才选择在一个多星期后报警。节目通过设置层层悬念，提出一系列疑问，吸引观众跟随节目的进展，深入了解事件的原委和经过。

第三，利用视听效果设置悬念。在尊重案件事实的基础上，《天网》节目通过镜头语言、音乐配合、画外音、特效剪辑等手法设计，将悬念情节呈现得更加吸引人，使观众在视听上感受到立体的艺术魅力。以《追踪白纸袋》（20210209）为例，节目一开始，伴随着充满悬念色彩的音乐，展示了一个公共监控录像所拍摄到的画面：在宁静黑暗的校园宿舍楼窗外，出现一个用衣

---

〔1〕　参见付春苗、李超：《浅析电视纪录片叙事艺术的"故事化"理念》，载《新闻界》2010年第1期。

物制成的白色绳索在缓缓下垂，营造出一种紧张恐怖的气氛。随后，一个身着白衣的可疑人物出现。紧接着，画外音提出疑问：他是谁？为何会做出如此奇怪的举动？学校里到底发生了什么？通过这样紧凑悬疑的视听效果，节目营造出紧张氛围，有效调动观众的好奇心和探索欲。

3. 讲究技巧的视听表达

《天网》栏目巧妙地利用叙事元素和影像表达对案件进行真实客观地呈现和剖析，这是保持节目高品质的重要法宝。

在具体的叙事逻辑上，真实性是节目叙事的第一要务。《天网》通常将案件的来龙去脉剖析清楚之后，提取案件的关键逻辑思路，将之重新编排，加以结构化，形成最终的播出路径。对于案件的表现，首先，节目会在保证事件真实性的前提下，使用情景再现和真实模拟手法，客观模拟案件发生的过程，保证事件叙述的完整性和流畅度。其次，在人物采访上，通过"主人公自述""见证人述说""旁观人述说"等多种形式，让人物亲自来讲故事，从而增加电视纪录片故事化的真实性和代入感。最后，节目尽量弱化记者的存在，记者往往不出镜，只是充当呈现和记录案件过程的角色，避免干扰被采访者。

在镜头语言上，运用不同镜头景别、镜头运动和技术手段，注意用镜头捕捉细节，使节目画面语言具有强烈的表现力。以《守护三晋·追缴国宝》（20201005）为例，这期节目讲述的是山西省公安机关打击文物犯罪的专项行动。节目开头用航拍和空镜头展示三晋大地的好风光，接着用快速的运动镜头展示山西公安民警全副武装奔跑着执行任务的现场。在文物抢救成功后，节目也运用诸多特写镜头，充分展示文物在博物馆展出时的精美细节。对细节的捕捉和放大，进一步深化了节目的主题，表现出节目的普法内涵。

在剪辑上，节目利用蒙太奇组接艺术进行故事化叙事，这是一种非常重要且有效的剪辑手段。蒙太奇，源自法文"Montage"的音译，原本是建筑学术语，指的是组装、组合、构建等概念。在影视艺术中，这个词被用来描述画面、镜头和声音的组织方式。蒙太奇的含义不仅局限于镜头之间的排列、组接效果，它也是整个视频节目场面、段落的结构方法。视频创作的蒙太奇思维始终存在于编导的创作观念之中，贯穿于从构思、选材、拍摄到编辑合成的全过程。[1]作为节目的基本结构手段和叙事方式，也是贯穿整个节目创作的影像思维。《天网》节目多利用叙事蒙太奇的方式，以交代情节、展示事件为主要目的，按照事件发展的时间流程、逻辑顺序、因果关系来分切和组合镜头、场面及段落，表现连贯的剧情，重在动作、形态和造型的连贯性。[2]通过将蒙太奇手法运用于节目叙事，观众们能够看到一个个生动且富有普法传播价值的真实故事。

尽管节目在普法传播方面取得了显著成效，但也存在着同类型案件同质化、过度展示现场画面和破案细节等问题。尤其是对案件细节过多展示，可能会对观众产生不良示范，特别是对一些心智尚未成熟的青少年，可能会模仿跟风。青少年用户构成一个独特的群体，他们的情感和意志的发展通常先于认知的发展，而认知进行转变的最后一个表现便是从绝对观念向相对观念的转变，这意味着他们对很多事物容易出现非理性的认识。传播学的培养理论指出，电视暴力内容对青少年犯罪具有诱发效果，电视节目中充斥的暴力内容会增大青少年对现实社会环境危险程度的判断，也就是说，会增加人的不安全感。《天网》节目中会展示警方的一些破案方法，过度强调故事手法也容易走向娱乐化。因此，节目可以适当扩展选题范围，关注现实生活中普法问题，向观众提供最实用的法律知识和最切实的法律援助，从而将法理性和故事性深度融合，将法律知识和法治精神注入节目故事之中。

《天网》是记录中国法治建设进程的重要纪录片平台。随着媒介传播渠道的多样化，作为一档播出时间长达二十年的法治电视节目，《天网》积极开拓各种媒介传播渠道，充分利用社交平台，以满足受众在碎片化时间内个性化的观看需求。在提供高质量节目的基础上，节目开设了官方微信公众号、官方微博和央视频号等新媒体账号，尽最大可能与受众进行互动，以实现传播效果和价值的最大化。

三、新视频法治节目《守护解放西》的观察式纪录

二次元画风的片头、观察式的纪录拍摄、轻松搞笑的综艺式包装，节目不寻常的呈现形式导致很难单一的用纪录片或综艺节目对《守护解放西》进

---

[1]　参见吴圆圆：《新视频节目创作教程》，清华大学出版社 2023 年版，第 123 页。
[2]　参见吴圆圆：《新视频节目创作教程》，清华大学出版社 2023 年版，第 124 页。

行定义。不同于传统电视平台制作的法治纪录片节目，《守护解放西》代表的是新视频节目创作理念〔1〕下的法治纪录片节目新形态，具有青春网感的外在表现和寓教于乐的内核表达。作为一档网生节目，它有着区别于传统广电行业创作规律的播出平台、技术支持、表现形式和互动参与，形成了适配当下媒体行业发展的专业认知。

1. 讲述有人情味的法治故事

《守护解放西》定位于警务纪实观察真人秀，或者可以将它称为"法治综艺类纪录片"。自 2019 年第一季在哔哩哔哩平台（简称 B 站）播出以来，口碑与流量齐飞。节目一次次"出圈"，更让坡子街派出所及民警成为网红。该节目把握平台特性，精准命中观众喜好，以青春网感和正向普法的双向奔赴，实现了法治纪录与政务宣传的年轻化传播。

《守护解放西》通过基层民警的细碎日常，展现出警察制服背后有血有肉的一面，从平凡中窥见伟大。节目采用纪录式的拍摄手法，以湖南省长沙市坡子街派出所民警为主要人物，深度展示了大都市核心商圈城市警察的日常工作，在严肃题材中向观众展示新时代的平凡英雄。节目通过呈现民警的巡逻、多警种联动、疑犯审讯、重要案件介入等情节，展示法律、道德、情感和事件在复杂警情中的交织，树立了民警勇于担当、理性应对、关爱民众的形象。同时，该纪录片也通过各种案件故事，普及相关的安全和法律常识。

作为一部警务纪实纪录片的主体，坡子街派出所成了展示解放西警察日常的"切口"。黄俊龙是坡子街派出所的所长，如今的他还拥有着一个"活在片头片尾的男人"的称呼，在他看来，《守护解放西》的成功，离不开用人情味认真讲好警察故事。他说，"如今面对的 90 后甚至 00 后的孩子们，刻板的教条式的法治宣传早已不适应，《守护解放西》不仅向观众们展示了真实的人生百态，更是一次对互联网时代年轻人的普法教育，告诉他们什么能做，什么不能做。"出警时警察的暖心行为和话语，使得在哔哩哔哩平台的节目弹幕里出现了很多"这样的警察很暖心""警察叔叔真辛苦"等评论。透过节目，警察的脸谱化形象一点点被打破，观众看到了有血有肉的警察，也看到了鱼水情深的警民关系。

---

〔1〕 笔者在《新视频节目创作教程》一书中提出新视频节目的概念，指出新媒体的本质特征和传播优势让我们看到，节目传播面对的挑战不是内容和思想，而是表达方式和渠道革命。

在呈现形式上，《守护解放西》也与一般的法治题材纪录片有所不同。节目试图以综艺的形式来呈现纪录片的内容。通过超长时间的跟踪拍摄，节目积累了大量的真实警务拍摄素材，再凭借富含网感的综艺式剪辑和包装，在真实性和趣味性之间找到了一种平衡。

2. 猎奇案件的真实纪录

节目致力于在严肃的普法与受众容易接受的娱乐性间寻找平衡。为了确保能够拍摄到各种猎奇的案件，节目选择了地理位置比较特殊的坡子街派出所。坡子街派出所位于长沙市黄兴路的繁华地段，靠近娱乐、商业中心，案件类型非常丰富，民警工作强度也大，节目能够捕捉到内容也更多。

在正式拍摄以前，节目组编导"将坡子街派出所前三年来所有的案件类型进行了划分，分成了9大案件类型：纠纷、打架、醉酒、治安、调解、刑事类等。在9大类下又细分了小类，类似于未成年类、犯罪类等。在进行梳理之后，又对每种案件的主拍摄手法有了一定的确立，随后在这个基础上去进行拍摄。"[1]经过案件分类，再优先挑选反转大、故事性强的案例，让网友在看节目之时产生具有猎奇效果的"吃瓜感"。有人形容，《守护解放西》是一部"人类迷惑行为大赏"。这些奇闻趣事在电视剧中可能会被批评为"狗血剧情"，但却真实地上演在生活中。节目在普法的同时，让观众看到社会百态，看到社会中仍旧存在的问题，这也是纪录片节目的价值所在。

从严肃的普法中寻找趣味性的切入点，对猎奇案件进行综艺化的后期包装，将真实纪录作为前提，把真人秀手法作为节目的创作方式，《守护解放西》运用观察式纪录的创作手法，很大程度上拉近了和年轻观众的距离。观众跟随着警察视角，一边在节目中探案，一边情不自禁地发送弹幕，这种与年轻人的对话关系的建立，也是节目成功的一大原因。

3. 匹配平台特性的青春网感

鲜少有人知道，《守护解放西》的创作班底中有相当一部分来自长沙电视台政法频道。长沙政法频道作为中国第一个专业法治频道，是电视湘军中极具活力的地面媒体，这为节目的创作积累了先天的资源。然而，节目并没有按照传统的法治纪录片形式展开，而采取了"纪实+真人秀"这样一种不寻常

---

〔1〕 张芝然：《〈守护解放西〉如何正确和年轻人对话？B站、中广天择专访》，载 https://new.qq.com/rain/a/20201201A05IFY00.

的纪录片创作路线，节目的火爆离不开对平台调性及目标受众的认知与把握。

哔哩哔哩是国内知名的视频弹幕网站，自带年轻基因，也注重社群维护。用户如果想成为它的正式会员，首先得进行一轮答题评测，分数通过后才能挂上会员的名号。B 站的视频内容与交互属性决定了它更为年轻化的受众定位，剧情化的警情故事与视频网站的即时交互正好符合当下年轻人的观赏需求。

图 1、图 2　《守护解放西》第二季第八集结尾 警官与 B 站 UP 主某幻君一起唱 Rap

《守护解放西》具有匹配平台生态的内容适配性，在对猎奇案件的真实纪录外，作为全民共情的弹幕文化，极大激发了节目的出圈潜质。弹幕内容还能够让内容制作方和用户产生直接对话，使内容制作方通过弹幕即时接收反馈，对节目内容进行及时修正。在弹幕互动之外，平台也为节目提供深度互动的可能，节目后期和多位 UP 主的"梦幻联动"，进一步助力节目出圈。如《守护解放西》第一季 UP 主与警察一起密室逃脱、参与体验特警训练营等破次元壁的联动，带动了一波又一波的粉丝入场，也引发一系列对节目的关注和讨论。借助青年新型网络文化外力，《守护解放西》成功出圈，成为激活主旋律法治题材视频节目的新能量。

除《守护解放西》之外，目前网络上受到较大关注的还有《罗翔说刑法》《谭谈交通》以及"警官老陈"直播推广反诈 APP 等法治文化实践活动，他们之所以能够火热出圈，正是因为创新性的制作手法和贴近公众视角的价值取向。将繁杂的法律条款、程式化的司法活动与鲜活的案例和丰富的细节对接，将"单向输出式"的传统线性表述方式转向以受众需求为本的对话机制，这是新时代法治纪录态节目创新发展的主轴。

第二节　法治专题节目《今日说法》的新媒体破圈

在媒体深度融合的背景下，传统法治节目正探索全新的发展路径。以总台央视老牌法治专题节目《今日说法》为例，除了对内容和生产全流程进行全面升级，不断打造高质量、有竞争力的新型主流媒体，节目积极布局新媒体传播渠道，探索出较为成熟的新媒体运营体系，利用新媒体扩大影响力和知名度，从而推进节目的可持续发展。[1]

一、紧追热点话题的内容选择

互联网的发展使传统电视行业进入挑战与机遇并存的时代。为了谋求新的生存与发展，《今日说法》开通了微信公众号和微博两大新媒体平台，积极尝试新媒体与传统电视节目的融合。然而，随着内容生产方式不断革新，单纯的用户生产内容模式已经无法满足受众日益增长的对高质量媒介产品的需求，创新产品模式成为当务之急。在这一背景下，《今日说法》成立新媒体团队，推出了"今日说法法律咨询平台"拓展社会服务，打造"一言不合就普法"等多个原创法治融媒体产品，热门话题与创意普法短视频多次登上微博热搜。

在微信端口，《今日说法》微信公众号定时更新，采用短视频、动图、超链接和投票等多种形式，突破传统的图文编辑模式。推文标题新颖吸睛，文风活泼生动，以讲故事的方式引导受众继续阅读，植入普法的价值核心。同时，加大与公检法司部门合作，从各地的不同法律相关部门的公开案例和投稿推荐中，扩充案例的新鲜性与时效性，扩大传播范围。

以2016年9月8日，公众号发布推文《撒贝宁接到骗子电话（遗憾只有后半段电话录音），一起围观如何拆穿骗局》为例。推文制作缘起于发布的前一日《今日说法》主持人撒贝宁的一则微博，他在微博中表示自己接到了诈骗电话，由此引发了微博网友的广泛讨论。《今日说法》新媒体部门迅速反应，次日便推出此篇推文。推文以诙谐幽默的画风展示了一场真实的电信诈骗，借助短视频生动还原事件全过程，探讨骗子如何获取主持人撒贝宁的个

---

〔1〕　参见王秀敏：《〈今日说法〉的新媒体运营研究》，载中国广播电视学刊2018年第3期。

人信息，并在文末普及防范电信诈骗的方法。推文发出后，获得了超过 10 万的阅读量，一跃成为当时的热度推文，也成为《今日说法》新媒体产品的一篇代表作。

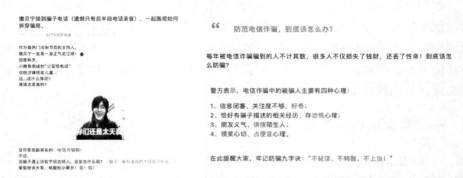

图3、图4　《撒贝宁接到骗子电话（遗憾只有后半段电话录音），一起围观如何拆穿骗局》推文部分界面

微博是讨论公共议题的话题场域，《今日说法》在微博平台拥有大 V 身份。作为意见领袖，在大众传播过程中的首要任务是引导舆论方向。换言之，就是通过利用热门话题和热词搜索等功能进行"议程设置"，引导并启发网友对相关事件的讨论和思考，进而学会运用法律思维来解决日常生活中遇到的实际问题。

对新媒体而言，"哪里有热度，哪里就有关注，哪里有关注，哪里就有受众。"能否抓住时下热点成为判断新媒体产品运营是否成功的关键。《今日说法》新媒体端口紧跟舆情，实时追踪热点，加大短视频的生产力度，将社会热点与普法传播有机结合。

比如每年春运都是全国老百姓关注的话题，2019 年底，借助"后天起春运车票开售"的实时热点话题，《今日说法》微博端口发布微博"春运买火车票，这个坑不能入"，结合鬼畜、动画等年轻态视听形式的短视频产品，对公众进行及时普法，提醒大家避免陷入春运"票圈骗局"。2020 年 4 月，随着电视剧《安家》的热播，相关剧情讨论每日稳居热搜榜前十名。《今日说法》微博号借此发布名为"为买二套房，'假离婚'后发现妻子出轨，财产还能重新划分吗？"的微博，视频中专业律师解答了这一问题，即婚后房产证上写有儿媳妇的名字，说明儿媳有房产份额，属于赠与行为。法律上没有

"假离婚"，即使事后一方觉得吃亏了，在法律上很难推翻之前签订的《离婚协议书》。节目组的官方微博团队通过结合时事热点，使普法任务更接地气，在轻松愉快的氛围中，受众能够更容易接受原本枯燥的法律知识。这种聚集重要节点，紧抓时下热点的内容策划原则，有效提升了节目的普法效能。

二、创新形式多样的融媒体产品

为了更好地适应融合发展的需要，《今日说法》新媒体部门不断研发和推出创新性的融媒体产品，持续提高观众的满意度和参与度。

1. 打造品牌化的普法衍生短视频节目

作为一种视听内容传播形式，短视频具有短、平、快的特点，能够满足人们在移动传播时代对新鲜信息即时获取的需求。当视频化和碎片化成为互联网不可逆转的趋势，抖音、快手等短视频APP崛起，既给传统媒体带来挑战，也为其提供了发展思路。

短视频易于分享、传播速度快的特点，使其能够迅速在社交媒体上传播开来。通过短视频病毒式传播，法治节目可以迅速吸引大量观众，提高电视节目影响力。《今日说法》的原创系列视频"一言不合就普法"，以及联合各公检法司共同打造的"法律之眼""法律人vlog"等系列视频，全网累计播放量早已过亿。短视频的内容借助新媒体端口传播，突破了传统电视传播用户的年龄、地域和兴趣的局限，让更多年轻人和移动设备用户加入普法大军中，进一步促进节目的破圈传播。

通过生产与原生电视节目形成呼应的衍生短视频节目，并将其打造成为普法新媒体品牌，有助于建立和强化法治电视节目的品牌形象，加强建立观众的忠诚度，增强节目的品牌价值。

2. 建设法律咨询平台提供受众服务

CCTV《今日说法》微信公众号的法律咨询平台是其拓展普法服务的又一大亮点。该平台通过网络问案形式全面普法，形成连接普通群众和专业律师的免费桥梁。在公众号首页，平台展示了公众最关心、最常见的法律问题，同时热点法律话题也会在热门广场中推送，例如离婚后财产分割、遗产继承、农民工工资被拖欠等普遍存在的法律难题。用户可以通过页面浏览，了解婚姻家庭、民事侵权、刑事案件、消费者权益、合同纠纷、劳动事务等多种他人发布的法律问题。在"咨询"界面，用户还可以根据提示提交问题，并通过"我的"个人信息页面获取问题处理进度。法律咨询平台为有需求的个体提供了专业且正规的法律咨询渠道和专业的法律解答。

央视《今日说法》的新媒体运营建构了服务于社会大众的法律咨询平台，用户能够通过使用平台获取所需法律知识，并得到指向性回复和相关法律建议，进而满足其媒介体验。

3. 重视多平台多渠道的内容分发

《今日说法》布局央视网、央视频 APP 等多平台多渠道，打造覆盖全网的传播矩阵，最大化实现节目的传播效果。传统电视观众一般年龄偏大，而年轻人更倾向于使用新媒体。通过多平台分发，节目能够覆盖更多年龄层和不同兴趣的受众，同时，互联网平台也能够突破地域限制，增加节目曝光的机会，拓展节目普法的广度。

节目采取匹配平台的不同分发形式，如长视频、短视频、图文内容等，进一步丰富节目的内容表达方式。同时，通过挖掘和呈现更多节目的幕后花絮、法律知识、律师服务等，延展原生电视节目的深度。

此外，新媒体平台具备评论、点赞、分享等互动功能，观众可以更直接地参与到节目讨论中，还可以借助平台提出反馈，节目团队也得以迅速调整内容和策略，提高节目质量和观众满意度。

三、发挥传统媒体的核心优势

传统媒体先天具有资源和人力优势，这一点是新媒体无法比拟的。国家在政策上的优势倾斜，给予专业新闻从业者更多的便利及物质、技术、资金等多方面的支持。长期以来，传统媒体在公众心中形成了深远的影响力，能够更有效地传递和巩固法律知识。以《今日说法》为代表的品牌节目在数年普法传播实践中，建立了良好的受众基础和节目口碑，这些都是法治新媒体运营在深度融合发展中可以借力的方向。

《今日说法》从诞生之日起就承担着为老百姓普法的重担，节目的新媒体运营一方面把握住了电视普法的权威优势，以整体叙事加专业律师说法为主体结构，富有极强的专业性和社会责任感，也建立起比较稳定的受众群体。在此基础上，以普法短视频等融合产品新形式，进一步给传统电视媒体的创新发展提供思路。

　　传统媒体所拥有的人才优势，对普法传播而言，既体现为媒体从业人员的优势，也体现为专家资源的优势。一方面，传统媒体拥有一支经验丰富的记者、编辑和制作团队，他们在内容创作、采访和报道方面具备丰富的经验和专业技能，且可以集中力量办大事。当他们转向新媒体运营，通过日益完善的流程制度的建设，自然提升了生产高质量、高水平的融媒体普法文化产品的概率。另一方面，传统媒体通常有法律顾问和专家资源，也有对应公检法相关的渠道，可以在普法节目中提供专业的法律意见和相关支持。此外，相比新媒体，传统媒体还有先进的制作设备、稳定的资金支持和成熟的发行渠道，这些优势使得传统媒体在普法传播中仍然具有重要的地位和不可替代的作用，也成为融合转型的核心优势。

　　彭兰教授认为"媒介融合的重要方面是传播者与受众的融合，而社会化媒体在其中又扮演着重要角色：用户成为融合的内源性动力。"[1]互联网高速度、数字化、交互性环境下，电视媒体的新媒体运营一定要牢固确立用户中心思想。在保持电视节目核心内容质量的基础上，新媒体运营应将节目内容进行适应性调整，分别在微博和微信等平台进行分发，形成多平台整合传播的效果。多平台整合并非停留在简单的内容分发上，而是遵循社交媒体的规则，挖掘各渠道的优势，在交互性上下足功夫。

　　具体而言，在微博平台上，微博热度更新快，互动性强，微博用户习惯于快速浏览信息，因此，在微博上发布的普法内容应简洁明了，结合热点增进互动参与。微博的人际联系属于"弱关系"，恰恰这种偏向单向关注的信息集散中心，增加了律师、专家等意见领袖的传播价值。微信属于社群传播，具有精准推送功能。微信用户更倾向于阅读深度内容，因此，在微信上更适合发布详细的法律案例分析、法律知识科普文章和专家访谈等。除了日常推送，还可以通过建立法律知识分享、法学考研学习等微信群组，或举办相关活动，增强用户黏性和信任感。只有依托新技术，运用新思维，通过各种方法了解受众需求，积极引导受众参与节目生产与传播过程，真正贯彻"以人为本"的思想，发挥自身优势，敢于创新内容生产，节目才能在日新月异的媒介生态中持续提升自己的发展空间。

---

　　[1]　彭兰：《社会化媒体：媒介融合的深层影响力量》，载《江淮论坛》2015年第1期。

在实践维度之外，作为指导实践的传播理念，还有一点值得深思，即媒体对真实的建构能力，或者说真实原则的坚守。

在大众媒介效果研究中，"真实"是通过对真实的建构来改变人们的世界观。普法传播要塑造人们对法律的认识，改变人们的世界观，首先要将客观真实的法治案例，经由视听艺术的符号内容转化，形成真实的法治电视节目符号，这些符号也是人们能够感知的真实法治世界的模型。如果说，电视媒体的资源和人力等先天优势让普法传播具备了捕捉客观真实的能力，这是人们形成主观认知的一大元素，另外一个重要元素则还是要回到符号真实。也就是说，只有保证客观真实和符号真实，才能实现人们认知的主观真实。当主观真实形成，普法媒体才能实现身上所肩负的推动国家法治建设和人类社会有序发展和前进的任务。

在媒体融合发展进程中，以《今日说法》为代表的新媒体运营探索出了一定的实践经验。作为驱动新一轮科技革命和产业变革的重要引擎，5G 开启了万物互联的高层次信息时代，成为网络强国的关键性支撑。从广电深度融合角度来看，高速率和低时延特性促使媒体视频内容的长短突破物理局限，媒体的核心能力也从单一内容生产层面走向融合数据挖掘与数据可视化的更高层面。广电业与人工智能、大数据、云计算、VR/AR 等新兴技术深度发展，大容量承载的万物互联将媒体与跨行业应用紧密连接起来，媒体的服务对象从单一的广电业走向跨领域垂直行业。可以说，5G 从内而外改变了媒体的传播理念、运营模式和传播生态。[1]从未来发展的眼光看，技术发展推动媒体与跨行业深度合作的可能，广电业已经跳出了原本局限节目内容生产的限制，进入了与各行业相融相通的新发展阶段。对法治节目发展而言，无论是新媒体端口还是电视端口，建立共享意识，打造核心普法价值内容与 5G 融合发展模式，是新技术环境下媒体深度融合的重要机遇。

第三节　自媒体普法视频节目的出圈探索

新媒体语境下，传者本位的思想已成历史，传统的受众转变为用户，与

---

〔1〕 参见吴圆圆、赵冠杰：《5G 技术前景下对广电媒体融合创新的思考》，载《新闻研究导刊》2023 年第 14 卷第 1 期。

之相应，用户生产内容成为重要的内容生产方式之一。《第三次浪潮》的作者托夫勒曾经说过，服务业最终会超过制造业，而体验生产又会超过服务业，服务经济最终将转向体验经济。从媒介经济学角度来说，内容产品最终还是要走向体验。让用户有存在感、交互感、体验感，才能赢得更加广泛的用户关注并获取更大程度的认同。处在如今可以被称为视频化的社会，社会化媒体成为粘连媒介普法与用户生活的新型空间。

一、以短视频样态建构自媒体普法节目

短视频，是一种在互联网新媒体上传播的视频内容形式。随着移动设备的普及和网络速度的提升，这种短、平、快的大流量传播形式逐渐受到各大平台、用户和资本的青睐。尽管碎片化内容由于时间短暂，看起来似乎难以掌握其规律，但在大数据的支持下，将这些零散内容进行系统整合后，它呈现出更加清晰的特点。

近几年，各类政法短视频的数量呈现爆发式增长，其中诸多内容产品燃爆网络，频频出圈。从"北京 SWAT"发布特警队员日常训练短视频，到"四平公安"自制普法情景短剧；从国资委新闻中心主任出镜"严肃卖萌"助力旗下短视频账号吸粉数十万，到"中国长安网"讲述云南基层民警故事的作品上线 5 小时播放量高达 5100 多万次……在各类短视频出现之时，2020 年 3 月，中国政法大学刑事司法学院教授罗翔的讲课视频节目《罗翔说刑法》正式播出。他的短视频节目以"罗老师法律小课堂"的形式，讲解现实生活中实用的法律小知识，并结合时下鲜活的社会生活，举出通俗易懂的例子辅佐对案件的分析。讲法理鲜活有趣味，谈热点犀利有态度，系列节目上线 B 站 10 天内就突破 200 万粉丝。截至 2024 年 5 月 28 日，哔哩哔哩账号"@ 罗翔说刑法"粉丝数量超过 3099.2 万，播放量最高的一集视频节目《令人愤怒的唐山打人案涉及什么犯罪？》播放量超过 2478.0 万，评论数量超过 6.6 万。

《罗翔说刑法》的核心节目内容是科普刑法知识，对相关法律的解释生动有趣。罗翔在 B 站百大 UP 主的获奖发言中谈道："这个世界并不美好，所以美好是值得我们去追求的。希望有种力量能帮助我，诚实地面对自己，认识自己的有限，自己的愚蠢，自己的幽暗，能够靠着这种力量每天活在一种坦然和不羞愧之中。在自己的使命中，能够超越这种虚荣和虚无，勇往直前，

一无所惧。"在罗翔的理解中，法律之外还有情理。法律不是冰冷的，它关乎规则、诚信、正义等哲学命题，也被总结成为人处世的道理，通俗易懂。观众在他的短视频节目中，不仅可以学到专业实用的法律知识，还可以在他对法理与情理的思考与总结中自省。

表2 《罗翔说刑法》部分节目选题

奇奇怪怪的小知识	生活中每天可以接触到但又被大家忽视的法律盲点	社会上涉及法律争议的热点事件
古代皇帝守法吗？中国古代有没有罪刑法定原则？	给树浇水还要坐牢？植树节讲讲张三和树的故事	韩国 N 号房事件的罪与罚
株连九族还不够，还要株十族？	你采伐了你不知道是珍稀植物的植物，犯法吗？	哈佛我不去，我要去技校，张三改我高考志愿
细数柯南中黑衣组织五大罪行	买了假烟送领导，卖烟的人倒贴了 60 元？	暴力伤医者应当受到什么样的制裁
挥刀自宫？禁止自宫！	愚人节与虚假消息	7 岁？14 岁？刑事责任年龄要不要下调？
嫌我口臭？给你把鼻子割掉，可怕的劓刑！	撕别人家作业犯法吗？	腾讯与老干妈纠纷，公章很忙！
今日纹身古代墨刑，刺错字了还被涂改，太惨了	聊聊网络喷子与键盘侠	羁押26年张玉环改判无罪，之前的刑讯逼供还能追诉吗？
提吃人方案的人最终被吃，洞穴奇案怎么看？	母亲妻子前妻女友同时落水，你该救谁？	发生在网络上的猥亵儿童罪

从流量传播的过往经验来看，作为一名从事法学教育的大学教授，罗翔身上并不具备"网红"的一系列要素，然而，他的视频弹幕基本满屏，很多对法律方面了解甚少的人也执着于追更他的视频。罗翔的出圈是"知识人"的出圈，也是刑法甚至是法律的出圈。借助移动互联网，法律以短视频节目的形式，更加深入地走近年轻一代的身边，出圈的自媒体普法视频节目实践使得法治建设的脚步向前迈进。

二、以生活化表达思辨法理与情理

罗翔的视频节目时长一般在十分钟以内，需要在较短的时间内，把犯罪事件中的人物关系、受争议的关键、对应的法理条文解释清楚。除了就事论事、就事论法，《罗翔说刑法》这档短视频节目的独特之处在于，对某一个刑法事件的解说会结合历史、哲学等多角度，包括立法的缘由，延展出法律背后的道德，形成从法律到哲理的思辨。

在具体节目的表述上，有网友将罗翔的讲课特点总结为"把刑法讲成相声"。以 2021 年 2 月播出的《我捡到了就是我的，捡到的东西就不算偷吧?》一期为例，节目主要讲述在出租车捡到别人的东西应该如何定性的问题。罗翔讲到小时候自己和同学的相关经历，引出了这个值得思考的问题。从刑法角度来看，偷涉及一个罪名，叫盗窃罪，而捡也可能涉及一个罪名，叫侵占罪。他举例道："张三出国了，摩托车放在我家，我把它卖了，这是典型的保管物侵占。一般来说侵占要达到一万块钱才达到立案标准。盗窃罪一千到三千之间就构成了，甚至比如扒窃、入户等，无需数额大就构成盗窃。这里涉及一个法律当中的概念，叫无因保管占有，意思就是东西掉到特定的场所，就归这个特定的场所占有。现在网约车为了保证乘客安全都有监控，都会录音录像，可以视为在司机监控范围之内，能够解释为司机无因保管占有。如果乘客捡了那就可以被视为盗窃，如果司机捡了，而手机又归司机占有，那可能还是属于侵占。"由此，他从道德层面进行总结：君子爱财取之有道，只要内心有愧还是不要占小便宜。

在节目结构上，《罗翔说刑法》的每一期视频通常可以分为三个部分。第一部分是"解释"，即对本期节目涉及的法律条文进行概述和重点讲解。内容相对枯燥，用时最短，平均仅一分钟左右。然后会立即切换至第二部分——"举例"，这也是罗翔最出名的环节，各种举例常被观众用来制作网络梗。

"粪坑案"是其流传较广的一个案例，主题是正当防卫。故事发生在 20 世纪 80 年代的一个冬天，一名女性干部在半山腰遇上了意图对她实施强暴的歹徒。她意识到自己打不过歹徒，呼救也无人回应，于是假装顺从，诱导歹徒来到一个结冰的粪坑边。她让歹徒脱衣服，趁他的眼睛被衣服遮挡的间隙，飞起一脚将他踢入粪坑。歹徒试图爬出粪坑，女子连续三次踩踏他的手将他踢回坑中，最终歹徒未能爬出。这个案件引发了很多争议，一些学者认为第一脚属于正当防卫，但第二脚和第三脚则是事后防卫，属于防卫过当。对此，罗翔反问："什么叫危险排除? 什么叫一般人标准? 你把你自己代入一下，如果你是这个女的，你踩几脚?"接着，他语调升高，声称："我踩四脚，老子还得拿块砖往他头上砸。"继而他补充道："砸的时候别把粪溅到自己身上"，话音未落就做了一个整理衣服的动作，弹幕里充满了观众的"哈哈哈哈哈哈"的评论。

节目的最后一个部分是举一反三，探求法律的深层次意义，寻求法律与道德之间的平衡。例如"粪坑案"中的争议点，其实涉及政治学和经济学中的"理性人"之辩。提出"事后防卫"论断的学者认为人在任何时候都应保持理性，要全面细致地考虑问题。但罗翔认为这种观点属于"事后诸葛亮"，他认为人不是完全的理性生物，执法者必须站在当事人的角度看问题。评论热点、呈现观点、讨论法理、思考悖论，《罗翔说刑法》深入探讨现实社会和网络热议的话题，引导网友一同进入对法律世界的深邃思考。

三、匹配平台与受众特性的互动式普法

《罗翔说刑法》这档短视频节目的成功出圈，首先建立在哔哩哔哩这一平台上，得益于节目调性与传播平台及目标受众的精准匹配。B站的受众群体主要以年轻的"互联网的原住民"为主力军，他们饱含激情，对形形色色的知识充满渴望。他们有着强大的学习能力，深谙各种网络话语，同时具备强大的造梗能力。凭借节目的互动式普法，受众能够通过在观看过程中的弹幕互动、节目结束后的二创互动等多种方式，参与到节目的生产与传播过程中。

作为一个弹幕式平台，B站具备的运营机制与传播模式为《罗翔说刑法》提供了一个与用户互动交流的平台。颇有罗翔个人化风格的《罗翔说刑法》在内容上强调普法的接近性，在功能发挥上体现为加强信任关系建设和法律知识传播服务。节目的表现形式十分接地气，罗翔的口音也成为青年人参与弹幕互动的梗。如某一期视频中他说"草草写就的作品"，被网友们打趣成"曹操写就"等网络梗，这一系列衍生出来的梗很快成为节目粉丝群体表达观点和交流看法的特殊方式。在满屏的弹幕中，有时候会突然飘过"头发长了、杯子换了"等无厘头视角的发言，让人忍俊不禁。

罗翔在举刑法犯罪案例时，通常会虚构出一个叫"张三"的人，张三也成为粉丝和罗翔"同频共振"的关键点。粉丝们在每次视频中都会期待张三的出现，猜测他会以怎样的方式出现，并调侃张三的悲催命运，例如：张三会不会出现？今天张三又会以什么样的方式出现？张三怎么那么悲催，怎么

又是张三？这种互动无疑增强了罗翔与粉丝之间的黏性。

为了满足自身不同的喜好，粉丝会遴选当期节目中的梗图或者出圈举例，制作节目的二创视频。用户通过重新剪辑已有的视频资源，并基于个人思想进行二次创作以回应现实世界的互动方式，也使得这种视频剪辑成为一种交流路径和思想表达的方式。[1] 一些精选视频 UP 主对罗翔作品的二次创作、转发和互动等行为，也大大推动了《罗翔说刑法》及其作品在哔哩哔哩平台的传播。

外壳是有喜感的口音和充满笑点的例证，内核是对法理的严肃思考，这让《罗翔说刑法》在追求短、平、快的视频内容消费产业中成了一股"清流"。罗翔擅长输出观点，尤其是探讨法律与道德的关系，不少观点引发法学界的争议和讨论，更获得了广泛的受众共鸣。比如他指出，判决背后的习惯和文化对结果有重要影响，单纯依靠逻辑的司法推理容易导致失实和僵化的判决。他认为，法学结论应当符合普通人的认知，即使是买菜的老太太也能理解的结论，才是合理的。在他的文章《谢谢那些和我一起开读书会的年轻人》下面的评论区中，有用户留言道："因为罗老师的搞笑案例而入坑，但是逐渐被老师的内在思想而得到提升，感谢罗老师为 B 站广大青年学生塑造的独立思考和明辨是非的三观。"

不可否认的是，以罗翔及其短视频节目《罗翔说刑法》为代表的自媒体普法节目，顺应了移动传播的趋势，为互联网时代的互动式普法提供了实践经验。然而有一个问题值得再思考，即：法律是道德的底线吗？这涉及的是法律与道德的关系问题。

法律与道德的关系问题一直是道德哲学、法哲学和社会学领域中一个令人备感困扰的问题。许多思想家，诸如韦伯、福勒、哈特、凯尔森、德沃金、庞德、波斯纳、卢曼等人对法律与道德的关系问题进行过探讨。法律是成文的道德，道德是人民心中的法律。从两者关系的思辨可见，法律不是道德的底线，道德本身就是法律本身，法律则是道德的表现。普法节目一定程度上是借助视听影像的具象表现，让观众理解何为道德，何为作为道德理性表现的法律。对传播主体而言，准确把握法律与道德的关系的核心要义，可以从

---

〔1〕 参见石颖、李博：《中国网络视频二十年：参与式文化驱动下的"起承转合"》，载《新闻爱好者》2021 年第 12 期。

形而上的角度影响到具体的普法实践。普法传播媒介对这一问题的理解，也将有利于处理我国社会主义法治建设中法律与道德关系边界不清晰的问题，对我国法治建设的进一步发展产生作用。

伴随移动智能终端的普及和移动应用的快速推广，信息使用和消费方式逐渐向移动优先转变。未来的法治节目传播不仅要在内容呈现和形式创新上有所突破，更要在贯彻法的理念之下，加强移动优先的思维转换，创新普法传播的新阵地。

参考文献

[1] 徐光春主编：《中华人民共和国广播电视简史（1949-2000）》，中国广播电视出版社 2003 年版。

[2] 赵玉明主编：《中国广播电视通史》，北京广播学院出版社 2004 年版。

[3] 郭镇之：《中国电视史》，文化艺术出版社 1997 年版。

[4] 吴圆圆：《新视频节目创作教程》，清华大学大学出版社 2023 年版。

[5] 游洁、郑蔚：《电视法制节目新论》，中国广播电视出版社 2007 年版。

[6] 丁龙江：《电视法制节目的语言传播策略》，中国电影出版社 2010 年版。

[7] 陆地：《中国电视产业发展战略研究》，新华出版社 1999 年版。

[8] 张秀等：《法治传播学》，北京大学出版社 2023 年版。

[9] 常江：《中国电视史：1958-2008》，北京大学出版社 2018 年版。

[10] 郑宁等：《律政影视节目研究》，知识产权出版社 2020 年版。

[11] 中共中央马克思恩格斯列宁斯大林著作编译局编译：《马克思恩格斯文集》，人民出版社 2009 年版。

[12] 费孝通：《乡土中国》，人民出版社 2008 年版。

[13] 杨善华、谢立中主编：《西方社会学理论（上卷）》，北京大学出版社 2005 年版。

[14] 曹普：《当代中国改革开放史》，人民出版社 2016 年版。

[15] 苏媛：《中国电视法制节目现状与发展研究》，中国社会科学出版社 2012 年版。

[16] 郭庆光：《传播学教程》，中国人民大学出版社 2011 年版。

[17] 刘宝林：《电视节目形态三元结构论》，中国传媒大学出版社 2016 年版。

[18] 季卫东：《通往法治的道路——社会的多元化与权威体系》，法律出版社 2014 年版。

[19] ［奥］尤根·埃利希：《法律社会学基本原理》，叶名怡、袁震译，中国社会科学出版社 2009 年版。

[20] ［英］安东尼·吉登斯：《社会的构成——结构化理论纲要》，李康、李猛译，中国

人民大学出版社 2016 年版。

[21]［美］罗斯科·庞德：《通过法律的社会控制》，沈宗灵译，商务印书馆 2010 年版。

[22]［美］罗伯特·K. 默顿：《社会理论和社会结构》，唐少杰等译，译林出版社 2015 年版。

[23]［法］孟德斯鸠：《论法的精神（上卷）》，许明龙译，商务印书馆 2012 年版。

[24]［英］尼古拉斯·阿伯克龙比：《电视与社会》，张永喜等译，南京大学出版社 2001 年版。

[25]［德］马克斯·韦伯：《法律社会学·非正当性的支配》，康乐、简惠美译，广西师范大学出版社 2011 年版。

[26]［美］伯尔曼：《法律与宗教》，梁治平译，商务印书馆 2012 年版。

[27]［美］富勒：《法律的道德性》，郑戈译，商务印书馆 2005 年版。

[28]［德］尼克拉斯·卢曼：《法社会学》，宾凯、赵春燕译，上海人民出版社 2013 年版。

[29]［美］布赖恩·Z. 塔玛纳哈：《一般法理学：以法律与社会的关系为视角》，郑海平译，中国政法大学出版社 2012 年版。

[30]［德］马克思·韦伯：《新教伦理与资本主义精神》，李修建、张云江译，万卷出版公司 2021 年版。

[31]［德］诺贝特·埃利亚斯：《文明的进程：文明的社会发生和心理发生的研究》，王佩莉、袁志英译，上海译文出版社 2018 年版。

[32]［美］威尔伯·施拉姆、威廉·波特：《传播学概论》，陈亮等译，新华出版社 1984 年版。